大众文化研究

从审美批评到价值观视野

A Study on Mass Culture

From Aesthetic Criticism to the Perspective of Values

主　编　蒋述卓　陶东风

副主编　孙士聪

暨南大學出版社

JINAN UNIVERSITY PRESS

中国·广州

图书在版编目（CIP）数据

大众文化研究：从审美批评到价值观视野/蒋述卓，陶东风主编；孙士聪副主编．—广州：暨南大学出版社，2015.8（2016.9 重印）
ISBN 978－7－5668－1563－7

Ⅰ．①大…　Ⅱ．①蒋…　②陶…　③孙…　Ⅲ．①群众文化—研究—中国　Ⅳ．①G249.2

中国版本图书馆 CIP 数据核字（2015）第 164269 号

大众文化研究：从审美批评到价值观视野
DAZHONG WENHUA YANJIU：CONG SHENMEI PIPING DAO JIAZHIGUAN SHIYE
主编：蒋述卓　陶东风　副主编：孙士聪

出 版 人： 徐义雄
责任编辑： 潘雅琴　杨雪瑾　邹明球
责任校对： 周优绚

出版发行： 暨南大学出版社（510630）
电　　话： 总编室（8620）85221601
营销部（8620）85225284　85228291　85228292（邮购）
传　　真：（8620）85221583（办公室）　85223774（营销部）
网　　址： http：//www.jnupress.com　http：//press.jnu.edu.cn
排　　版： 广州市天河星辰文化发展部照排中心
印　　刷： 佛山市浩文彩色印刷有限公司
开　　本： 787mm×1092mm　1/16
印　　张： 13.25
字　　数： 226 千
版　　次： 2015 年 8 月第 1 版
印　　次： 2016 年 9 月第 2 次
定　　价： 32.50 元

序

蒋述卓

2014年秋，我到北京京郊参加中外文艺理论学会召开的一次学术年会，会上与陶东风教授交谈，提出了两个课题组共同开一次小型学术会议的动议。因为他在2011年获得国家社会科学基金重大招标项目“当代中国大众文化的价值观研究”（项目号：11&ZD022），而我在2012年获得国家社会科学基金重点项目“流行文艺与主流价值观关系研究”（项目号：12AZW001），两项研究虽有范围的大小、宽窄之分，但研究目标与路向基本是一致的。两个课题组相继开展了广泛而深入的研究，也发表了一些成果。为了深化研究，促使两个课题组的成员在相互交流中进一步拓宽思路，完善课题，开一次会是非常必要的。2014年底，这次30来人参加的小型学术会议就在暨南大学文学院文科楼二楼的小会议室内召开了。会议进行了两天，课题组成员相继发言，互相讨论，在研究思路、研究方法以及观点上相互交流，形成了很好的学术氛围。会议的最终成果就是这本论文集。

中国的大众文化研究首先是从译介开始的，当时的学者在介绍后现代文化时就开始关注西方的大众文化理论。随着大众文化理论的广泛介绍与研究，过去被称为“通俗文艺”或“通俗文化”的东西逐渐被“大众文化”所代替。20世纪90年代，大众文化开始勃兴，并逐渐成为文化领域不可忽视的潮流。到21世纪之初，大众文化更为快速地发展，演变到目前甚至已到了“娱乐至死”的地步。人们对大众文化又爱又恨，感情颇为复杂——爱的是大众文化既给人们生产了娱乐，也生产了正能量；恨的是大众文化只生产娱乐，而不管生产什么意义，甚至还生产负能量。正因为如此，从价值观角度去研究大众文化应运而生。

此书中的多篇文章就提供了这种研究视角的理论、方法与实践，它们分别从多个角度展示了大众文化研究的风采，有的文笔老辣，理论色彩极浓，有的文笔虽稚嫩些，但也有敏锐的眼光和冲动的激情，然而，就总体而言，它们都能本着理论联系实际的原则，勇于对当下的大众文化现象进行评价与审视。这也正是这本论文集的特色所在吧。

大众文化研究方兴未艾，但如何摆脱西方的理论陷阱，扣紧中国问题，从中国问题入手，走好价值重构的道路，还有很长一段路程要走。我们所做的工作只是一种尝试，但对文化研究的本土化建设应该是有益的。

感谢陶东风研究团队给暨南大学研究团队带来了思想的启发，我们两个团队的初次合作是愉快与开心的。感谢暨南大学出版社对研讨会和论文集出版的支持。我在设想，若干年过去后，这次小型的会议和这本论文集将会成为我们团队合作的美好记忆，我也希望读到这本论文集的读者能记得，在大众文化研究的宏大森林中，曾有我们这束南北相连的鲜花。

二〇一五年五月六日于
羊城暨南园

导　论

陶东风

本书是首都师范大学文艺学学科与暨南大学文艺学学科的一个合作成果，也是我主持的2011年度国家社会科学基金重大招标项目“当代中国大众文化的价值观研究”（项目号：11&ZD022）的一个阶段性成果。

一、大众文化价值观研究的意义

今天，中国大众文化已经成为产量最高、受众最多、影响最大的文化形态，它潜移默化地影响和改变着人们的世界观、价值观和日常生活经验，在塑造国民特别是普通大众的价值观方面发挥着巨大作用。大众文化比其他文化形态（如精英文化和官方文化）具有更明显的双重特性，它既是一个巨大的产业，也是意识形态的重要阵地以及争夺文化领导权的重要战场。

基于上述考虑，大概没有人——不管他是大众文化的积极倡导者还是激进批判者——会否定大众文化价值观的研究具有极为重要的理论与现实意义，而如何与时俱进地结合研究对象的不断丰富，融合文艺学、美学、历史学、传播学、社会学、文化研究等相关学科/领域的理论与方法，建构具有阐释力的大众文化研究范式，深入研究大众文化价值观，业已成为新时代人文社会科学研究的重大课题。

价值观是世界观的核心，是人的价值态度和价值意向系统。价值观集中体现了人对生命价值、生活意义的理解，也是人对自然界与人类社会各种事物与现象做出是非、好坏、善恶、美丑等判断的根本依据。价值观对人的行为方式和生活方式具有决定性的影响。价值观可以分为价值取向、价值目标与价值尺度、价值准则等方面。

大众文化在当代社会不仅是文化生产与精神交往的重要形式，更成为人们获得知识、塑造人格、建构价值观的重要途径。由于大众文化具有其他文化类型无法比拟的影响力和覆盖面，可以说，当代中国大众文化已经逐渐成为社会转型期价值观及其变化的最集中体现者，以及大众世界观和生活方式的主要塑造者。优秀的大众文化固然离不开精良的制作技术，但从根本上说，价值观才是大众文化的灵魂和核心。对大众文化的价值观进行系统而全面的研究，是当下文化建设迫切而重要的课题。

建设和谐社会的目标要求大众文化生产者创作出更多高质量的、具有正确价值导向的作品，带给人们高层次的精神和文化享受。尽管当代中国大众文化在满足大众的文化需求、丰富他们的文化生活方面发挥了积极作用，但同时也存在很多问题，甚至从根本问题上暴露出价值观的严重混乱，不利于社会主义核心价值观的践行。举例而言，几乎所有大众文化类型都不同程度地存在庸俗、低级、缺乏节制的性描写和色情描写；一些国产大片、网络游戏、网络小说存在严重的脱离道德底线、无度渲染和美化暴力甚至虐杀的倾向；以古装剧、官场小说、谍战片等为代表的一些大众文化，存在严重的宣扬权谋文化的倾向，对玩弄权术津津乐道，唯权力和地位是从；相当数量的广告、电视剧及其他大众文化类型，广泛存在炫富、崇富、拜金倾向，把理想生活等同于奢华生活，把成功人士等同于豪宅＋美女＋名车。诸如此类的价值误区已经并正在继续误导国人特别是青少年的思维方式和行为方式。大众文化存在的“三俗”问题已经引起广大群众的极大不满和中央领导同志的严肃批评。

鉴于以上当代中国大众文化的现状及影响，我们认为，认真、严肃、深入地分析和研究当代中国大众文化的价值误区，用正确的价值观、世界观引导大众文化的生产，使之能够体现社会主义核心价值观，是当今中国文化发展、文化建设的重要任务，对社会主义精神文明建设、社会主义先进文化建设，确立无产阶级文化领导权，无不具有重要的战略意义。

二、语境化地思考大众文化的价值与意义

大众文化价值观的研究是整个大众文化研究的重要组成部分。在世界范围内追溯，最早对大众文化进行系统、深入研究的，当属法兰克福学派。该学派的大众文化研究以社会批判为主要特色，其对象主要是西方资本主义国家，特别是美国的大众文化（如好莱坞电影），其主要理论观点可以概括为：意识形态控制论、商品化工业化生产论、作品贫困论、读者白痴论。这套理论在西方学术界影响很大，但存在严重的悲观主义和精英

主义倾向，大大低估了大众文化的复杂性，以及读者（接受者）的主动性、选择性和创造力，其对大众文化的价值几乎全盘否定，有简单化之嫌。而且，由于它的对象是西方发达资本主义国家的大众文化，因此与中国的国情、中国社会转型时期出现的大众文化的实际多有不符。

西方大众文化研究的另一个主要分支是英国的伯明翰学派，它超越了法兰克福学派的精英主义和悲观主义立场，拓展了对大众文化，包括大众文化价值观的认识。其中特别值得指出的是，伯明翰学派的核心人物之一斯图亚特·霍尔把葛兰西的文化领导权理论引入大众文化研究，大大加深了对大众文化复杂性的认识。它不同于利维斯主义把大众文化看作是文化衰败的标志，也不同于法兰克福学派把大众文化看作是政治操纵的机器；不同于文化主义者把大众文化看作是“自下而上”自发产生的文化，也不同于结构主义者把大众文化看作是强加于主体的结构效应。此后，费斯克等人发展出了与法兰克福学派相对的积极乐观的大众文化理论，对大众文化的积极抵抗价值予以高度肯定，但矫枉过正的费斯克又陷入了廉价的乐观主义和民粹主义，对受众的主动性和创造性给予了过高的估计。

在国内大众文化价值观研究中，有两种价值取向或研究范式比较有代表性。一种主要受法兰克福学派大众文化批判理论的影响，对大众文化的政治价值、道德价值与审美价值基本持否定态度，可称之为中国大众文化研究的批判理论范式。早在1990年代初期就有学者认为，大众文化的兴起显示了我国社会面临的精神乌托邦的幻灭，或用娱乐乌托邦取代精神乌托邦，大众沉溺于形象消费、感官刺激，而不再寻找深度的人生价值与意义。① 在1990年代中期关于“人文精神”的大讨论中，很多学者指责当代中国大众文化放弃了对终极意义、绝对价值、生命本质、历史意识和美学个性的追求。② 在有些批判者的文章中，大众文化甚至被指责为“旷野上的废墟”——不仅是文学的废墟而且是道德和文化的废墟。③ 这些著作或论文都普遍援引了西方马克思主义（特别是法兰克福学派）、后现代主义的批判理论，并在这个单一思想资源的导引下思考和评价中国大众文化。这种价值取向在21世纪得到了延续，并在一定程度上呈现出与所谓“新

---

① 陈刚：《大众文化与当代乌托邦》，北京：作家出版社1996年版。

② 黄会林主编：《当代中国大众文化研究》，北京：北京师范大学出版社1998年版。

③ 参见王晓明等：《旷野上的废墟：文学和人文精神的危机》，《上海文学》，1993年第6期。

左派”交汇的倾向。比如王晓明本来是1990年代中期“人文精神”的主要倡导者之一，但到了2000年，他在其主编的《在新意识形态的笼罩下：90年代的文化和文学分析》（江苏教育出版社2000年版）中转向了对大众文化中的“新富人”“成功人士”形象及其奉行的中产阶级价值观的批判，将之视作一种“新意识形态”，由此在很大程度上从“人文精神”的抽象道德批判和审美批判转向了颇具“新左派”色彩的阶级批判。

大陆批判理论存在的问题是对中国大众文化出现的特殊社会语境和政治文化功能缺乏本土化、历史化的研究视野和评价标准，机械套用西方批判理论的倾向比较明显。尤其是对改革开放初期大众文化在解构“文革”极左文化专制主义，推进文化的现代化、民主化、多元化方面的积极作用多有忽视。① 从这个角度看，大陆大众文化研究的另一范式，即世俗精神范式或现代化理论范式，更多地从中国社会的现代化、世俗化转型角度肯定大众文化的积极意义来弥补“人文精神”范式的不足。② 世俗精神范式的代表有李泽厚、王蒙等，他们主张从道德主义、审美主义或宗教价值的尺度完全否定大众文化是不可取的，理解与评价大众文化首先必须有一种历史主义的视角，即立足于中国社会的世俗化、现代化转型，尤其是联系新中国成立后三十年的历史教训，来肯定大众文化的祛魅、解神圣化（或曰推进世俗化）的积极意义。从此立场出发，他们对大众文化、对人的欲望、对文艺的消遣娱乐性等，也采取了肯定的态度，认为世俗精神以及市场经济、大众文化等都不是“人文精神”的对立面，“人文精神”的对立面是计划经济及与之相适应的极“左”意识形态。他们的论证具有明显的历史进步论色彩：改革开放、市场经济是社会进步的表现，大众文化与人文精神并不矛盾，都是商品经济发展的结果，是物质生活变化在精神生活

① 我曾经在多篇文章中反思了中国当代大众文化著述普遍存在的机械套用法兰克福大众文化批判理论的倾向，指出其未能对这个框架在中国的适用性与有效性进行认真的质疑与反省。我强调的是：西方的任何一种学术话语与分析范式都不是存在于真空中的，都是特定的社会文化语境的产物，因而无不与中国的本土问题/本土经验存在程度不同的错位与脱节。如果不经转换地机械套用，必将导致为了（西方）理论而牺牲（中国）经验的结果。参见陶东风：《批判理论与中国大众文化》，《经济民主与经济自由》［《公共论丛》（第三辑）］，北京：生活·读书·新知三联书店1997年版，第286~306页；《批判理论与中国大众文化批评：兼论批评理论的本土化问题》，《东方文化》，2000年第5期；《批判理论的语境化与中国大众文化》，《中国社会科学》，2000年第6期。

② 参见陶东风：《当代中国大众文化研究的三种范式及其西方资源——兼答鲁枢元先生》，《文艺争鸣》，2004年第5期。

中的反映。有论者指出："我不同意把道德与文明同社会进步对立起来，把人的精神同人的社会生活（引按：指世俗生活）对立起来，把人文建设同经济改革对立起来，把文学同市场对立起来。"① 他以西方为例指出，"从历史的观点看"，人文主义（即人文精神）是"商品经济发展的结果，是物质生活变化在精神生活中的反映，而且它标志着世俗文化时代的到来"②。李泽厚在谈到大众文化价值的时候说："大众文化不考虑文化批判，唱卡拉 OK 的人根本不去考虑要改变什么东西，但这种态度却反而能改变一些东西，这就是……对正统体制、对政教合一的中心体制的有效的侵蚀和解构。"③

显然，这些关于大众文化价值的判断立足于大众文化在推进中国改革开放进程中的政治功能（而不是大众文化文本的美学质量），而不是立足于一种超验的、宗教性的终极价值尺度。这是它们不同于批判理论的基本特点，也是它们的合理性所在。因为如果我们不否定中国的改革开放与现代化运动具有不可否认的历史合理性，那么我们就必须承认：肇始于 20 世纪 70 年代后期的社会文化世俗化过程及其文化伴生物——大众文化具有正面的历史意义。从中国社会的现代化历史变迁角度看，世俗化与大众文化（特别是改革开放初期的大众文化）具有消解一元的意识形态与一元的文化专制主义，推进政治与文化的多元化、民主化进程的历史意义。在这里，20 世纪 70 年代末 80 年代初这个语境的限定很重要。因为这个时候的大众文化正好出现于长期的思想禁锢松动之时，它本身就是作为对于这种思想禁锢的否定出现的。在中国当时的特殊语境中，它成为人性复苏的先声，繁荣了当时十分单调贫乏的文化生活。李泽厚在阐发其新启蒙思想时把新潮美术、朦胧诗和通俗歌曲都放在一起谈，认为它们都是新启蒙文化的标志，这是有道理的。的确，大众文化在本质上是一种消遣性、娱乐性的消费文化和商业文化，但是刚刚经历过"十年浩劫"的中国人却从这消遣性、娱乐性的背后读出了更深刻的含义。

但是这种世俗化的价值取向也不是没有值得警惕的误区，这就是把世俗化和世俗精神本身抽象化、本质化，从而不能历史地、语境化地看待其

① 秦晋：《关注与超越》，《作家报》，1995 年 6 月 17 日。

② 秦晋：《关注与超越》，《作家报》，1995 年 6 月 17 日。

③ 李泽厚、王德胜：《关于文化现状与道德重建的对话》，《东方杂志》，1994 年第 5 期。

作用。这里的关键是：中国的世俗化和大众文化本身就是在非常特殊的语境中出现的，而且随着语境的变化而变化。对此，我在20世纪90年代所著的文章中就有所涉及。在最近的一篇文章中，我又进一步推进了这方面的思考并提出了两种世俗化的分析框架。① 我认为，从20世纪70年代后期到80年代末，中国社会经历了一场类似西方的“祛魅”或曰世俗化运动（我称之为“第一次世俗化”）。这次世俗化否定了“文革”时期的伪集体主义、贫困崇拜与禁欲主义，肯定了物质生活和私人领域的合理性。但与消费主义、物质主义不同，这次以个性解放、人道主义以及物质生活的合法化为核心的世俗化浪潮并不意味着公共参与的衰退或公共领域的萎缩，恰恰相反，它构成了新公共性生成的基础。对于经历了“文革”的一代人，在20世纪70年代末80年代初听到邓丽君的流行歌曲真是如沐春风，其震撼力、亲切感难以言表。而且这种感受具有深刻的公共性，它与新启蒙和人道主义思潮在精神上无疑是极为一致的。可以说，它通过自己的方式呼应、参与了思想界、理论界的新启蒙思潮。但从20世纪90年代初开始，中国的世俗化开始发生畸变，开始向去公共化方向倾斜，到中后期开始愈演愈烈。中国社会虽然依然是一个世俗社会，然此世俗已非彼世俗。1990年以来的世俗是一种物质主义的世俗，是盛行身体美学与自恋文化的世俗。这种变态的物质主义与自恋人格不仅表现为对奢侈品的极度钟爱，对物质欲望、身体快感的无度追求，对个人内心隐秘经验的变态迷恋，它实际上还伴随公共性的衰落：对公共事物的冷漠、政治参与热情的衰退以及公共人际交往的萎缩。这第二种世俗是对第一种世俗的背叛。凡此种种，共同构成了1990年以来大众文化生存和发展的基本语境，也使得后者失去了原有的政治批判性和颠覆性。

遗憾的是，有些站在世俗价值立场为大众文化辩护的人恰恰缺少对世俗化本身的历史分析和辩证分析能力。在发表于21世纪的文章中，仍然有人不加区分地认为，大众文化在建立公共文化空间上发挥了积极的作用，体现了民主精神和弱势群体的利益，是当代中国市场经济条件下公民社会成长的伴生物，它开辟了自由交往的公共文化空间。文章对于中国大众文化的消极面几乎没有论述，特别是对于中国大众文化生存的不健全的体制

① 参见陶东风：《畸变的世俗化与当代中国大众文化》，《探索与争鸣》，2012年第5期。

环境视而不见。[①] 这里需要再次特别提醒的是，对于大众文化与消费主义（包括日常生活的审美化）的价值与意义的分析，必须紧密结合具体的历史语境，因为这种价值与意义是不断被历史语境改写的，因此只有放在具体的语境中才能阐述清楚。

由以上分析可知，对于中国的世俗化与大众文化，必须充分考虑到它的方方面面，必须意识到自己所指的是什么时候的世俗化、哪种类型的世俗化，而不要用非历史、非语境化的化约主义方法把对象简单化，同时也把自己的价值立场简单化。

---

① 金元浦：《重新审视大众文化》，《当代作家评论》，2001 年第 1 期。

目　录

大众文化理论的本土建构

从两种世俗化视角看当代中国大众文化

陶东风

在理解和评价当代中国大众文化的时候，世俗化从来是一个绕不过去的关键词。学术界对大众文化的截然不同的评价，也常常围绕世俗化这个中心展开。比如20世纪90年代中期，人文精神论者与世俗精神论者围绕大众文化的评价形成了两军对垒的局面，其分歧的核心就是如何看待世俗化。人文精神论者站在抽象的道德主义和审美主义立场把世俗化与大众消费文化斥为“旷野上的废墟”，是对精神文化（其实质是精英文化）、人文精神（其实质是文人精神）和终极关怀（其实质是宗教超越）的腐蚀；而世俗精神论者（比如李泽厚和王蒙等）则把世俗化与大众文化理解为对“文革”极权主义与偶像崇拜的消解。但是两者都没有对世俗化本身进行深入的历史分析和逻辑辨析。

一、两种世俗化理论

由于韦伯社会学的支配性影响，我们通常只把世俗化简单理解为政教分离，即世俗政治领域和神圣宗教领域的分立自治，并把世俗社会等同于与“彼岸”相对的“此岸”（尘世），而没有对世俗社会做进一步的细分。通过对阿伦特和哈贝马斯社会理论的阅读，我以为他们的著作中都包含或隐含了两种世俗化或两种世俗社会的思想，值得深入挖掘。

在《人的境况》一书中，阿伦特以古希腊社会为例，对私人领域与公共领域进行了划分（这个划分是与阿伦特对劳动、工作、行动三种人类“积极生活”类型的划分联系和对应的）。私人领域是以家庭为中心的生命活动领域，也是私人经验（既包括生理性感觉，比如疼痛；也包括私人之间的私密关系，比如爱情）的领域，在其中，物质关切与生命延续是支配性的。私人领域的根本特点就是缺乏公共性。而公共领域则以人工物品组成的世界为其物质形态，以平等、自由的交往（言行）为其实践形态（这种实践属于阿伦特所理解的“政治”），以超功利性为其价值形态。但无论是私人领域还是公共领域，就其相对于宗教超越领域而言，都属于世俗领域。相应地，世俗生活也就由两个方面组成：一个是世俗公共领域的活动，即言行（政治实践或政治生活）；另一个则是世俗私人领域的活动，即以劳动为核心的生命活动。在阿伦特看来，私人领域与公共领域的界限在古希腊是非常清楚的，人们在私人领域满足自己生命的繁衍和私人经验的实践，在公共领域从事非功利化的以彰显自己的卓异性为根本目的的政治实践。前者是后者的条件。

世俗公共领域，大约相当于阿伦特所称的“世界”，特指既不同于宗教天国，又不同于私人领域（包括物质生活与私人经验）的人类活动舞台。阿伦特曾经反复说，“世界”的根本特征就是其公共性。世界是共同持有世界之人的世界，世界之所以是世界，就在于它被众人分享。[①] 如果处在一个公共世界健全的时代，人们会热心参与公共事务，呵护、珍爱公共世界；而在一个公共世界坏死、政治败坏的时代，人们除了遁入空门，皈依上帝，还可能沉迷于自己的私人生活，享受物质消费，或遁入个人内心世界，养成自恋人格，与他人隔绝。这两种情况都是逃离世界的方式，其实也是世界坏死的表征。

如上所述，阿伦特欣赏的世俗社会是古希腊城邦社会，其中公共领域与私人领域、家庭领域与政治领域之间存在明确界限，人们在私人领域满足自己的物质生活需要，过自己的私生活，与此同时，有一部分公民以自由人身份平等、自愿地参与城邦公共生活与政治实践。而且在古希腊人的心目中，公共领域的言行活动的地位要高于私人领域的生命活动。但到了中世纪和现代（阿伦特所谓“现代”特指17世纪以后到20世纪初期这段时间），情况发生了变化，这就是公共领域的重要性逐渐降低，人们对公共事务的兴趣骤减。公共领域或者被宗教领域取代（中世纪），或者被“社会”腐蚀（现代）。

在中世纪的政治黑暗时代，世俗领域中的公共部分（公共领域、公共生活）逐渐萎缩乃至彻底消失，被宗教团体，也就是“非世俗共同体”所取代。与此同时，世俗私人领域与世俗公共领域之间的联系被彻底斩断，人们离开私人领域后，不是进入世俗公共领域，而是“通过对彼岸世界的

---

① 阿伦特在《人的境况》第二节“公共领域与私人领域”中写道：“公共”的第一个含义是“可见、公开”，而第二个含义则“表示世界本身，就世界对我们所有人来说是共同的，并且不同于我们在它里面拥有的私人处所而言”。（［美］阿伦特著，王寅丽译：《人的境况》，上海：上海世纪出版集团2009年版，第34页。）阿伦特说，世界是一个把人既联系起来又相互分开的公共空间，如同桌子。

共同信仰”组成一个非世俗的共同体。这样，一方面是出现了非世俗的宗教共同体，另一方面，与此同时发生的则是世俗领域的彻底私人化：“世俗领域却彻底变成了古代所谓的私人领域，其标志是一切活动都被纳入了家庭市场中，在那里它们只有私人的重要性，从而真正的公共领域荡然无存了。”[①] 这样，在中世纪，就只剩下私人领域和宗教领域，唯独没有世俗公共领域。我们可以想象，这样的世界可能会被两类人主导：一类人沉溺于私人领域的消费和享受，纵欲糜烂，醉生梦死；另一类人则遁入空门，皈依上帝，一心想着个人死后如何能够灵魂不朽。这两类人都不关心公共生活。因此，这两种情况都是公共世界坏死的标志。

进入现代，基督教的来世信仰破灭了，但人不是回到世俗公共世界，而是被抛向物质性的生命和自我（自己的身体和自己的“内在”世界），“他根本不相信这个世界可以是潜在不死的，甚至不相信它是真的”[②]。此刻的世俗性已经完全不再与具有持久性的“世界”相关，相反成为它的反面。人丧失了彼岸世界（宗教），同时又抛弃了此岸公共世界，他被“抛回”到生命，[③] 也就是抛回到生物性的身体和“内省的内在封闭领域”（两者都是非世界性的，可以包含在阿伦特的“社会”概念之下）。“在那里他的至上体验是心灵的自我推理过程、自己和自己玩的空无一物的过程。”[④] 这个过程所剩的唯一内容是生理性欲望和“无意识冲动”（现代人认为它是“非理性”的，因为无法思考它们或用理性处理、控制它们）。摆脱了宗教信仰和世俗公共世界的不死信念（“尘世不死”），人们返回到了自然状态，拥抱“永远延续的生命”——一种种群意义上的生命。[⑤] 阿伦特指出，自笛卡儿以来，现代哲学的一个最坚定的趋势是“试图把所有经

---

① ［美］阿伦特著，王寅丽译：《人的境况》，上海：上海世纪出版集团2009年版，第21页。

② ［美］阿伦特著，王寅丽译：《人的境况》，上海：上海世纪出版集团2009年版，第253页，译文依据英文版第320页，有改动。

③ 阿伦特特别强调不是“赢得”生命而是被“抛回”到生命，因为自然性的生命不是一个人主动赢得的，而是被动给予的。参见［美］阿伦特著，王寅丽译：《人的境况》，上海：上海世纪出版集团2009年版，第253页。

④ ［美］阿伦特著，王寅丽译：《人的境况》，上海：上海世纪出版集团2009年版，第253页。

⑤ “永远延续的生命”，原文 everlasting life，这个词的意思是人在返回到自然循环后就获得了延续不止的物种意义上的生命，它和 eternal life，immortal life 的含义全部不同。eternal life 是基督教术语，特指存在于彼岸世界的永恒生命；immortal life 的含义是超越了生物必然性、摆脱了自然循环、通过公共行动获得的、超越了有死性的生命。但在很多阿伦特著作或论文的中文翻译中，三者没有得到应有的区别。

验、对世界及他人的经验，都还原到人和他自身之间的经验上”①。而其最大贡献则是对于自我的独占性关怀（Exclusive concern with the self，只关注自我而完全排斥其他）——把人和他人、人和世界的关系减缩为人和自己的关系。② 或者说，现代资本主义社会的最大特点，不只是宗教和世俗的分离，而是出现了另一种世俗：人不再关注公共世界和他人，而只是关注内心的和物质的自我。

总而言之，无论是中世纪还是现代，它们的共同特点都是世俗公共领域（世界）和公共生活的坏死。不同点只是，在现代西方，私人领域扩大为貌似公共领域的“社会”领域，并进而吞并了政治领域，消灭了私人领域与公共领域的界限；而在中世纪，不是私人领域扩张到公共领域，而是私人领域“升华”为宗教领域。

也许我们可以通过哈贝马斯的公共领域理论，把阿伦特的上述思想加以扩展和完善。哈贝马斯和阿伦特的主要区别在于修正和扬弃了阿伦特的含混的、颇富歧义和争议的“现代”概念（以及另一个争议更大的概念——“社会”）。在《公共领域的结构转型》中，哈贝马斯实际上把现代细分为两个阶段，分别考察了两个不同的“现代”时期的公共领域状况，也就是公共领域的两次“结构转型”。第一个阶段是现代早期（18 世纪），此时是资产阶级公共领域的形成时期，也就是第一次结构转型时期：从封建社会的代表型公共领域转向资产阶级公共领域。作为制度范畴的公共领域和私人领域的分离，在中世纪中期的封建社会中是不存在的，这是因为封建社会公私不分：“‘王权’有高低之分，特权有大小之别，但不存在任何一种私法意义上的合法地位，能够确保私人进入公共领域。”“在德国，‘私人所有权’和‘公共所有权’在封建社会显然是融为一体的，它们同源同宗，都依附于土地，因此，也可以把它们当作私有权对待。”③ 哈贝马斯指出，尽管封建制度的个别特征，如君主的印玺等，具有公开展示的特性，或者说，国王的权力有一种公开的代表形式（如各种符号和仪式），但“这种代表型公共领域不是一个社会领域”，“它毋宁是一种地位

---

① ［美］阿伦特著，王寅丽译：《人的境况》，上海：上海世纪出版集团 2009 年版，第 203 页。

② ［美］阿伦特著，王寅丽译：《人的境况》，上海：上海世纪出版集团 2009 年版，第 203 页。

③ ［德］哈贝马斯著，曹卫东等译：《公共领域的结构转型》，上海：学林出版社 1999 年版，第 5 页。

的标志”。[①] 国王或封建领主的地位，不管处于哪个级别，都和“公”“私”等范畴保持中立关系，即既不是公的也不是私的，但占据这一地位的人则把这种地位公开化，使之成为某些“特权”的体现。也就是说，封建社会的代表型公共领域是国王和贵族炫耀特权的领域，完全排除底层民众的参与，它也和现代代议制的民主制度无关，“国家代表或具体的议会代表和这种代表型公共领域没有什么关系，因为这种公共领域依附于现实中的领主，从而赋予其权威以一种‘神光灵气’”[②]。国王和贵族所代表的不是民众，而是自己的特权。后者具体表现为一套“高贵”的繁文缛节以及各种节日和仪式，它不是政治交往的领域，而是炫耀特权的场所（哈贝马斯认为，教会的宗教活动也属于代表型公共领域）。

从这种封建代表型公共领域向资产阶级公共领域的转型的关键，是国家和社会的分离和公民社会的出现，以及与之相伴随的一种新的既具个体权利意识又热心公共事务的理性自律个体——私人——的出现。[③] 这里特别值得注意的是私和公的相互转化关系：理性自律的个体既是具有明确权利意识的私人，而不是大公无私的“螺丝钉”或工具，但同时他们又具有积极的公共参与精神，监督公共权力的使用，以保护自己的私人权利。

公共领域的第二次结构转型发生于20世纪60年代，也就是所谓大众传媒时代“国家和社会的一体化过程中”：“随着书籍和报刊生产的组织、销售和消费形式的变化，公共领域的基本结构也发生了变化。随着电子传媒的兴起，广告获得了新的意义，娱乐和信息的不断交融，所有领域趋于集中化，以及自由主义协会和一目了然的地区公共领域的瓦解，公共领域的基本结构又一次发生了转型……随着商业化和交往网络的密集，随着资本的不断投入和宣传机构组织程度的提高，交往渠道增多了，进入公共交往的机会则面临着日趋加强的选择压力。这样，一种新的影响范畴产生了，即传媒力量。具有操纵力量的传媒褫夺了公众性原则的中立特征。大众传媒影响了公共领域的结构，同时又统领了公共领域。于是，公共领域发展成为一个失去了权力的竞技场，其意旨在于通过各种讨论主题和文集

---

① ［德］哈贝马斯著，曹卫东等译：《公共领域的结构转型》，上海：学林出版社1999年版，第7页。

② ［德］哈贝马斯著，曹卫东等译：《公共领域的结构转型》，上海：学林出版社1999年版，第7页。

③ ［德］哈贝马斯著，曹卫东等译：《公共领域的结构转型》，上海：学林出版社1999年版。

既赢得影响，也以尽可能隐秘的策略性意图控制各种交往渠道。”①

这种高度集中垄断的传媒鼓吹消费主义，消费主义依然是一种世俗化的意识形态，但却不同于初期的世俗化：人们沉溺于物质消费、沉溺于自己和自己的私密关系（变态自恋人格），而失去了对于公共世界（它也属于世俗）的关注。在一定意义上说，哈贝马斯的《公共领域的结构转型》、丹尼尔·贝尔的《资本主义文化矛盾》和克里斯多夫·拉斯奇的《自恋主义文化》，已经从不同角度对这两种世俗社会进行了区别，并对后者进行激烈的批判。

对公共世界的珍爱属于一种世俗性而非宗教性的信仰，它既存在于阿伦特所钟爱的古希腊社会，也存在于哈贝马斯所青睐的西方现代社会早期。但进入消费社会（西方现代社会晚期或后现代时期），世俗化发生了畸变。这个畸变不是现代初期的宗教改革导致的，而是现代晚期物质主义和消费主义的产物。现如今“上帝之死”并不意味着人被抛回到世俗公共世界，成为一个珍爱和热心公共事务的“人自己”，而是被抛回到人的身体、人和他自己的私密关系，人退到了自己的“内在性”之中。人们失去了对于彼岸、来世的信仰，同时也失去了对公共世界的信仰，回到了身体化的个人自我，以封闭的自己与自己的私密关系代替了自我与他人的积极交往，导致病态的自恋人格。因此，这种畸变的世俗化恰恰意味着公共世界的死亡。

二、第一波世俗化与邓丽君的启蒙意义

接下来我尝试把从阿伦特和哈贝马斯著作中总结、归纳出来的两种世俗化理论应用于当代中国的大众文化研究。尽管阿伦特以及哈贝马斯的世俗化思考源自其对于西方社会历史与文化的观察，而且即使在西方学术界也存在争议；尽管我们在运用西方理论的时候应该慎重，避免机械搬用，但我还是认为，两种世俗化的思想对解释当代中国社会文化变迁特别是大众文化的变迁极具启示性与参考价值。它有助于我们历史地、辩证地理解当代中国大众文化的政治和文化意义，不再简单化地予以肯定或否定。借助于他们的理论，我们或许能够对20世纪80年代的世俗化和90年代的世俗化进行区分，进而对这两个时期的大众文化做出不同的思考和评价。

---

① ［德］哈贝马斯著，曹卫东等译：《公共领域的结构转型》，上海：学林出版社1999年版，第15页。

一般认为，在西方世界，宗教神权是压制或腐蚀世俗公共世界的基本社会文化形态。但在中国，由于没有西方式的宗教神权，公共世界的主要威胁来自“文革”式极权主义和当下中国的消费主义/物质主义。[①]

“文革”式极权主义通过公共领域的极权化扼杀公共领域与私人领域的界限，进而导致“公共”含义的畸变，扼杀了真正意义上的公共领域。它不仅彻底剥夺了个人的政治权利和政治自由，而且彻底铲除了私人财产，控制了私人生活领域，并通过自上而下的所谓“群众运动”造成一种虚假的“大民主”（人民群众当家做主）假象和表演式的群众参与（群众奉命参加没完没了的批斗会、学习会、游行、集体舞和其他五花八门的集体效忠仪式）。这是一种没有自由选择的“参与”、没有私人主体性的“公共”（因而深刻地不同于哈贝马斯阐述的18世纪资产阶级公共领域）。它强迫所有私人生活领域（包括人的家庭婚姻生活和吃喝拉撒等日常物质生活）都听命于极权政治的一体化要求（美其名曰“大公无私”“公而忘私”）。对于公民权利，特别是隐私权、独立于政治的权利以及享受正当物质生活的权利，一概不予承认。结果是造成一种极权式的虚假“公共领域”，败坏了人们对公共政治的兴趣，导致其对政治自由、公共世界的普遍厌恶，怀疑公共性与私人性、政治与自由的相容性。恶果至今尚存。恰如阿伦特说的，在这种情况下，“我们不由得不相信，自由开始于政治终结的地方，因为我们亲眼看到，当所谓的政治考虑压倒所有其他考虑时，自由也就不复存在了”[②]。“当且仅当政治保证一种可能独立于政治的自由时，政治与自由才是相容的。”[③]

阿伦特的这个思想极为深刻：自由的前提是对私人权利和私人生活空间的尊重，是公共政治领域和私人领域的相对独立，而不是前者吞并、剥夺后者。政治之所以是自由的伟业，自由之所以是政治的灵魂，其前提乃是公共领域与私人领域之间的神圣界限。真正的公民参与是基于个人权利的自愿参与和实质参与：自愿走出私人领域，投身公共事务，而不是出于任何形式的强制，也不是任何形式的表演。“文革”时期自由的普遍丧失，

---

① 综合西方和中国的情况，我以为威胁世俗公共世界的三种力量分别是：宗教神权，极权主义，消费主义/物质主义。

② ［美］阿伦特：《什么是自由》，见［美］阿伦特著，王寅丽等译：《过去与未来之间》，南京：译林出版社2011年版，第145页。

③ ［美］阿伦特：《什么是自由》，见［美］阿伦特著，王寅丽等译：《过去与未来之间》，南京：译林出版社2011年版，第148页。

就是这种以“公”灭私的结果。先有独立于政治的自由，而后才能有真正意义上的参与政治的自由。如果没有离开政治的自由，那么一个人实际上是被迫/不得不“参与”政治，而被迫的“参与”已经不是真正的参与。如果每个人的“八小时之外”全部被公家收缴，不得不参加政治学习，读“红宝书”，卷入各种各样的批斗、抄家、相互告密、揭发检举等等，如果一个人的所有私生活都不再受到保护，他的日常生活物品、基本必需品（从住房到各种粮票邮票等）全部依赖“公家”，那么此时的个人就失去了与极权化“公共领域”相抗衡的任何可能性，他所获得的也只能是虚假的“公共性”，其最后结果是导致人们对于政治参与乃至政治本身的厌恶。

从“十一届三中全会”到20世纪80年代末，中国社会经历了一场类似西方的“祛魅”或曰世俗化运动，我们称之为“破除迷信”“解放思想”。说它是一场“祛魅”或“世俗化”运动，是因为这场社会文化转型虽然不能等同于西方的世俗化，但仍然具有从类似宗教的禁欲主义（革命的“天国”）返回凡俗尘世的特点，有对类似宗教领袖的毛泽东的偶像迷信的破除。在这里，世俗化转型的祛魅对象，不是严格意义上的西方式宗教，而是具有准宗教色彩的极左意识形态——这个意识形态的根本特点，一是灭私，二是灭欲。伴随这个中国式世俗化浪潮的，是“文革”式群众运动（一种以群众运动面目出现的极权化“公共参与”）退出历史舞台，个体权利意识，包括合理的私利和私欲开始觉醒（“私”和“欲”是20世纪80年代思想解放运动的两个关键词）。平等、理性交往意义上的公共领域开始兴起，出现了具有重大意义的公共讨论（比如关于“真理标准”的讨论，人道主义与异化的讨论，主体性的讨论，传统文化与现代化关系的讨论等）。一方面是反思与告别被称为“群众运动”的极权式虚假公共参与和被称为“社会主义大家庭”的虚假公共领域，另一方面，觉醒了的理性、自律个体，开始带着独立的主体意识与主体身份参与真正的公共生活，建构有别于极权公共领域的世俗公民公共领域（公民社会）。

特别值得注意的是，这次的世俗化尽管否定了“文革”时期的匮乏崇拜与禁欲教义（“贫穷才是社会主义”“吃吃喝喝绝不是小事”），肯定了个体世俗物质生活追求的合理性，但大众并没有一头扎进物质主义和消费主义，从公而忘私走向私而忘公；也没有一味沉溺于自己和自己的亲密关系或封闭性的私人经验；相反，伴随着第一波世俗化浪潮的，恰恰是大众的政治参与热情被极大激发（比如反映当时社会热点问题的一部小说、一篇报告文学乃至一首诗就能激发大众的持久热烈谈论），人与人之间的公共交往开始慢慢恢复，公共讨论热情空前高涨（这点非常类似于哈贝马斯论述的私和公的相互转化和依存，私人的出现是冲破“文革”时期虚假公共性的关键）。中国式宗教神魅的祛除与世俗公共世界的复兴相携而行、相得益彰。换言之，虽然这个世俗化浪潮同样伴随个性觉醒、个人主义以及日常生活的合法化，但它们并不表现为公共世界的对立面，并不意味着公共生活的衰退；恰恰相反，建立在祛魅（“思想解放”）基础上的新公共性的生成，是以觉醒了的个人（类似哈贝马斯描述的18世纪西方社会的自律个体：既懂得自己的个人权利，具有主体意识且情感丰富，又热心公共事务，有参与意识）的诞生为标志的。

我们必须在这个意义上的世俗化框架中思考和肯定20世纪70年代末80年代初出现的中国大众文化的积极意义。这方面的最典型的例子，就是新时期最早出现的大众文化——从港台传入的邓丽君的流行歌曲，以及同样从港台传入的通俗电视连续剧（如《霍元甲》《上海滩》等）。[①] 对于从单一的“革命文化”（以样板戏为典型）中长大的、时值20岁上下的青年人，听邓丽君的温软圆润的流行歌曲真是如沐春风，其震撼力、亲切感难以言表：世界上居然有如此动人的“靡靡之音”！记得王朔在《我看大众文化》中这样写到自己听邓丽君歌曲的感受：“听到邓丽君的歌，毫不夸张地说，感到人性的一面在苏醒，一种结了壳的东西被软化和溶解。”[②]

王朔的这个感受对一代人而言都是很真实的，这也是当时知识界和大众的共同感受（这种对于大众文化的共同态度在今天已经无法寻得了）。更重要的是，这种感受不但是私人的，而且具有深刻的公共性。这个因为邓丽君而“软化和溶解”的情感世界，对于被长期的阶级斗争败坏了的公共世界无疑具有极为重要的修复意义。须知，像“如果没有你/给我爱的滋润/我的生命将会失去意义”这样的表白，乃至“我只要美酒加咖啡，一杯又一杯”这样些许消极的放纵，在当时都是作为“文革”禁欲文化的反动出现的，都超越了情爱和物质的层面，它不但极大地繁荣了当时中国老百姓十分单调贫乏的文化生活，而且唤醒了被极左意识形态长期扭曲和压抑的人性。

---

① 这些电视剧在当时无不引发了收视热潮。在笔者生活的浙江沿海一带，因为黑白电视机还不普及，因此常常是一群人聚集在有电视机的那一家人的门口，大家站着集体观赏，俨然一次自发的集体公共聚会。

② 王朔：《我看大众文化》，《天涯》，2000年第2期。

在这个意义上，邓丽君的流行歌曲与精英知识界的新启蒙和人道主义思潮在政治倾向和精神价值上无疑是极为一致的。可以说，它通过自己的方式呼应和推动了新启蒙和人道主义思潮。也有人直接把邓丽君的歌曲理解为“歌声启蒙”①。还有评论家指出：“在我们谈到‘八十年代’的‘启蒙’时，邓丽君的歌似乎也不妨谈一谈。邓丽君也以自己的方式，对一代人起到了启蒙的作用——这是审美意义上的启蒙，也是情感和人性意义上的启蒙。”流行歌曲的“情感和人性意义上的启蒙”的力量之巨大，只有结合当时的社会文化环境才能充分理解，正如闫晓洪描述的：“遥想30多年前的大陆，蓦然间有一天，耳鼓充斥着铿锵有力、铁骨铮铮革命歌曲的人们，突然被一种闻所未闻的咏叹爱恨情仇的绵软歌声击倒，这首歌最早的传唱者便是邓丽君。就这样，人们缺少温情的贫瘠心灵，被一遍遍地摩挲抚慰滋润，人们惊愕、狂喜，人们街谈巷议、奔走相告，此曲只应天上有，怎却突兀降人间！于是乎，头梳大鬓角、身着喇叭裤、手提砖头收录机、一路哼唱邓丽君‘靡靡之音’招摇过市的男青年，成了百废待兴时的大陆街头的最通俗的一个场景。但在那时候，邓丽君有时也是被人曲解和鄙夷的，她的很多歌曲都被定性为‘黄色歌曲’，例如，《路边的野花不要采》等同于轻佻的阿飞小调，《千言万语》《我只在乎你》《月亮代表我的心》之类简直和色情挑逗毫无二致，而《何日君再来》更被‘拔高’成是公开为国民党反攻大陆呐喊招魂。尽管如此，邓丽君的歌声在大陆仍是一如既往地越唱越响。”②

邓丽君所代表的大陆最早的大众文化与消费文化，正好出现于长期的思想禁锢与意识形态驯化被松动、消解之时，它本身就是作为对于这种意识形态驯化的批判与否定力量出现的，是对打着集体主义、理想主义旗号的禁欲主义的反动。“文革”时代是一个全面的文化专制时代，狂热的领

---

① 参见王宏甲《歌声启蒙——纪念邓丽君》（《学习时报》，2008年5月12日）。文章作者谈到1978年首次听到邓丽君的歌声，“曾是那样震撼”，感受到一种“启蒙力量”，“那旋律是那样地抚慰了我疲惫的心，让我感到走在家乡小街上的女子都妩媚起来，或说所有的男人和女人，我们原本都可以温和一些，不必筑起心的壁垒，不必穿上厚厚的盔甲”，“在这历经十年动荡之后的土地上，她的歌声，以近乎天赋的方式，具有可以抚平一切创伤的神奇力量”。“这是中国改革开放起始之年，她那响遍中国的歌声，谁没有为之感动？纵然在插队岁月中，我们已学会不少动人的外国歌曲，但邓丽君歌声中的乡间生活和小城，那种乡情，那种甜蜜，那种淡淡的忧伤和浓浓的祝福，给了我们一种追忆，一种寻找，一种团聚，一种向着新生活出发的激励。这是一个拥有十多亿人口的东方大国，那影响谁算得清！”

② 闫晓洪：《在“筠园”，聆听永远的邓丽君》，《今日中国（中文版）》，2011年第12期。

袖崇拜使得大众生活带上了准宗教化的色彩，他们除了献身于伪“公共集体事业”外不允许有任何私人领域。这种虚假的理想主义和集体主义与非人道的阶级斗争、禁欲主义，共同禁锢了广大民众的心智，压制了他们的世俗情感与日常生活诉求。从20世纪70年代后期开始，尤其是到了80年代，人们开始对这段历史进行反思。在这个过程中，长久以来被禁锢的思想、压抑的情感和私念以一种反叛的姿态释放出来，其中夹杂着改革初期人们重建世俗公共生活的憧憬。邓丽君的歌曲就是在这样的时代背景下漂洋过海的。成千上万迷恋邓丽君的民众并没有因为喜欢她的“靡靡之音”而疏离公共世界，恰恰相反，“靡靡之音”和别的文化——文学思潮一起，培养了既具有自主性与独立人格（因此不同于“文革”时期的“螺丝钉”），又积极关注公共事务（因此不同于今天的消费式个人主义）的新颖个体。可以说，20世纪80年代的大众文化对于公共领域的建构功不可没。

由于大陆官方（公权力）在20世纪80年代前后对于邓丽君的压制，听/唱邓丽君的歌曲还带有一种反抗和僭越的快感。很多过来人都谈到了偷听邓丽君歌曲的时候那种既兴奋又恐惧的复杂感情。叶开在《单卡录音机里的邓丽君》中写到在20世纪80年代初，他还是一个湖南乡下中学生的时候，第一次听到邓丽君歌曲的感受：

一天下午，我在大姐工作的杂货店和百货店之间的一条小巷集市上闲逛。时值下午，阳光强烈，天气闷热，脑袋昏沉。我看到成片地连接到一起延伸到对面街角的小集市上都用竹竿支着塑料纸撑成顶棚，显得更加闷热难耐。

就在这时，突然远处响起了低回轻吟的可怕歌声：

好花不常开，好景不常在——

耳朵里听见这歌声，我像被电击一样，浑身麻痹。邓丽君的清冽歌声，像毒液一样啮噬我的耳朵，让我进入了神智昏迷的状态。这种短暂昏迷，不是因为听到天籁音乐那种美妙的震惊，而是立即警惕地想到这是黄色歌曲的恐惧。我耳朵里听到黄色歌曲了，天哪，我该怎么办？这下真是跳到鹤地水库里也洗不清了。我那时还不知道历史上许由因认为别人的话低级而跑到河边洗耳朵的故事，不然，我就会跳进不舍昼夜地为湛江输送清澈用水的青年运河里去洗掉自己耳朵里的黄色毒液。我虽然才是初中生，但政治老师、班主任和校长，在教室里、操场上和大会上，都反复多次地教育我们，警告我们，给我们强调过了黄色歌曲的可怕危害性。而邓丽君的《何日君再来》，是我记得很清楚的黄色歌曲之一。

我记得，启蒙的痛楚即从那个闷热的下午开始。

邓丽君甜润的歌声给我的冲击太强烈了。我一直不敢跟任何人说，连供养我上学的大姐也不敢说。我把这个秘密埋藏在心里。①

其实，正是这种乍暖还寒的环境赋予了当时的流行歌曲以在今天看来不可思议的政治文化抵抗意义。著名歌手腾格尔在《都是邓丽君惹的祸》一文中也写道：

我走上唱歌这条路，都是邓丽君惹的祸。可以这么说，我们这代人恐怕人人都承认，邓丽君不仅是一位杰出的歌唱家，还是一个文化符号。我刚进天津音乐学院那会儿，正赶上举国性的“邓丽君热”。男生听得尤其凶猛，我则是凶中之凶，开始还有点遮遮掩掩，后来就变得不可收拾。也算是一种时尚吧，但又与现在的赶时髦不同，那是一种带点偷吃禁果的快意的享受。②

当时正好赶上批判“精神污染”，腾格尔还为此受到学校的处分。

可以认为，邓丽君的歌曲在中国大陆 20 世纪七八十年代的广泛流行，与同时代精英知识分子在文学、哲学领域发起的启蒙革新运动，是当时思想解放潮流在精英文化层和大众文化层两个层面的分别展开。如果说知识分子发起的伤痕文学、反思文学运动以及关于人道主义的讨论在当时起到了思想文化启蒙的作用，那么邓丽君的流行歌曲在底层民众的广泛传唱和流行，也同样起到了启蒙的作用，两者同是对“文革”时代的反人性的文化专制的反拨，同是对人性回归与思想解放的呼喊。“文革”时代的政治、文化专制和改革开放后民众的伤痕和兴奋交织在一起的时代语境，是促使大陆对邓丽君歌曲疯狂接受的原因之一。只有在这个特定语境下，邓丽君歌曲在流行中才起到了启蒙的作用。也就是说，流行歌曲之所以在一定时期和一定范围内能产生巨大的启蒙效应，不仅仅是其本身的文本审美质素使然，还与一定的社会文化语境以及接受者普遍的心理诉求有关，而且后者的作用更大。音乐社会学理论认为，某一类音乐作品在某一时代所产生

---

① 叶开：《单卡录音机里的邓丽君》，《美文》，2011 年第 3 期。

② 腾格尔：《都是邓丽君惹的祸》，《女士》，2011 年第 6 期。

的巨大共鸣和普遍流行，不能单纯就作品而论作品，而需要考虑到接受者所处的社会文化场域及其文化心理诉求：即某一特定时期接受者的情感、心理需求是怎样被强烈调动起来的，这种情绪又是怎样赋予一种音乐形式以巨大的生命力和存活价值，产生这一情绪的社会历史文化因素是什么。新中国成立以来，几十年频繁而冗长的政治革命运动，十年“文革”的全面的文化专制和疯狂的政治迫害，汹涌澎湃的革命战车碾碎了一切，既摧毁了传统文化，也摧毁了街头坊间的流行文化，民众的心灵空间被一种刚硬、沉重、完全没有生气的精神巨兽所盘踞。它君临一切，全面支配着每个人的行为、思维、话语乃至呼吸！从政治信仰和理想道德到人们的衣食住行等方面的强求统一，都不断地使社会价值选择绝对化、极端化，人们不仅由于没有经济实力而无法追求丰富多彩的生活，而且也由于政治上极左的束缚而不敢追求丰富多彩的人生。社会上只允许“歌颂型”和“声讨型”的音乐类型存在，音调都是异常强硬，歌曲的功能进一步简化，几乎成了毛语录、党报社论、大批判文章的同类项和扬声器，字字铿锵，犹如一把在“阶级敌人”的血泊中淬过火的钢刀。但是人们生活的意志和选择是不可能被永远压抑的，当中国的政治环境稍有变动，大气候稍有宽松的时候，人们被压抑已久的生活欲望便迸发出来。极权政治的解冻、邓丽君等人的歌曲的传入以及内地流行歌曲的崛起，让人们顷刻间找到了情感的共鸣，仿佛开启了另一种投入全新生活的情感。邓丽君歌曲的流行，充分说明了在那个时候，经历过极权主义年代、饱受政治压抑的人们，急切需要一种抒情、甜美的声音来抚慰疲惫和麻木的心灵，人们渴望在这样的音乐中，找回属于他们自己的喜怒哀乐，来重新编排自己有血、有肉、有情感的人生。可以这样说，邓丽君歌曲的流行，使蕴藏在民众心中的种种社会情绪得到了伸张和宣泄。她的歌曲让听惯了革命政治抒情歌曲的人们体味到了人世间的温暖。

三、第二次世俗化与去政治化的消费文化

从20世纪90年代初开始，中国的世俗化开始向着去公共化的或物质主义的方向发展。它具体表现为相当普遍的对物质欲望、身体快感的单向度追求，以及对个人内心隐秘经验的单向度迷恋。[①] 也就是说，与20世纪

① “单向度”在此意味着这种追求或迷恋不再联系于公共领域的重建，意味着公与私的联系的中断。

80 年代不同，90 年代以降的第二波世俗化不仅不再伴随新公共性的建构，相反以其对公共世界的逃离、参与热情的锐减、公共人际交往的衰落为突出特征。中国社会虽然依然是一个世俗社会，没有退回到改革开放前的中国式宗教迷信（虽然有些地方出现了民间的或知识界的乃至政界的“文革”怀旧思潮，但是毕竟已经难以回到那个全民狂热的时代）或禁欲主义，但是这种新的世俗性已经不再具有 80 年代世俗性所具有的私人性与公共性之间积极而活跃的相互联系。

20 世纪 90 年代的世俗是一种消费主义和物质主义的世俗，是盛行身体美学与自恋主义文化的世俗，是去公共化的世俗。个人主义依然流行，但这个“个人”的内涵已经发生了根本变化。80 年代的个体当然也关注物质和私欲，但这种关注与主流文化之间尚未建立起相互支持的共谋关系（官方对邓丽君“靡靡之音”的批判就是明证），相反与新启蒙思潮一起参与了市民社会或新世俗公共世界的重建。90 年代以后，社会文化语境发生了巨大变化，消费主义与主流文化不再处于紧张关系中，它们已经结成新的联盟，前者原先所具有的消解主流的功能也就随之付诸东流。在一个“闷声发大财”成为官民共识的时代，官方文化与消费主义在去政治化、去公共化方面达成了深度合作。这是对 80 年代世俗化的另一种意义上的背叛：不是以回到“文革”式禁欲主义的方式背叛了 80 年代，而是通过躲进“铁门”重重的个人“密室”或灯红酒绿的 KTV 包房的方式背叛了 80 年代。换言之，一种世俗背叛了另一种世俗。

我以为有两个典型的文化现象可以代表 20 世纪 90 年代以后中国第二波世俗化的去政治化和去公共化倾向。

第一个是 1997—1980 年间的所谓“绝对隐私热”。从 1997 年 6 月 6 日到 1999 年 9 月 25 日间，《北京青年报》记者安顿在该报开设了关于中国人情感生活的口述实录专栏，共有大约 90 期的口述实录发表，内容涉及两性关系、三角恋、多角恋、婚外恋、师生情、母爱等，受访者以白领女性、在京外地人、股民、个体户等为主，也有一些名人名家的专访。① 该栏目引起巨大轰动，并产生连锁效应，引发全国性的“口述实录”热潮，

① 口述史是一种在 20 世纪 40 年代产生于美国的文体，其创始人为美国哥伦比亚大学的尼文斯，他于 1948 年在哥伦比亚大学创立了口述史料学研究室。而美国最有影响力的口述史作家则是斯特兹·特克尔，他的《断街——美国都市采风录》（出版于 20 世纪 60 年代）《美国寻梦——100 个美国人的 100 个美国梦》（出版于 1980 年）等产生了巨大影响。第一个中国国内尝试口述史写作的作家被认为是女作家张辛欣。

代表了当代中国隐私文化鼎盛时期的到来。①

目前对隐私文化热的研究，或者从个性解放、社会多元化的角度肯定其合理性，或者从大众传媒市场化竞争角度分析其存在问题，唯独缺少对于1990年代以来中国文化的去政治化环境的关注。有人甚至认为，“隐私话题扩张在大众传媒，折射了当代中国的社会发展、民主进步与文化繁荣。隐私话题的背景是当代中国社会转型，所谓社会转型是旧有落后的社会形态向一个更高级更进步的社会形态的转型，因而社会发展呈现出上升的趋势。隐私话题在这个时期的涌现尤其合理和适宜。隐私话题扩张在大众传媒，彰显了传媒话语由单一政治话语走向话语多元。在大众媒体上，无论是名人的隐私话题，还是普通人的隐私话题，无论是主动倾诉，还是被动曝光，无论是‘志愿公众人物’，还是‘非志愿公众人物’，都显示出政治力量之外的市民力量开始在原来意识形态的阵地上开拓出自己的空间，同时也具有显示市民社会形成的社会学价值”②。作者做出此等高度评价的一个根本原因，是无条件地、非历史地把去政治化当作社会进步、个性解放、文化多元化的同义词，赋予其积极的对抗主流的功能，甚至把媒体主管部门对性爱隐私话题的放任自流乃至暗中怂恿，也看作是公共空间与言论自由扩展的标志。这种观点非常缺乏历史分析眼光。

如果绝对隐私热出现在20世纪70年代末邓丽君歌曲流行的那个时期，赋予它以积极的进步、解放意义或许是有道理的，因为“文革”时期的“政治”是一元化的政党政治，不存在公民政治，它不但剥夺了公民正常的政治权利（如选举自由权、言论自由权），而且剥夺了公民正常的文化

---

① 1998年，安顿的采访实录以“绝对隐私——当代中国人情感口述实录”为题出版（北京：新世界出版社），成为1998年中国最畅销的图书之一。该书首次印刷印数是17万册，1998年7月第5次印刷印数是10万册，1999年3月第17次印刷印数是26万册，1999年6月第22次印刷印数是32万册。同时，《绝对隐私》产生了一系列连锁效应，各种以“隐私”为名的书纷纷出笼，比如《单身隐私》《非常隐私》《贞操隐私》《情人隐私》等。还有一大批“安氏姐妹”冒了出来，比如安琪、安静、安妮、安倩，她们分别编写了《单身隐私》《贞操隐私》《情人现象》《独身女人的情与爱》，此外还有大量的在《绝对隐私》前后面世的涉及男女情爱、私人生活的书，比如《婚内婚外》《我的前夫》《昨日隐情》《男女关系》等，成为当时中国图书市场的一大奇观，被国内一家报纸戏称为“无边心事萧萧下，不尽隐私滚滚来”。各色媒体及时跟进，开辟了《情感倾诉》《私密独白》《夜半悄悄话》等专版或节目栏目。更为重要的是，“隐私”一词突入我们的视野，成为见诸报端、挂在嘴边的流行语。参见滕威：《书写中产阶级与中产阶级的自我书写——关于1998年中国文化市场“隐私热”现象的报告》，《上海文学》，2000年第4期。

② 陈华明：《当代中国大众传媒的隐私话题研究》，四川大学博士学位论文，2006年。

权利和私生活权利，不允许私人隐私的存在，更不允许其进入媒介公共领域。换言之，“文革”时期以“公”灭“私”的那个“私”，除了私利，也包括私人其他方面的隐私。在这种情况下，不仅公民的非官方政治活动具有反主流政治的意义（因而被严格禁止），而且个人私密的表达，乃至赤裸裸的性经验表达（比如手抄本《少女之心》），也具有扩展政治文化空间的进步性。[①]

但20世纪90年代的隐私热出现于一个迥然不同的社会文化语境。最早的隐私热其实可以追溯到1993年，因为在《绝对隐私》之前出现的情感口述实录，比如《倾斜的天空——当代女性心态实录》《都市女人的忧伤》《我们的婚外恋》等，都是1993年或1994年初出版的。[②] 1993年是一个非常特殊的年份。新时期刚刚出现的公民政治运动（从西单民主墙运动到“六四”天安门运动）与新启蒙文化运动在20世纪80年代末突然受挫，1990至1991年中国政界全面“左”倾，文化界陷于沉寂。1992年，邓小平“南方讲话”虽然重启了改革开放的进程，但这第二波的改革开放——对应于它的就是第二波的世俗化——不再是全方位的——政治、经济、文化同时推进，而是高度选择性的，它在进一步开放经济和物质生活领域的同时，一方面悬置了思想理论方面的公共争论；另一方面大力倡导消费文化与物质主义价值观。于是权力与市场联手，软硬兼施地“诱导”出了一个物质主义和消费主义的时代。这就是第二波世俗化的全部特征，推进这个意义上的世俗化实质上就是维护后极权权力的合法性。

作为20世纪90年代以来最早的消费文化，同时也作为第二波世俗文化的代表形态——绝对隐私热——就是在这样的社会文化环境下出现的。它一方面通过商业化市场化的运作手段推销消费主义与物质主义的价值观，另一方面又与利益导向的政治控制合谋，大大推进了当代中国文化的去政治化进程。这些用来出卖的隐私，绝不与20世纪90年代以降以非政治化形式存在的权力形成任何对抗关系，相反通过自己的特殊方式强化和维护着消费主义时代的权力——这种权力不再热衷于“文革”时期的群众运动政治，转而通过大众的参与冷漠和犬儒主义、物质主义来维持自己在

① 即使在这种极权式公共文化还没有彻底清除的20世纪70与80年代之交，敢于披露个人隐私，哪怕是性生活方面的隐私，也仍然具有一定的批判性和解构力量。

② 小磊：《倾斜的天空——当代女性心态实录》，北京：金城出版社1994年版。迪莉、王富杰：《都市女人的忧伤》，沈阳：春风文艺出版社1993年版。

低承认、低认同条件下的统治。这个时候，私人隐私不仅在市场意义上是一种资源、一种商品，而且在统治意义上也是如此。“明星出卖自己的隐私、记者出卖别人的隐私，足够满足我们的窥视欲望。”[①] 这些真实的或编撰的三角恋、多角恋故事，充满关于同居、苟合的内容，甚或直接渲染床笫之事，再以矫作之情感把它包装得凄美动人。它虽然是大的社会政治环境的产物，但看起来似乎从来不与大的社会背景结合，其所讲述的情感故事仿佛发生在封闭的真空中（因此与20世纪80年代的情爱小说完全不同）。有些女主人公公开炫耀拥有几个比自己小很多的“小男生”情人，各种刊物的“女性档案”展示的几乎全是偷情的快乐和所谓的“烦恼”，宣称要做一个“潇洒快乐的女性”。有一篇叫作《请窥视我心底的烙印》的访谈，在标题下提示的内容提要是：“我的经历讲出来别人可能会觉得这个女孩很轻浮——我开始了一种所谓傍大款的生活——让一个男人为情人离婚时很困难——我觉得女人在被男人破了身以后就应该不择手段把这个男人笼络住……”这些似乎大逆不道的“出格”言论在一个去政治化的消费时代既得到市场的青睐，又被权力笑纳，是毫不奇怪的。

不仅隐私文化是第二波世俗化的产物，它们的生产者，包括安顿以及她从业的媒体，还有以新生中产阶级白领妇女为主体的隐私讲述者，也无不如此。20世纪90年代的大众传媒与绝对隐私的讲述者在价值观和审美趣味方面有着深度的契合，而去政治化的消费主义与物质主义正是其价值观的核心。有人这样写道：“安顿是真正的中国中产阶级的一员。她在认识她的丈夫——一个生意做得红红火火的商人之后就基本不再工作，迅速地结了婚，也迅速地变成了‘家庭妇女’，每天做美容，看录像，吃瓜子，翻杂志，听音乐，直至买菜、做饭。”[②] 她们在报头刊尾大谈时装、唇彩、香水，谈家居装饰，谈为老公煲汤，阅读以女性为预期读者群的体现消费主义价值观和生活方式的时尚休闲杂志，如《ELLE》《风采》《瑞丽》等。按杂志上宣传的模式打造自己的生活，去宜家家居、会员制超市、Plaza等地方购物，在一个个封闭的小区、花园内居住，去类似 Middle Class Club 休闲娱乐，去欧洲过圣诞节等，这一切成为20世纪90年代以后去政治化

---

① 滕威：《书写中产阶级与中产阶级的自我书写——关于1998年中国文化市场“隐私热”现象的报告》，《上海文学》，2000年第4期。

② 滕威：《书写中产阶级与中产阶级的自我书写——关于1998年中国文化市场“隐私热”现象的报告》，《上海文学》，2000年第4期。

的日常生活模式，成为消费主义话语建构起的中产阶级趣味的标志。这种对于私生活的追求已经失去其在20世纪70与80年代之交所具有的反抗极权公共性、建构启蒙导向的新公共领域与公民文化的性质和功能。绝对隐私的流行离不开消费主义，安顿的成名当然更离不开消费主义。

第二个典型例子是流行于20世纪末、紧接着绝对隐私热而来的美女作家现象与身体写作现象。

狭义的“绝对隐私热”虽然在20世纪90年代末告一段落，但其后续的广义隐私文化方兴未艾。紧接着“绝对隐私”，世纪之交的中国文坛又开始流行所谓“身体写作”。先是以棉棉、卫慧为代表的所谓“美女作家”开启“身体写作”的先河，接着是木子美的情感日记以真实身份大胆披露自己的性爱经验，[①] 然后是竹影青瞳在网上公开自己的个人裸照，再后来是芙蓉姐姐、菊花姐姐等……这些名目繁多的文学与文化现象，在我看来本质上都是隐私文化的延续和变种，直到2008年新年伊始的“艳照门事件”，隐私文化几乎全面侵占了媒介公共领域，物质主义和消费主义的浪潮汹涌澎湃。

身体写作的代言人之一、美女作家卫慧在《我的生活美学》中写道：“我也许无法回答时代深处那些重大的问题，但我愿意成为这种情绪化的年轻孩子的代言人，让小说与摇滚、黑唇膏、烈酒、飙车、Credit Card、淋病、Fuck 共同描绘欲望一代形而上的表情。”卫慧所谓“欲望一代”“年轻孩子”大约是指比她小的那些“80后”“90后”们，他们“没有上一辈的重负，没有历史的阴影”，“无论对别人还是对自己，他们都不愿意负太大的责任”。[②] 这种不要责任和沉重，只要享乐和轻松的“欲望一代”的“生活美学”，可以恰当地称之为物质主义。它在卫慧自己的小说《像卫慧那样疯狂》中就已得到阐发：“我们的生活哲学……是简简单单的物质消费，无拘无束的精神游戏，任何时候都相信内心冲动，服从灵魂深处的燃烧，对即兴的疯狂不做抵抗，对各种欲望顶礼膜拜。”[③]

到了21世纪，物质主义的潮流不仅未见减弱，反而更加凶猛。2013

---

① 2003年6月19日起，木子美开始在网上公开自己的性爱日记，当时访问量并不大。至8月某日，木子美在《遗情书》中记录了她与广州某著名摇滚乐手的“一夜情”故事，以白描手法大胆再现了她与这名乐手做爱时的大量细节，包括做爱技巧和能力。木子美由此“一炮而红”，迅速形成“木子美现象”，日记访问量开始急剧飙升。

② 卫慧：《我的生活美学》，《卫慧文集·序》，西安：陕西旅游出版社2000年版。

③ 卫慧：《像卫慧那样疯狂》，珠海：珠海出版社1999年版，第23页。

年热播的郭敬明的《小时代》，通过奢侈品和美色（包括女色和男色）的展示，对这种物质主义生活美学做了淋漓尽致的阐释。

四、简短的结语

让我们回到20世纪80年代与90年代来比较这个主题。

我以为20世纪80年代大众消费文化和90年代以后大众消费文化的最根本区别，就是前者与公共世界之间存在紧密联系，而后者没有。80年代的大众消费文化中个体主体性的确立、私与欲的回归、物质生活合理性的肯定等等，并不伴随公共世界的衰落，恰恰相反，它们是告别“文革”时期的极权化公共领域和政治实践、建构新的公民参与方式与公共领域的标志（参见前文）；而90年代的大众消费文化则是一种畸形世俗化时代出现的畸形世俗文化，其突出特点就是大众的政治冷漠、犬儒主义与消费主义、享乐主义的深度结合。这种畸形的世俗化在维护原有政体和意识形态的同时，又“与时俱进”地吸纳了西方资本主义后期的消费主义，鼓励国民把精力投入到物质消费与私人隐秘经验：理财治家、崇拜明星、追逐时尚、健美塑身等等，人们一心一意地想着自己的家庭和房子，把玩自己或他人的隐秘经验，偷窥明星隐私，忘掉公共世界的愚蠢。在一个光怪陆离的娱乐世界、影像世界（可以统称为大众文化）蓬勃兴起的同时，哈贝马斯意义上的公共领域却急剧地萎缩与衰落了。当大众（也包括数量众多的知识分子）沉迷在传媒打造的日常生活审美图景、沉迷在去政治化的自我想象和个性想象（“想唱就唱”“我的地盘我做主”）的时候，真正值得关怀的重大公共问题由于进入不了传媒领域而被逐出了“现实”。今天的公共空间充斥着以身体为核心的各种图像与话语，以及以性为核心的私人经验，美容院与健身房如雨后春笋涌现，人们在乐此不疲地呵护、打造、形塑自己的身体，沉溺于自己和别人所谓的“绝对隐私”。这样的结果可能导致一个糟糕的状况：实际上我们目前生活在一个急需争取与扩大公民的基本政治权利、推进公民的政治参与的社会环境里，而大家都在那里津津乐道自己的生活方式，热衷于美容化妆，打造自己合乎时尚的身形。这有点滑稽与悲哀。我们有理由认为：在今天，我们最应该警惕和担心的，就是出现一种没有政治自由而有所谓消费“自由”的畸形社会。我觉得这才是当今中国消费文化、大众文化背后隐藏的最严重误区。

如果这个分析大体成立，那么，如欲抑制中国20世纪90年代以来的自恋人格、物质主义、消费主义，既不能进口西方式的宗教，以西方式宗教来归化中国社会和中国人，更不能像某些“新左派”人士说的那样，干脆回到中国式宗教迷信时代（“文革”），而只能是着眼于接续80年代的公共参与精神，着眼于公民社会建设。80年代的现实告诉我们，世界祛魅、宗教之死之后，广大民众通常会以巨大的热情建设一个崭新的公共世界，开始健康的公共生活；但如果公共世界的参与渠道被堵死，如果人与人之间的公共交往因为制度性原因被阻断，那么，唯一的出路或无奈的选择，只能是退回到物质、个人和内心。

值得指出的是，最近几年中国社会似乎出现了公共生活复兴的迹象，各地连续不断的维权行为、网络空间极度发达的言论反映了大众政治参与热情的回归。对此，我们应当予以高度的重视。

作者简介：陶东风，首都师范大学文学院教授、博士生导师，主要从事文艺学、文化研究。

流行文艺与主流价值观关系初议

蒋述卓

随着中国工业化、市场化、城市化进程的快速发展，也随着媒介科技化的高速发展，中国的文艺生产与消费步入了“高铁时代”。文艺领域中雅与俗的界限愈来愈模糊，“它不仅是中国当代文化的独特现象”，而且是“全球化语境下一种具有普遍性的文化景观”。① 雅与俗的相通与融合也呈不可逆之势，并逐渐为消费者接受，成为“文化大餐”中的“美味佳肴”。最典型的例子莫过于2012年中央电视台制作的《春节联欢晚会》了。在这次晚会上，中国顶尖歌手宋祖英与国外大牌歌手席琳·迪翁搭档用流行手法演绎了中国民歌经典《茉莉花》，郎朗与侯宏澜联袂演出了钢琴与芭蕾合作的艺术品《指尖与足尖》等等。中国社会自从进入21世纪这十余年来，流行文艺承接20世纪90年代以来的发展脉络，正呈泛漫之势，并逐渐填充着大众文化消费与文化想象的空间，它们看起来好像是在主流文化的边缘上趺趺撞撞，实际上却在与主流文艺和主流价值观的摩擦与互动中不断扩大着自己的地盘。这背后究竟有什么文化原因？对流行文艺的价值观到底怎么评价？流行文艺与主流价值观真的存在巨大鸿沟吗？本文就试图对流行文艺与主流价值观的关系做初步的探讨。

一

我这里用“流行文艺”而未用常见的“大众文化”一词，是想将文章的讨论面缩小一下。流行文艺实际上是大众文化的一部分，用它可以将如

---

① 朱立元：《雅俗界限趋于模糊——90年代全球化语境中的中国审美文化之审视》，《常德师范学院学报》，2000年第6期。其实，雅俗界限差别不那么明显的观点很早就见于西方的大众文化理论当中，如约翰·斯道雷的《文化理论与通俗文化导论》、多米尼克·斯特里纳蒂的《通俗文化理论导论》、阿兰·斯威的《大众文化的神话》等。

花园广场、购物中心、游乐场等大众文化现象排除在外，而只讨论以文学艺术面貌出现的文化现象，如青春文学（韩寒、郭敬明、张悦然、落落等人的文学）、网络文学中的流行创作样式（如悬疑小说、穿越小说、耽美文学等）、流行歌曲、流行电影和电视作品（如《失恋 33 天》《步步惊心》等）、电视娱乐节目（如《星光大道》《中国好声音》等）、时尚杂志（如《瑞丽》等）。如果硬要给出一个定义，我以为可这样去界定：流行文艺是指受人民普遍喜欢和热烈追随并带有某种商业性、时尚性、娱乐性的文艺样式和文艺现象。流行文艺的特性也由此而呈现，那就是大众性、商业性、娱乐性、追随性以及高技术性，其中娱乐性是主体，制造粉丝是其商业模式，充分利用高科技如互联网、以声光电技术为主的大众传媒以及通信技术等是其成功运作的重要手段。

流行文艺的存在已不可回避，而且它还无孔不入，无处不在，极大地影响着人们的日常生活，影响着人们的生活方式、思维方式和价值观念。在文艺愈来愈被人们当作消费品与娱乐品的时代，流行文艺所提供的文本却让人们感觉到逐渐变得眼盲与脑残，并心甘情愿地接受其在生活与行为方式上的指导。但同时它也给大众带来愉快与意义。流行文艺的制作更多地是由文化工业过程来决定的，也更多地根据消费者的反馈去调整。流行文艺所创造出来的文艺新内容、新样式以及冒出来的新词汇与新观念引起了热烈的争议，对其中包含的价值观也存在着反差很大的评价，有的甚至是陷于冰火两重天的境地。

究竟如何看待流行文艺中的价值观？它与主流价值观存在多大的差距呢？

二

这里涉及到底什么是主流价值观的问题了。有的人认为我国现在的价值观很混乱，根本不存在什么主流价值观；有的人则认为当前的主流文化已经就是大众文化了，主流价值观就是大众文化所表现出来的价值观等等。但我认为，从当前中国的文化现实所表现出来的状况看，主流价值观还是国家所提倡的价值观，它是有强烈的意识形态性的，是一种具有价值导向的文化理念，它体现的还是国家与民族的意志，如党的十八大报告中所倡导的社会主义核心价值观就是主流价值观的集中体现。简言之，社会主义核心价值观从三个层面上体现为二十四个字，即倡导：富强、民主、文明、和谐（国家层面），自由、平等、公正、法治（制度层面），爱国、敬业、诚信、友善（公民层面）。① 应该说，这种主流价值观的导向是符合人民大众的价值追求和内心愿望的。这些价值观并不是悬在空中的口号，而在于大众个体的积极实践，以求得国家意志与大众意愿的统一。

从当前社会文化发展的状况看，大众文化包括流行文艺与政府倡导的社会主义核心价值观还存在一定的差距，有时甚至会出现背离的个别现象，但我们并不能由此而以偏概全，抹杀大众文化在积极践行社会主义核心价值观即主流价值观方面所做的努力。大众文化所体现出来的价值观追求与主流价值观并没有存在天然的鸿沟，相反，大众文化包括流行文艺在发展实践中还为主流价值观提供了积极的因素，并作为创新的内容逐步被主流价值观所接纳。流行文艺能为大众所喜欢与追随，总有它的理由，它们至少在以下几个方面做出了积极的努力，并为主流价值观提供了积极因素，还与主流价值观产生了互动。

第一，坚持个体精神与感性领悟的表达方式。

回顾20世纪八九十年代的文学发展历程，有着青春冲动的青年文学都是具有个性反叛精神的，如刘索拉的《你别无选择》、徐星的《无主题变奏》、崔健的《一无所有》、余华的《十八岁出远门》等，这种追求个体精神张扬的文学传统在21世纪的青春文学中依然存在，而且走得更远。韩寒其实也是由纯文学杂志《萌芽》这一青年文学的摇篮培养出来的。但后来他与郭敬明、张悦然等迅速崛起，脱离了正统文学期刊的羁缚，踏上了商业性很强的流行文艺之路。但正是这些青春文学（或称80后作家现象），强烈地表达出了校园青年在成长中的个性精神：孤独、忧伤、骚动以及对传统教育体制的反叛。他们对成长过程的反思并非没有价值，而是真实地反映出了这一代青年人对社会传统教育体制的看法、对新的人际关系的评价以及对自我价值如何实现的思考。也正因为如此，电视剧《还珠格格》中的小燕子形象才那么为他们所喜爱，不为别的，就是小燕子那种叛逆、敢说敢爱敢恨的个性精神感染了他们。他们不像20世纪五六十年代的中年人那样只是怀旧，而是在反思青春中前行。20世纪90年代是整个社会怀旧思潮盛行的年代，陈小奇的歌曲《涛声依旧》、李海鹰的歌曲《弯弯的月亮》、“老照片”系列图书的出版等浸透着怀旧的情绪，透露出新旧转型过程中淡淡的忧伤，那种时代的忧伤情绪也未必不对80后文学青

---

① 胡锦涛：《坚定不移沿着中国特色社会主义道路前进，为全面建成小康社会而奋斗——在中国共产党第十八次全国代表大会上的报告》，北京：人民出版社2012年版，第29页。

年产生影响。当然，我们很难将中国的青春文学与美国赛林格的《麦田里的守望者》以及杰克·凯鲁亚克的《在路上》进行相互比照，但我们也注意到80后的前辈们如崔健、北岛、王朔、马原、余华等，分明都受到过赛林格与凯鲁亚克的影响。[①] 这些文学界前辈的作品也未必不对80后文学青年产生影响。有文化学者兼批评家指出："在80后作品中，我们会发现一种青春自由的过度发挥，就是过分注重人物的率性而为，而缺少了反思与批判，甚至没有价值判断。"[②] 这种批评当然是道出了他们的缺陷并且是一剑封喉的。但仔细想一下，想指望80后的作者有多深刻的理性思考，有过重的反思与批判，这很难符合他们的身份。他们只凭自己的感觉行事，只凭自己的感悟去写作，多多少少有一种"我拿青春赌明天"的勇敢，有一种"何不潇洒走一回"的豪爽。这与他们的前辈们经常思虑过多、犹豫行事是大不相同的。当20世纪50年代出生的人还在考虑要不要出远门时，80后已经唱着《快乐老家》，背着行囊，骑着或开着车"自由飞翔"了。"活出敢性"[③] 不仅仅是韩寒一个人的价值追求，也成为80后一代青年的共同心声。

其实，青春文学也是有价值判断的，他们既有忧伤，也有温情，既有彷徨，也有励志，他们的爱情观总体上还是健康的。他们当中既有卫慧与春树，也有落落与周云蓬，《杜拉拉升职记》中有压抑也有进取，《失恋33天》则真实地记录了他们如何从困惑与困境中走出而获得心的自由和新的爱情的心路历程。谁能说周云蓬的《中国孩子》里的价值观不是以人为本的先行吟唱呢？他们中的很多人都是唱着《阳光总在风雨后》[④] 扬起青春的激情踏上创业与打拼之路的。

当青春文学独树一帜可以单飞之时，他们也没有忘记与主流价值观相切近。郭敬明主编的《最小说》杂志，其宗旨就是这样表达的："以青春小说为主，资讯娱乐以及年轻人心中的流行指标为辅，为青少年提供一个

---

① 张闳：《"我就要走在老路上"——〈在路上〉的中国漫游记》，朱大可、张闳主编：《21世纪中国文化地图》（2007年卷），北京：商务印书馆2008年版，第116~120页。

② 陶东风：《青春文学、玄幻文学与盗墓文学——"80后写作"举要》，《中国政法大学学报》，2008年第4期。

③ "活出敢性"是韩寒在一则广告中的用语，但"敢性"一词在其《我所理解的生活》（杭州：浙江文艺出版社2012年版）中屡次被提及。

④ 歌曲《阳光总在风雨后》中有歌词"谁愿意躲在避风的港口，宁有波涛汹涌的自由"，其间充满青春的勇敢与激情。与此类励志歌曲类似的还有《从头再来》《飞得更高》等。

真正能展示年轻才华的原创文学平台，杂志将更注重对于年轻人才的多方位开发以及年轻资源的累积和培养，展现真正有中国文化精神的新青春文学，以积极、健康、时尚的青春文学品质奉献读者！”①

第二，寻求与主流文艺相接近的主题与内容，在与主旋律若即若离、若隐若现的表达中透露出对主流价值观以及传统文化的拥抱与热爱。

从2003年当年明月在网络上“用讲故事的方式说历史”发表他的《明朝那些事儿》开始，网络文学开始了以“草根”身份说史、说古典、说文化的新潮。紧随着的，则是网络文学的奇幻/玄幻小说以及“穿越小说”的出现，言情、悬疑、盗墓等文学现象也蜂拥而出，其中有影响力的作品如《鬼吹灯》《盗墓笔记》《藏地密码》《步步惊心》《梦回大清》等，风靡网络并走红于出版界，并且一直影响到21世纪头十年的影视剧的改编与播出。在这些“梦回”或“清穿”的文艺生产中，传统显然表现出它的强大优势，或许这些作者在回避现实，但借传统而言说现实并透露出他们对治国理政的理想，多多少少也表达了他们对历史与现实的反思。他们无力去改变现实，于是寄托于历史来发泄他们的郁闷；他们无途径去出谋参政，于是就借拥抱传统来表达他们对“重塑人生”“改变命运”以及“再造中国”的遐想。那些“重生”招牌的小说如《重生于康熙末年》《重生之贼行天下》《重生之大涅槃》等表达出一种面向中国、面向世界的宏大叙事。

这种对传统的热爱之风，的确又不是凭空而起的，其实在电影界早已为之，而且从大牌导演刮起。以李安所导演的《卧虎藏龙》获得奥斯卡奖为发端，引发国内导演的武侠热、历史热、传统热，如《神话》《英雄》《无极》《刺秦》《赤壁》《画皮》《画壁》《关云长》等，继之而来的则是荧屏上泛滥的清宫戏，以至于造成“四爷太忙”的混乱。到最后，传统只变成了一个幌子，只是编剧与导演在那里自说自话而已。这种风气其实又与20世纪90年代以来一直劲吹“国学”之风不无关联。

再放大一点看，其实拥抱主流价值观以及传统文化最成功的是流行歌曲，它们借言说文化之名成功地将热爱中华文化、热爱祖国等主流价值观所提倡的东西毫无缝隙地对接并融合到了一起。从张明敏演唱《我的中国心》开始，这种对重大主题的拥抱就一直未断过。《中华民谣》《大中国》《我的名字叫中国》《红旗飘飘》《好大一棵树》《亚洲雄风》以及2012年

---

① 见郭敬明主编《最小说》“杂志动态”，新浪读书，http：//booksina. com. cn。

春晚上的流行歌曲《中国范儿》与《中国美》等，此类型主题的歌曲一出再出，而且还可以流传开去。而在香港与台湾，则有林夕、方文山与周杰伦的联手合作，刮起了“古典风”“民族风”，打造了如《东风破》《发如雪》《青花瓷》等具有古典意象的歌曲作品，满足了大众对精致、华美、和谐的审美期待。内地的跟风则以推出了“凤凰传奇”组合和李玉刚的《新贵妃醉酒》达到高潮。可以这么说，流行歌曲是所有文艺样式中最为主流文艺所宠爱的，是最能与主流价值观不谋而合并能承担起构建主流价值观重任的一种文艺样式。它能堂而皇之地登上中央电视台这一主流媒体的舞台尽情挥洒它的才华，并能为上上下下所接受，可谓风光无限。当然，流行歌曲中也有与主流价值观相悖却又能在暗地里行走而不被人发现的，它们宣扬的价值观显然是有违现有道德观的，如《香水有毒》《广岛之恋》等，不过因为它形态小，演唱者也不一定深究，也就被轻轻放过了。流行歌曲的“大”功自然将其“小”过掩盖掉了。

第三，在思想禁区的边缘试探并做出微小的突破，给读者带来新观念和新生活方式的冲击。

20 世纪 90 年代后期，日本的耽美文化流入中国。互联网兴起之后，耽美小说不断涌现，并逐渐形成了耽美圈。与这有关的电影《霸王别姬》《断背山》等也逐渐为社会大众所接受。于是，耽美由日本的“唯美”“浪漫”之义逐渐演化为中国的独特含义，即被引申为同性之间不涉及繁殖的恋爱感情。“耽美同人”的概念也便流行开去。耽美文学的出现，开始是在思想禁忌的边缘上试探，但慢慢地发展，则有了新的价值表达，即超越性别限制，超越生物的冲动，而旨在追求真情真爱。同时，它在一定程度上也提升了女性对自身身份的认同，在争取两性平等上有了新的价值评判。耽美作家吴迪曾自述过她的写作史，其中的创作心理与价值诉求也是很值得重视的。①

如今，在消费主义盛行与奢靡之风泛滥之际，网络上又流行一种“小清新”的文艺作品，虽说它们带有浓烈的小资味道，与主流价值观并不十分切合，但其清新的格调也给文坛带来另一种独特的风景，同时也是对过度消费主义所做出的反叛。

从流行歌曲对爱情的表达与诉求看，其细微的变化也透露出价值观的

---

① 吴迪：《一入耽美深似海——我的个人“耽美·同人”史》，广东省作家协会、广东网络文学院（筹）编：《网络文学评论》（第一辑），广州：花城出版社 2011 年版。

悄然变迁。20 世纪 80 年代，流行歌曲对爱情的诉求还是与社会、与祖国联系在一起的，如《血染的风采》《十五的月亮》《月亮走我也走》等，其情感诉求的背后还隐含着一个“大我”。但在进入 90 年代之后，情歌则渐渐缩小到个人的范围，甚至表现为一种私密的语言，有的表现出一种对游离于婚姻之外的第三种感情的容忍（如《心雨》一类），有的又表现出对恋人分手或无法结合之后的大度（比如《分手后还是朋友》《只要你过得比我好》），还有的则是表现为在失恋之后的自我疗伤、自我坚强（如《再回首》《梦一场》以及《好久不见》等），难怪很多年轻人还将此类情歌当作失恋后的精神慰藉，它们的确能起到抚平心灵创伤、帮助失恋者走出心理困境的作用。这些情感的表达多多少少体现出了一种新的价值选择：宽容、理性地对待爱情和对恋人的尊重，以及无论分分合合一切为对方着想的情感付出。爱情至上、恋人至上，这在一定程度上也提升了社会文明的程度。虽然看起来流行歌曲每次都是一点点地在突破，但累积起来却成为推动社会文明向前发展的动力。自然，情歌中也有不健康的杂音与噪音，但与健康情绪的情歌比较起来，它们所占的比例还是很小的。

第四，叙事表达姿态上的平民化与艺术形式上的创新。它们与主流文艺形成了鲜明反差，推动了主流文艺放下身段并重视起叙事表达与形式创新的问题。

流行文艺最大的优势在于它的平民姿态，用通俗的话说就是非常“接地气”，它用老百姓的眼光去观察日常生活，用日常生活的语言去叙事，也用与老百姓一样平视的眼光去看事情，故能得到上上下下的喜爱。比如电视剧《蜗居》《媳妇的美好时代》等。再回顾一下，当年电视剧《还珠格格》热播的时候，也不过是将皇宫生活平民化，将皇帝凡人化而得到老百姓的热捧而已。我们经常会批评流行歌曲的口水化、直白化、浅薄化，但恰恰是流行歌曲的这一特点，让它插上了翅膀迅速地飞入大街小巷。从一定角度上说，流行文艺有点“三贴近”（贴近生活，贴近实际，贴近群众）的味道。这一点，韩剧在中国的热播也多少给中国的流行文艺乃至主流文艺好好地上了一课。

至于艺术形式的创新，无疑又是流行文艺的另一大优势。穿越，看起来好像是这几年的创新，但细究起来，它不过是唐代传奇小说传统的继承与变异而已，如《南柯太守传》中的一枕黄粱的故事就是典型的穿越。而且这种形式也不仅仅是中国人在玩，外国人玩得更多，电影《午夜巴黎》不是穿越得更离奇也更出彩吗？当然，在网络文学中大家都来玩穿越，于是就形成了一阵风，因为穿越更容易让作者表达他们内心的期待。艺术形式上的松绑与创新让网络写手平添了更加丰富更加自由的艺术想象。如网络小说《盗墓笔记》《鬼吹灯》等，说奇谈怪、悬念丛生，再加之在创作时就与读者产生互动，在艺术的形式表达上很能满足读者的阅读期待。为了迎合视觉文化时代读者的需要，现在的流行小说又采用文艺加动漫的方式出版，以新颖新奇而又饶有趣味的艺术形式吸引眼球，争取读者。

三

毋庸置疑，流行文艺也存在着诸多缺陷与弊端，比如低俗、粗糙、芜杂、思想性不纯正、艺术性不强等，但是，它们的流行性在社会上形成了强大的影响，一时间人们倒弄不清到底它们是主流还是主流文艺是主流了。因此，如何促使主流文艺乃至主流价值观与流行文艺形成良性的互动关系，则是我们应着重去加以研究的了。

首先，主流文艺应给自己松绑，放下身段，努力去贴近大众的实际生活，接好“地气”。

主流文艺是以国家体制为主导、以舆论做引导的文艺，要给自己松绑，就是不要老戴着体制的面具跳舞，要将主流价值观化为具体的、形象的、活生生的平民意识和平民生活形态。主流价值观包括主流文艺不能“生活在别处”，而应该回归平民大众的生活之中，否则再好再正确的舆论引导也会被神化并被束之高阁。我们现在的主流文艺似乎有一种通病，一接触到重大题材就概念先行或主题先行，喜欢用一些大而空的语言去言说，给人留下的印象并不深刻，也不易让人记住。有时候，高雅的艺术放下身段，放平心态和姿态，反而更能为大众喜欢，而贯穿其中的主流价值观也就自然地走进大众的生活当中。比如2013年3月底在中国美术馆举行的许鸿飞雕塑展就解构了过去视雕塑艺术为高雅艺术的理念，形成了一种新的平民化的雕塑语言。许鸿飞通过诙谐、幽默的“肥女”雕塑，使用一种乡村与都市生活的日常叙事方式，洋溢着一种对幸福生活的享受，对劳动、健康、生命高度关注与热爱的温暖情怀。这种“接地气”的雕塑深受大众的喜爱，谁又能说从它们当中不会体会到主流舆论与价值观的引导呢?

其次，主流文艺要具备与流行文艺共生共荣的观念，除主动拥抱流行文艺之外，还要向流行文艺学习市场营销的经验，在争取更广泛的读者/观众方面迈出更大的步伐。从历史的经验来看，高雅文化要赢得大众，就必须得到市场的认可，市场认同会使高雅文化走得更远。如世界顶级男高音卢西安诺·帕瓦罗蒂录制了普契尼歌剧中的《今夜无人入睡》这首歌，在1990年，他花了不少力气才使它登上英国流行音乐排行榜的首位。1991年他又在伦敦海德公园举行免费音乐会，参加人数达10万。他之所以深受大众的欢迎，与他主动拥抱市场、拥抱大众相关，而他在商业上的成功并没有使他的演唱掉了价。① 在中国，主流文艺也发生了很大的变化，中国作家协会开始吸纳流行文艺作家包括网络作家入会，“五个一工程”评奖也将图书出版的印数、戏剧演出的场次、电影票房作为评奖准入的门槛，电影《建国大业》《建党大业》也开始走明星路线等。如果从提升文化软实力、实现文化走出去的战略方面去考虑，流行文艺更易在外国人中产生沟通的效果，其次才会是民间艺术和高雅艺术，最后才是体现本国各阶层共有的主导价值观的主流艺术。② 主流文艺吸收流行文艺在形式上创新、在市场中行走、在读者/观众中互动的经验，形成自己更有特色更有吸引力的艺术趣味，将会更有助于国家文化软实力的提升。我们也不妨学学韩国的经验，将电视剧作为国家工程的运作模式，将主流文化变成流行文化和时代的风尚，既能宣扬主流价值观又能赢得大众的喜爱和可观的经济效益，还可以走出国门，影响世界。

在流行文艺方面，我们也要充分意识到，如今的大众不再是被动的受众，而是有着抵抗性与挑战性的大众。文艺产品的丰富性就像一个大超市，大众有了更多的挑选自由。如果流行文艺只停留在玩技巧、重技术层面而不去强化思想深度和提升审美趣味的话，大众将会自动抵抗它的产品。在网络互动时代，大众评论的口水也会将艺术的次品淹死。当代的大众对文化含量高、创作精美的产品的需求在不断增加。其实这种现象在国外的后工业社会时期早就存在。正如德国的一位文化学者指出过：“当代消费文化正在从大众消费向充满审美和文化意义要求的消费过渡。文化观念在商品的价值评估中起着日益重要的作用。”③ 消费需求结构的改变要求流行文艺做出相应的调整，从通俗靠近高雅，从高雅吸取养分，并最终实现俗与雅的合流，这将会成为流行文艺的可取之路。从当前的状况看，非

---

① ［英］约翰·斯道雷著，杨竹山、郭发勇、周辉译：《文化理论与通俗文化导论》（第二版），南京：南京大学出版社2001年版，第9页。

② 王一川：《艺术的隐性权利维度》，《创作与评论》，2013年第2期下半月刊。

③ ［德］彼得·科斯洛夫斯基著，毛怡红译：《后现代文化：技术发展的社会后果》，北京：中央编译出版社1999年版，第110页。

主流的流行文艺在逐渐形成潮流，并都在争取主流的认可，而主流文艺也在向它招手（我不用“招安”一词，因为那显得有“庙堂”与“江湖”之分），并力求二者形成合流。摇滚歌手汪峰的创作与演唱之路就明显表现出这种合流的趋势。从价值引导上说，主流价值观要发挥提供道德框架的作用，而流行文艺又可在价值新标准的建立方面提供某种新的因素，同时亦照样承担着伦理教育和提升国家软实力的任务，二者的互动与互补是可以做得到的。

综而观之，流行的东西未必都是好的，但流行的中间必定有好的。主流文艺是大河，流动是缓慢的，非主流的流行文艺是小溪，快而急，充满活力，它汇入到主流之中则可推动主流的发展。流行文艺与主流价值观并不存在不可跨越的鸿沟。

丹尼尔·贝尔在《资本主义的文化矛盾》一书中申诉自己的文化批判立场时说过他是一位文化保守主义者，而我在做上面的阐述时为流行文艺辩解过多，但我并非文化上的激进主义者，或新潮的鼓吹者，相反，我希望主流文艺与流行文艺二者合流，这是一种文化折中主义。其实，这些观点早在我前几年的文章《消费时代文学的意义》[①] 中已有萌芽。在自然科学领域做科学研究，经常会有“试错”的尝试，并能得到人们的宽容。如果我们在文化研究方面也能持宽容的态度，允许一部分人尝试一下“试错”的味道，或许更能激发人们探求真理的热情。就请大家将此文当作“试错”的探究去读吧。

作者简介：蒋述卓，暨南大学文学院教授、博士生导师，主要从事中国古代文学理论、宗教与艺术关系、文学与文化关系的研究。

① 蒋述卓：《消费时代文学的意义》，《文学评论》，2005 年第 6 期。

新媒体情境中的“草根”粉丝文化生产

——以“旭日阳刚”粉丝的文化实践为例

周兴杰

网络这样的新媒体缔造了不少神话、传奇，其中一个是这样的：2010年10月，两个被称为“农民工歌手”的人在网络上上传了一段音乐视频《春天里》，引发百万网民围观，随后他们迅速走红，并一鼓作气登上央视春晚舞台，终于成为签约歌手，其中一人后来还当选了某市政协委员。这就是“旭日阳刚”组合的传奇故事。作为一个突出的文化事件，他们的经历已引来了媒体和学界的关注和讨论。在此，我们无意加入对“旭日阳刚”的讨论，而是将注意力转向他们身后的粉丝群体——“钢镚”。因为没有“钢镚”，就不会有“旭日阳刚”，粉丝在新媒体中的推波助澜，才是这场造“星”运动的关键，所以，他们的研究价值不容低估。而且，他们非常在意自己的“草根”身份（“钢镚”本指面值很小的硬币，故而“钢镚”的自我命名本身就包含这种意思），既希望偶像镀上明星光环，又指望他们保留底层本色，要求“旭日阳刚”的歌唱永远传达“草根”心声。因此，研究他们，对于认识新媒体情境中的粉丝形象、粉丝的实践特性，以及相应的“草根”文化创造都应不无裨益。基于此，我们利用新媒体交流平台，对“钢镚”进行了历时一年（2012 年 4 月—2013 年 4 月）的考察，以求对上述问题有所揭示。

一、“钢镚”的身份认同

当代中国的“流行音乐”很难界定，这也影响着流行音乐粉丝的划分。因为在当代特定的文化语境中，它受多种文化力量牵制，形成了独特的历史演进轨迹，又模糊了诸多音乐类型的界限。比如被称为当代第一首流行歌曲的《乡恋》，其实是唱戏曲出身的李谷一在演唱中加入了一些通俗唱法的技巧。现在音乐界甚至形成所谓“民通”（“民族 + 通俗”）唱法，这类作品主要也是通过市场化来营销。再如，摇滚乐本是一种独特的音乐类型，但“中国摇滚之父”崔健，却是凭借1986年的《让世界充满爱》这台中央电视台录播的流行音乐会才一举成名的。因此，许多人是把摇滚乐当作“流行歌曲”来听的。中国的流行乐迷因而是一个非常庞杂的群体。

调查表明，当前中国流行文化的粉丝群体主要是20世纪八九十年代出生的人群，年龄主要在12～22岁之间。[①] 流行音乐粉丝在人们的印象中更是一群活蹦乱跳甚至有时歇斯底里的年轻人。但同为流行乐迷的“钢镚”却不然，他们要比一般粉丝的年龄大得多。根据视频跟帖、百度贴吧（成员有4 000多人）和QQ聊天（由于QQ群人数受限，“钢镚”QQ群仅有110人左右）获得的信息（“旭日阳刚”的微博粉丝有390 000余人，但根据微博我们难以把握粉丝的个人情况，故未着重参考），我们认为“钢镚”的年龄主要应该在20～45岁之间，而且主体是20世纪70年代出生的人群。

必须承认，通过新媒体中的追踪考察获得准确可信的数据依据是困难的。我们推断他们年龄偏大，主要是依据他们在新媒体平台中的言说内容与活动方式。从他们的发帖和聊天记录来看，他们的生活阅历比较丰富，许多人有打工或在外多年漂泊的经历，言谈中有意无意地传达着怀旧气息。与许多年轻的粉丝群体相比，例如与人气最高的李宇春吧（170 000多人，61 000 000多个帖子）相比，他们不仅数量要少很多，活跃程度也明显偏低。在“钢镚”那里，你是很难发现所谓的粉丝的“疯狂”举动的。正如他们在QQ群公告中所宣称的：“支持旭日阳刚，做文明钢镚；客观中肯，求同存异，团结和谐，互勉共进。”就是在与自己偶像的交往中，他们也不像一些更年轻的歌迷群体那样，表现出那么强的膜拜感，而是一种朋友式的交往。因此，我们认为，“钢镚”整体上是一个成年男性成员占多数的，行为方式比较稳重、温和、理智的粉丝群体，而不是媒体描述的“杨丽娟式”的“边缘性、非理性和破坏性”的“他者”。[②]

为什么这么多将近中年的人会成为“钢镚”呢？我们认为，他们对旭日阳刚的喜爱并非纯然是音乐上的，而是源于一种感动，这种感动则源于一种身份意识——“草根”。“草根”一词源自英文“Grassroots”。在中文语境中，“草根”常被用来喻指经济、文化和社会地位等方面的弱势阶层。在旭日阳刚的成名之路上，围绕“草根”意识，至少产生了两个层面的身

---

① 蔡骐：《大众传播时代的青少年亚文化》，长沙：岳麓书社2011年版，第112页。

② 陈霖、杨培：《大众传播媒介对“粉丝”亚文化的再现——以央视对“杨丽娟事件”的报道为例》，《文艺研究》，2012年第4期。

份认同。

一是旭日阳刚被认作“草根”。起初，这两位中，王旭是工地苦力，刘刚在地下道卖唱，他们原本只能算作摇滚歌星汪峰的粉丝，他们在出租屋内光着膀子翻唱《春天里》，借用詹金斯的概念，不过是一次对汪峰文本的即兴“盗猎”（这与他们成名后再拍摄《春天里》的MTV不同。质言之，“出租屋版《春天里》”的是粉丝话语，而MTV版《春天里》则已经是偶像叙事了）。但这次“盗猎”式的放歌却引发了万众瞩目的感动。感动不仅来源于“如果有一天，我老无所依”这样的歌词内容，而且来源于视频整体呈现的情境。网友“么么无茶”这样描述道：

两个沧桑的男人，光着膀子，在啤酒和香烟中，用最朴实的声线吼出多年漂泊的辛酸和委屈以及作为男人那种为人父、为人子、为人夫的快乐和骄傲……对于有过在外漂泊经历的人，这种感觉是一种共振，震撼你的心灵，穿透你的胸肺，从而让你的泪腺失去控制！大哥拈花般的微笑、日晒的肤色、微醉后发红的脖子、廉价的大裤衩，无意地下蹲抓痒，左手的半支烟、背后的火车、旁白的杂音……①

“共振”的出现表明，许多人是从旭日阳刚的视频中照见了“自己”，把王旭、刘刚当作了和自己一样的“草根”阶层。因而，尽管这段视频作为一件媒介文化制品，显然不具备所谓“公司机器”（Corporate Apparatus）制造的MTV文本的技术流畅性，但恰恰是他们的粗糙展演表征了“草根”生活和情感的原生态，使之具备了专业MTV无法拥有的“真实感”，成为更为让人感动的文本。至今，他们上传的《春天里》视频，仅优酷网点击量就超过400万次，跟帖超过8 000次，在网络投票评价中，表示“顶”的超过14 000次，表示“踩”的不足2 000次。可以说，王旭、刘刚的“盗猎”和网民的围观赋予了《春天里》作为“草根”文化的符号价值。

二是“钢镚”们自身的草根意识。粉丝文化研究者安德莉亚认为，粉丝其实是“比其他类型的观众更加细致地关注一个文本的人”②。“钢镚”

---

① 《春天里》，精华评论，http：//v. youku. com/v_show/id_XMjEwOTQ4MTQ0. html，2012年7月20日。

② ［美］安德莉亚·麦克唐纳：《不确定的乌托邦——科幻小说的媒介粉都和计算机中介的交流》，载陶东风：《粉丝文化读本》，北京：北京大学出版社2009年版，第411页。

们也是如此。如前所述，他们更关注旭日阳刚，更关注出租屋版的《春天里》，因为他们本身是“草根”，出租屋也是他们的栖所，“老无所依”也是他们的忧虑，所以这种喜爱、支持和感动中包含“草根”阶层的自我认同。在最近票选的“农民工最喜爱的歌手”中，旭日阳刚排名第十。这表明，许多“钢镚”的确是“草根”。

但所有的“钢镚”都是“草根”吗？笔者曾在贴吧中发帖询问“钢镚”的感动经历。回帖的人中有一位被众人尊称为“秋姐”的，她一度旅居美国，经常在贴吧内发表散文，文笔甚好。笔者最熟悉的一位“钢镚”还是工程师。可见“钢镚”中有相当数量的人的文化层次和社会地位并不低。因此，成为“钢镚”的心理机制并不能用自我认同来全然解释。这里，有必要考虑当前的一种重要社会心理——同情“草根”。

前文已述，旭日阳刚被贴上了“农民工歌手”的标签。“农民工”是改革开放三十多年产生的新社会阶层。这一称谓喻示了一种“间性身份”：他们是农民和工人的二合一。但在现实社会权力体系中，这种“间性身份”既意味着“兼具”，也意味着“间离”：即他们是离开了土地的农民，但不是工人的工人，是住在城里的乡下人，因而在既有社会保障体系和权力网络的罅隙间，境遇悲苦。可以说“农民工”是典型的“草根”阶层。他们的境遇折射出众多社会问题，引发了社会各界的持续关注与同情。旭日阳刚就出现在这样的社会情境中。许多人选择成为“钢镚”，不尽是对旭日阳刚歌声的欣赏，或者一种身份认同感（在这个意义上，旭日阳刚被指认为底层文化代言人），而是混杂着一种道德关怀式的感动。因而，旭日阳刚的走红和“钢镚”这个粉丝群体表明，在当代中国社会情境中，“草根”与同情“草根”的人已经构成了庞大的社会群体。“草根”文化的出场与热闹，正是这种社会情势的文化表征。

二、“钢镚”的文化“腾挪”

对于流行歌曲粉丝或媒介文化受众的文化实践性质，历来有两种对立性的判断。一种是我们熟知的批判学派的观点，他们将受众的文化实践描述为受文化工业操控的盲从。如阿多诺就认为流行音乐受众的消费行为具有伪个性化特征，最终在意识形态上流行音乐成为资本主义社会的黏合剂。[①] 阿多诺等对文化工业或媒体性质的认识中的批判锋芒，至今我们仍

① ［德］阿多诺：《论流行音乐》，《视听界》，2005 年第 3 期。

无法忽视。但随着对受众、粉丝文化实践考察的深入，人们发现情况远非如此。像本文考察的“钢镚”，他们就能从旭日阳刚的视频形象中辨认出“草根”身份，从中“感受到弱势群体的那种无助和强烈的渴望”（网友“尚品 123456”的留言）。个别人的网络跟帖甚至表达了强烈批判诉求。这都与阿多诺等的判断并不一致。另一种是约翰·费斯克的观点。与批判学派相反，费斯克则着力揭示粉丝文化实践的能动性和创造力，他将他们描述为主流意识形态的抵抗者，甚至提出“粉丝是民众中最具辨识力、最挑剔的群体，粉丝们生产的文化资本也是所有文化资本中最发达、最显眼的”①。费斯克观点的抗辩意图一望而知，但其民粹主义倾向也十分明显。由于上述两种观点的明显不足，20 世纪 90 年代以来的粉丝文化研究逐渐跳出了“盲从/抵抗”的对立理论模式，在承认粉丝自主性的基础上将其文化实践视为存在多重复杂话语逻辑的文化参与。其中最具代表性的当属詹金斯的见解。他借用德赛都的“文本盗猎”观念，认为粉丝“构成了消费者中特别活跃和善于表现的一个社群，他们的活动吸引我们关注文化挪用的过程”②。

而我们的调查也表明，“钢镚”们的文化实践的确很像詹金斯所说的，是在“挪用”（Appropriation）流行音乐或者说通俗文化。“挪用”的特点，首先是在文本解读中，他们并不着意提炼出对抗主流意识形态的意义，而是与之达成某种意义兼容。用詹金斯的话说就是媒介产品“文本的意识形态建构和粉丝的意识形态承诺之间早已有了某种程度的兼容性”③。“钢镚”们对“出租屋版《春天里》”的解读就是如此。网友“落拓猫猪”这样描述他的视听感动：

农民工自弹自唱《春天里》，往大了说，这首歌呈现的是改革开放的一个缩影。是城市和乡村、梦想和现实的碰撞。缩小城乡差距消除两极分化，让更多弱势群体沐浴“春天的阳光”，让勤劳奋斗的人们老有所

① ［美］约翰·费斯克：《粉丝的文化经济》，载陶东风：《粉丝文化读本》，北京：北京大学出版社 2009 年版，第 18 页。

② ［美］亨利·詹金斯：《“干点正事吧！”——粉丝、盗猎者、游牧民》，载陶东风：《粉丝文化读本》，北京：北京大学出版社 2009 年版，第 43 页。

③ ［美］亨利·詹金斯：《“干点正事吧！”——粉丝、盗猎者、游牧民》，载陶东风：《粉丝文化读本》，北京：北京大学出版社 2009 年版，第 44 页。

依……虽然很遥远。我们热泪盈眶地期待着。[1]

“落拓猫猪”的言说立场无疑是底层的，但他仍对进一步的改革开放充满期待。何以如此？我们认为，很重要的一个原因在于，在中文语境中，底层性的群众意识长期以来就是民间与官方的一种身份共建。如果对许多社会地位较低的人来说，底层意识是一种源自生活体验的自我意识的话，那么不应忘记，“群众路线”也是领导层一直坚持的指导方针，而十八大以来，“人民性”的文化创造又被强调到一个新高度。如此交相作用，使“草根”“底层”与“群众”“人民”等概念汇聚成一种包含从官方到民间、杂糅各种意识形态企图的身份意识。在这种含混身份意识的作用下，许多“钢镚”仍将“老有所依”的希望寄托于上层，表现出与主流价值观念的某种契合，这就不足为奇了。

其次，粉丝的文化“挪用”还是一种文化“游牧”。詹金斯借用德赛都的“盗猎”模式来强调“意义制造的过程和大众阐释的流动性”，认为每个读者都在持续重估他或她与文本的关系，根据更切近的利益重构文本的意义，因而粉丝的文化挪用“既是文本性的，也是互文性的”。[2]“钢镚”们在“旭日阳刚吧”中的“吧楼”同样体现了这种挪用的互文性。“吧楼”的内容五花八门，除对旭日阳刚的赞许外，还有诗歌、散文、美图等，不一而足。比如随着伦敦奥运会的临近，网友“境外客”建起了“钢镚体育楼”，许多钢镚跟帖分享他们的奥运记忆或经典赛事记忆。网友“左旭右刚”则以“老歌大搜罗”为主题建楼，网友们的跟帖也多是提到自己记忆中的许多老歌，这几乎涵盖了当代流行歌曲三十年的历程。另一个跟帖数量很多的“吧楼”主题则是回忆童年生活。这样，贴吧里汇集了各种文本和多种兴趣类型，形成了一个互文性的民众文化群落。

但“钢镚”的文化实践也有詹金斯的“挪用”观念不能尽然囊括的一面。前文已述，“挪用”概念源于德赛都的“盗猎”观。在运用中，该观念暗示“禁猎区”的存在以及相应的“意义掠出”行为。由于制度、教育和学术机构的文化霸权地位，经典文本解读或许存在“禁猎区”，或者说

---

① 《春天里》，精华评论，http：//v. youku. com/v_show/id_XMjEwOTQ4MTQ0. html，2012 年 7 月 20 日。

② ［美］亨利·詹金斯：《“干点正事吧！”——粉丝、盗猎者、游牧民》，载陶东风：《粉丝文化读本》，北京：北京大学出版社 2009 年版，第 47 页。

存在德赛都所说的由文本生产者和被制度认可的阐释者共同主宰的“圣经经济”。但在流行文化和新媒介文化交流中，“禁猎区”真的存在吗？我们认为，“禁猎区”在经济层面或许存在，但在文化层面却很难确立，或者说流行文化符号层面本身就是一片疆界模糊的游牧之地。因为，如果在流行文化符号交换中存在“禁猎区”，那么旭日阳刚的“文本盗猎”一开始就有可能被扼杀。事实上，由于符号价值交换的便捷性和受众解读的自主性，也由于文本生产者和权威阐释者很难以“圣经经济”的方式主宰意义阐释，所以要在流行文化中划出“禁猎区”是很困难的。甚至在符号交换和意义阐释层面，文本生产者允许和鼓励受众的自主阐释或挪用，因为这有利于扩大媒介产品的流通，拉动产品消费。所以，一开始旭日阳刚的翻唱是受到了原唱汪峰的支持和鼓励的，而很多人更是因为旭日阳刚而知道了汪峰。然而一旦进入经济层面，由于法律制度等的保障，“禁猎区”就很容易确立，就像汪峰后来可以禁止“旭日阳刚”在商业演出中演唱《春天里》一样。

既然文化层面的“禁猎区”难以确立，以“意义掠出”为特征的“盗猎”就不是必然的。具体到“钢镚”的文化实践，我们发现，他们不仅不追求出离“禁猎区”的“意义掠出”，相反他们热衷于推动他们喜爱的“草根”文化进占主流媒介构建的公共领域，与主流文化杂然共处，使二者都变得性质暧昧。如此，“钢镚”更像在进行一场自发的群体性的文本“狩猎”而不是“盗猎”。因此，“钢镚”的文化实践不只是“挪用”，更是一种与主流媒体、文化贴身而舞的“腾挪”。

“腾挪”借自围棋术语，一般是指在彼强我弱的情况下，采取东碰西靠等一系列轻巧而有弹性的下法。“腾挪”与“挪用”一样，既避免正面对抗，也是一个话语协商和意义“游牧”的过程。但“腾挪”有时不强调“掠出”，而是积极进入对方子力范围之内，甚至是与对方子力勾肩搭背地“黏”在一起，从而达到消解对方子力并从中获益的目的。具体到“钢镚”们的文化实践，“腾挪”最突出的表现就是他们和主流媒体一道，将旭日阳刚塑造成“励志”偶像。本来，被赋予了“底层性”符号价值的“出租屋版《春天里》”是内蕴一定的批判意味的；但是，“钢镚”们却将旭日阳刚作为“麻雀变凤凰”的成功典范，以此激励自己。有趣的事情就这样发生了，“钢镚”们积极将旭日阳刚从网络推入主流媒体，主流媒体也非常配合，让他们直达主流文化平台的巅峰——央视春晚舞台。在近期北京电视台的《全景对话》栏目中，旭日阳刚还成为“中国梦”的一个注脚。这种“励志”形象的确立，实际上构建了一个“钢镚”们的“草根”文化诉求与主流文化需求的折中平衡点，体现了“钢镚”与主流文化之间、与自己选择的“偶像”或者文化代言人之间一系列的微妙而复杂的意义协商的存在，这其中有能动也有被动，有创造也有接受，有融合也有间离，有妥协也有抵抗，有放弃也有坚持。我们可以从这场文化“腾挪”中发现这种“草根”型的文化认同所展现的文化力量，也可以发现主流文化的包容和收编（旭日阳刚成员当选了市政协委员就很能说明问题）。从某种程度上说，这种文化“腾挪”展现了中国“草根”文化与主流文化奇特的纠缠形态与方式。

三、“钢镚”与“草根”文化生产力

实际上，近年来网络等新媒体不但缔造了旭日阳刚的传奇，大衣哥朱之文、西单女孩和筷子兄弟等等具有“草根”特征的红人、明星，也在各自粉丝的发掘、推动下迅速走红。一时间，“草根”造星的速度似乎超过了传统的“公司制造”速度。这就提醒我们，不能仅仅从消费的意义上，而且要从生产的意义上来理解粉丝，将之视为特定的文化生产群体。那么，“草根”何以具有如此强大的文化生产力呢？

从“钢镚”以及其他“草根”明星粉丝的文化实践来看，他们自身的文化资本积累是其发挥文化生产力的关键主观因素。“文化资本”是布尔迪厄提出的一个重要概念，主要表现为三种形态：“它可以以嵌入的形式存在，如表现的风格、讲话的方式、美；也可以以对象化的形式存在，如文化商品图画、书本、机器、建筑等；还可以以制度化的形式存在，如受教育的资格。”[①] 布尔迪厄在使用这个概念时将它与权力区分联系在一起，如一般而言，欣赏高雅音乐的人比欣赏流行歌曲的人更具有文化资本，因而也更有文化权力。但像“钢镚”这样的群体，他们的主要音乐文化资源是当代流行歌曲，是流行歌曲而不是其他音乐类型给他们更多快感，他们构成了一个特定“满足群组”，即“基于与媒介有关的兴趣、需求与偏好等多种可能性而形成或重组的受众”[②]。在这样的“满足群组”内，情况就

---

① ［英］迈克·费瑟斯通著，刘精明译：《消费文化与后现代主义》，南京：译林出版社2000年版，第154～155页。

② ［美］丹尼斯·麦奎尔著，刘燕南、李颖译：《受众分析》，北京：中国人民大学出版社2006年版，第41页。

变成欣赏流行歌曲的人比欣赏高雅音乐的人更具有文化资本，因而也更有文化权力。这就是说在实践中，当文化资本指涉特定群体的文化资源时，区分会导致有异于社会习见的差异化的价值判定和权力分配。因而，对像“钢镚”这样的“草根”文化群体而言，恰恰是因为多年的流行歌曲（以及相应的流行文化）欣赏和相应的生活习惯使他们积累了属于自己的文化资本，这构成了他们最基本的文化生产资料，正是在此基础上，他们才具备“挪用”媒介符号产品的能力和权力。

虽然，文化资本差异常常带来权力区分，但它作为“前理解”制约着快感和意义的生产方式，因而当粉丝们试图按自己的方式来“挪用”媒介文化符号时，他们不是希望抹杀差异，相反他们会通过突显某些符号意义来强化差异。在“钢镚”那里，这一点是通过对“出租屋”的情境和王旭的身体表征（劳动者的身体）的辨认实现的。而在“珍珠”（大衣哥朱之文的粉丝）那里，则是通过对“大衣哥”的“军大衣”的辨认实现的。因为“军大衣”是不入时的北方农民的日常衣着，作为一种反时尚符号与“明星”们的浮华衣着有着明显反差。“珍珠”们由此确认，朱之文是个农民，是跟自己一样的普通人，但是他的歌又唱得如此之好，跟那些专业民歌演员没有多少差别，认同感与敬佩感由此而生。因此，这些能够突显“草根”意义的文化符号实际上构成了“公司制造”明星不具备的文化资本（如旭日阳刚无法像汪峰那样创作，汪峰也无法像旭日阳刚这样演绎），成为生产快感和意义的特殊来源。

当然，离开具有超强互动性的新媒体，“草根”文化粉丝的生产力发挥也是难以想象的。因而，新媒体是“草根”文化粉丝发挥其文化生产力的关键客观因素。说新媒体具有超强互动性是因为不能说传统媒体就是没有互动性的，而是新媒体的互动性相对于传统媒体表现得更强。实际上，传统媒体的互动性在当代流行歌曲的发展历程中起到了重要作用。例如正是因为首届央视春晚采取了电话热线的互动形式，李谷一的粉丝们打得电话线发烫，才促成了《乡恋》的解禁。但在传统媒体情境中，多数情况下的粉丝的意愿必须经过像导演、编剧这样的媒体工作人员的信息过滤才能得到呈现，因而其互动性体现得并不直观、充分。但在网络、手机等新媒体中，其互动性就体现得非常直观。对新媒体互动性的讨论无论中外都已经取得了数量惊人的成果，因此无须展开详述。具体到本文语境，我们可以从三个方面看到它的互动性。其一，新媒体为粉丝的文化表达创造了媒介空间。长期以来，粉丝文化研究的重大困难就在于粉丝的文化实践非常难以考察。而自从有了新闻组、贴吧、微博和QQ等新媒体交流平台之后，粉丝们终于获得了可以尽情表达的媒介空间，而他们在此留下的话语踪迹也给我们提供了丰富的研究资料。其二，新媒体加强了粉丝与明星的联系互动。有了新媒体，粉丝们不再需要等待媒体节目来发布自己偶像的信息，他们可以利用微博知道偶像的行踪，甚至可以在贴吧中对偶像的演出情况进行自主性直播。其三，新媒体加强了粉丝之间的联系互动。如前所述，在贴吧和QQ里，粉丝们不仅关注偶像，很多时候他们是在围绕即兴的主题进行交流，而这种交流也加深了他们之间的情谊。这样，尽管置身虚拟空间，但他们的“共同体”感更强。“草根”明星的粉丝们正是充分利用了新媒体的互动特性，才拥有了自己制造明星的技术条件。

诚然，粉丝们自身的文化资本积累和新媒体的技术条件使他们表现出了前所未有的文化生产力。但是，我们是否能乐观地认定粉丝就此掌握了文化生产的主导权呢？对此，我们必须有所保留。其实，在这些“草根”明星迅速走红后，他们原属“挪用”的粉丝话语，由于文化产业体系的再加工与再生产，已经变成了适应利润和特定意识形态需要的偶像叙事。如此，“草根”明星还能否保持其本色，他们特定的文化资本还能有多少交换价值，已经很成问题。一些曾经关注旭日阳刚的人就发出质疑，成了名的“草根”还是“草根”吗？他们被“公司制造”出来的制品还拥有“草根性”的符号价值吗？这样的疑问实际上是在提醒我们思考，“草根”的文化资本积累，加上新媒体的技术力量，就足以与主导性文化生产体制的力量制衡了吗？

作者简介：周兴杰，贵州财经大学文化传播学院教授。

“新小资”文化领导权：表达主义及其寓言

孙士聪

自1990年代后期以来，“新小资”在中国当代文化地图上迅速凸显，“小资”的话语形态、生活方式、审美趣味、文化追求等，俨然成为社会文化生活的时尚元素，“小资”“小小资”“新小资”“小资文学”“小资文化”“小资情调”等也越来越频繁地映入学术眼帘[①]。当代“新小资”如此活跃，以至于有学者断言他们已在很大程度上掌握了文化领导权，由此围绕当代“新小资”文化领导权的争论见仁见智[②]。上述观察与思考不仅彰显出当代文化批评自身的实践性，也在某种程度上表明，“新小资”文化已经客观地成为审视当下社会文化无法绕开的重要论域。如若文化领导权确已转移到当代“新小资”手中，那么，不仅声势强大的小资写作、魅力十足的小资文化理应被当下文学研究、文化研究仔细琢磨、深入剖析，

---

① 准确地说，学术界对“小资”现象的关注兴起于21世纪之初，这可从论文发表与著作出版约略得知。以“小资”为主题在“中国知网”检索相关研究论文，截止到2014年12月17日，可得结果2 553篇，其中，1995—2001年7年间有70篇，而2002年以后13年间，则有2 483篇。在相关研究著作方面，1995—2001年间国内相关著述只有1本（《小资女人有点烦》，莉莉小猫，文化艺术出版社2011年版），而此之后则有12部，包括《小资之死》（李多钰，山西人民出版社2012年版）、《拒做“伪小资”》（吴若闻，时代文艺出版社2011年版）、《小资辞典》（何悠然，中国纺织出版社2006年版）、《左小资白小痴》（豆豆等编，济南出版社2006年版）、《小资·愤青·无厘头》（胡洗铭等，中国城市出版社2003年版）、《小资情调》（包晓光，吉林摄影出版社2002年版）、《小资的幸福生活》（袁勇，甘肃文化出版社2002年版）、《十小资女作家解析》系列4本（葛红兵，文化艺术出版社2002年版）、《小资魅力》（杨傲多，时代文艺出版社2002年版）；此外，国内学术刊物《南方文坛》《文艺争鸣》等亦曾围绕“小资”以及相关论题开辟专栏讨论。

② 资料来源：李陀：《〈波动〉修订版序言》，《现代中文学刊》，2012年第4期；李陀：《〈波动〉序言》，香港：牛津大学出版社2012年版；李陀：《“新小资”与文化领导权的转移》，《天下》，2012年第3期；李庆祥：《死去了的小资时代》，《南方文坛》，2013年第1期；李云雷：《新小资的“底层化”与文化领导权问题》，《南方文坛》，2013年第1期。

而且由于“新小资”文化领导权问题的提出，当代文化领导权及其相关论题也须给予重新审理、辨别厘清，甚至可以说，“新小资”文化及其领导权问题将在某种程度上构成观察当代社会文化及其价值建构的症候学与病理学。然而在此之前，我们尚须直面黑格尔的质询①，具体到“新小资”文化领导权则是：文化领导权确已转移到当代“新小资”手中了吗？“新小资”文化领导权会不会仅仅是一种幻象？

一、“领导者”“实施者”，抑或游荡者

“新小资”及其文化之复杂与吊诡，显然不是“品位”“格调”抑或具有特定“文化归属感”的群体等所能一概而论的，就其在当代社会文化中的位置与角色而言，有学者认为，当代“新小资”已经掌握了文化领导权。首先，“新小资”是当下“最活跃”的社会群体之一，小资在“数量上越来越庞大”，且有“建立一种特定的价值系统的努力，其中又隐含着对某种新的生活/社会的强烈向往”，“自觉地参与当代中国变革”。其次，“新小资”文化以“意义游戏化、趣味化、消费化”为标志，且得到资本宠爱，这种消费主义文化“不仅表现出种种新的特征、新的元素，同时反过来也在影响新的价值观的形成”。最后，“新小资”文化影响力愈发明显，不仅小资人物形象在当代文学话语中“最为惹眼”，而且“中国当代文化的小资特征越来越鲜明，越来越浓厚”。一言以蔽之，“小资精英”攻城略地，“占据了文化领域的所有高地、所有咽喉要道”，“不管国家和资本情愿不情愿，承认不承认，在今天，文化领导权在很大程度上已经转移到新兴小资产阶级的手中”。②

如果将上述看法归结为“文化领导权论”，则与之相对的是“实施论”。该观点认为，小资文化领导权仅仅“在国家与资本所决定的缝隙中”发挥“实施者”而非“领导者”的作用，其“文化领导权”极为有限③，由此断言当代“新小资”已经掌握了文化领导权，实属过于乐观④。“实施论”强调，在当下文化实践中，“小资文化是精英文化与大众文化之间的

① “就对象来说，每门科学一开始就要研究两个问题：第一，这个对象是存在的；其次，这个对象究竟是什么。”参阅：［德］黑格尔著，朱光潜译：《美学》（第一卷），北京：商务印书馆1982年版，第29页。

② 李陀：《〈波动〉修订版序言》，《现代中文学刊》，2012年第4期。

③ 李云雷：《新小资的“底层化”与文化领导权问题》，《南方文坛》，2013年第1期。

④ 李庆祥：《死去了的小资时代》，《南方文坛》，2013年第1期。

一种中介，精英文化由于其艰深晦涩很难为普通大众接受，只有抽象为某些符号，才能在社会上广泛传播，小资文化在这个层面上恰恰发挥重要的作用"，所谓"新小资"文化领导权，至多仅仅是在文化传播层面上有所显现；而在社会结构层面，"新小资"趋向底层却又不愿作为底层而与其他底层群体命运有效联系，这导致他们将面临无法"真正把握自己的命运"的危险。①

无论是"文化领导权论"还是"实施论"，它们都承认，"新小资"文化已在文化视野中历史性凸显，其社会与文化意蕴堪值审理。然而，至于"新小资"是已掌握文化领导权，还是仅仅在有限空间中发挥着有限的"实施"作用，二者分歧明显。稍加追究则会发现，分歧并非是"新小资"在何种程度上掌握文化领导权的问题，而在于审视文化领导权的角度，质言之，是角度的问题而不是"度"的问题。如果说"新小资"文化领导权论更多地从文化与文学的角度来审视"新小资"及其文化，那么"新小资"文化实施论则更主要是从社会经济与社会结构的角度来观察；如果说，前者主要看到了文化领导权中的文化维度，那么后者则更关注这一文化的社会土壤与经济结构；因而，前者乐观地看到"新小资"文化领导权面向未来的前景，后者则悲观地看出"新小资"文化"实施权"中作为社会"黏合剂"的身影。由于它们在面对"新小资"文化领导权现象时操持了不同的视角，所以它们把握到"新小资"的不同面向。

"新小资"以自己的价值追求影响这个时代的流行观念、审美趣味，乃至在某种程度上改变了当代文化生活的面貌，然而，如果说这一文化已经上升到对于特定文化生活具有领导权的地步，则有待进一步讨论。文化领导权作为该论题的核心范畴，主要源出西方马克思主义理论家葛兰西。依葛兰西之见，文化领导权范式中的文化作为总体的文化，将"产生某种道德、生活方式、个人与社会的行动准则"②。尽管葛兰西强调有机知识分子在文化领导权中的重要功能，但并不意味着将其从具体生活实践中超拔出来。缺失了日常性，文化领导权的过程性也将沦为无本之木。文化领导权必定通过种种方式将自己具体化于日常生活；而反过来，被"领导"的日常生活也将具体而微地实践"文化领导"所主导的某种准则与规范。质言之，文化领导权是一个"化"的过程，最终使文化观念及其意识形态在

---

① 李云雷：《新小资的"底层化"与文化领导权问题》，《南方文坛》，2013 年第 1 期。

② ［意］葛兰西著，吕同六译：《论文学》，北京：人民出版社 1983 年版，第 2 页。

日常生活中实现主导和规范功能，文化领导权实践内在于具体的生活史之中。由此看来，如若当代“新小资”确已掌握文化领导权，那么，它所主导的某种准则与观念也必将在日常生活实践中具体体现出来，而道德观念、生活方式、个体行为准则等日常生活诸方面，也都将成为文化领导权实践自己“领导”功能的场地。比如时间观念，依阿尔都塞之见，时间观念的建构就是意识形态国家机器工作的一部分，因而既不是自明的，也不是自在的；在福柯看来，时间具有“进化”性质，时间观念被视为排斥和区隔的产物。可见，时间观念是日常生活中最基本的观念之一，是权力建构的产物，主导性的时间观念理应是主导性意识形态及其文化建构的产物，时间观念史也必然成为规范性文化观念实践的表征史。因而，具体到这里关于“新小资”文化领导权的讨论，则可追问：当下时间观念是“新小资”文化领导权建构的产物吗?

让我们进入文学史画廊，重访“新小资”的前辈们。首先映入眼帘的是1927年茅盾《幻灭》中的静女士，年纪很轻、身段很美，服装幽雅、脸色苍白；接着是30年之后《青春之歌》中的林道静，一个手里捏着素白手绢的女学生，她穿着白洋布短旗袍、白线袜、白运动鞋，身旁是小小的行李卷、漂亮的白绸，优雅孤独、寂寞幽雅的乐器；再往后20年，《波动》中的肖凌，她穿着雪白连衣裙，与之相伴的是《月光奏鸣曲》、洛尔迦的诗歌、红茶和葡萄酒。看起来，跨越50年的时空，小资形象在文学中风采不变。然而，如若走出文学世界而回到物质生活，则会发现，文学话语中的小资形象实在远远超前于现实，二者对比鲜明：就在《波动》出版的这一年，就在50年后的文学小资依然形象光彩之际，北京王府井的理发店才刚刚开始推出烫发服务，1980年一个外国旅游团在兰州被10万当地人围观，1984年北京女青年才开始穿红色裙子、红色羽绒服，并迅速成为时尚，遂有“街上流行红裙子”①。尽管文学小资的家族史并非短暂，小资形象也浪漫优雅，但对于具体的社会生活而言，那优雅的孤独、高傲的忧郁都难免太过苍白，柔弱得没有现实的回音，更遑论契合乃至领导现代生活的快节奏鼓点了——即便肖凌走进20世纪80年代，面对深圳街头深入人心的口号“时间就是金钱，效率就是生命”，又能如何呢？至于21世

① 查建英：《八十年代访谈录》，北京：生活·读书·新知三联书店2007年版，第437、440、450页。

纪，“新小资”崇尚“风一样自由的生活”，他们的生活态度自由散漫、天马行空，以激情驾驭工作；他们浪漫、孤傲，充满了谜一样的猜想和诱惑，以至于城市缺少他们都会了无生趣①，可这更不是当下资本时间观念所能容忍的了。看起来，“新小资”及其前辈之间并不存在历史的鸿沟，至少家族血统还是显而易见，而更为显豁的是他们与其他阶层的家族性区隔：节约时间、控制冗余、提高效率，如此这般“新小资”所恶，却正是现代资本所求，支配性时间观念依然坚定地传达现代性逻辑，在这里找不到任何“新小资”生活方式对此的影响乃至支配。

“新小资”可以通过仪式、规范、禁忌、姿态、影像乃至餐桌等日常生活而建构一个阶级或阶层的文化领导权与文化价值规范，但至于说这一文化的领导性与规范性已经达到“国家和资本”都不能不承认的程度，则二者之间显然还存在巨大的鸿沟。对于当代“新小资”文化领导权来说，看看它在国家形象中处于何种位置，无疑也是一个重要参照。比如2011年美国纽约时报广场的大型电子显示屏上循环播放《中国国家形象片》，该宣传片的人物片以中国红为基调，在60秒钟时间内展示了数十位杰出的中国人的形象，他们智慧、美丽、勇敢、富有才能、创造财富。这些以自己的形象来建构国家形象的成功人士，包括郃丽华、吴宇森、宋祖英、刘欢、郎平、姚明、丁俊晖、袁隆平、吴敬琏、杨利伟等，他们来自各行各业，却共同分享成功，当然他们分享的还有——他们都不属于小资或者“新小资”，他们的“高大上”也与小资情调、小资趣味相去甚远。由此看来，至少在国家形象层面上，当代“新小资”尚寻觅不到自己的形象踪迹。

概言之，断言“新小资”已经掌握了当代文化领导权，难免过于文学化；而相对于这种乐观，说它是文化领导权的“实施者”，就当下风风火火的现代化进程而言，则过于悲观。一如文学形象中的小资苍白、忧郁、孤独，然而它柔弱却不脆弱、苍白，也非无力，否则也不会有小资文学形象的漫长家族史。现实中的小资“既不会完全认同资本家，也不会完全认同无产者，他们又骄傲又虚弱地守着自己的矛盾性，苍白的脸色既是疾病的象征，但这个苍白本身也是世界的药引子”②，小资与这个世界同行，并

---

① 参阅胡洗铭等：《小资·愤青·无厘头》，北京：中国城市出版社2003年版，第5页；包晓光：《小资情调》，长春：吉林摄影出版社2002年版，前言第1~3页。

② 毛尖：《苍白：从一个小资的形容词谈起》，《南方文坛》，2013年第1期。

且通过这种同行见证世界本身。在20世纪80年代初期，文学小资产阶级倾向尚被归因于延安时期文艺思想混乱的根源[①]，“文艺上的一切缺点和不良倾向都归因于小资产阶级的观点”[②]。况且，小资文化并不仅仅局限于“药引子”，它不保守也不自制，“主动向其他各种文化趋势和思想倾向发起了一波又一波的攻势，以攻为守地扩大自己的影响，巩固自己的阵地，充满自信”[③]。因此，仅仅从经济和社会结构的角度判断“新小资”尚停留于文化领导权实施者的层面，可能忽视了“新小资”在文化维度的具体实践，就此而言，这与“新小资”领导权论分享了相同的思路，以对“新小资”的某一维度的观察等同于“新小资”本身，将视角主义所见等同于视角主义对象，质言之，即将对于对象的认知等同于对象本身。“新小资”既不是某种支配性文化的领导者，也不仅仅是其实施者，他以自己自在的形式见证这个世界，或许他更像一个游荡者。在此，“林道静”们难免会面临着“江华”们的追问：“道静，我想问问你——你说咱俩的关系，可以比同志的关系更进一步吗？”的确，如果“新小资”并不停留于文化领导权“实施者”的角色，这“更进一步”是可能的吗？

二、在奥威尔与赫胥黎之间

依英国历史学家汤普森所见，“阶级是社会与文化的形成，其产生的过程只有当它在相当长的历史时期中自我形成时才能考察，若非如此看待阶级，就不可能理解阶级”，因此，不应责备工人在工业革命中的表现是落伍、乌托邦、背叛阶级利益的，因为这都是他们的“经历”，工人“阶级是人们在亲身经历自己的历史时确定其含义的，因而归根结底是它唯一的含义”[④]。“新小资”似可作如是观，可以说，既不存在无“新小资”意识的“新小资”，也不存在无“新小资”的“新小资”意识，“新小资”在既定客观性中主观地积极地建构自身，由此，所谓“更进一步”的可能性便获得某种基础。

---

① 唐弢、严家炎主编：《中国现代文学史》（第3册），北京：人民文学出版社1980年版，第170页。

② 冯雪峰：《雪峰文集》（第3卷），北京：人民文学出版社1983年版，第468页。

③ 李陀：《〈波动〉修订版序言》，《现代中文学刊》，2012年第4期。

④ ［英］E. P. 汤普森著，钱乘旦等译：《英国工人阶级的形成》，南京：译林出版社2001年版，前言第3~4页。

历史地看，“小资产阶级”原本是一个政治经济学的范畴，在20世纪本土语境中，它主要是一个政治学范畴，小资产阶级的摇摆性被视为经典马克思主义话语中的基本定性。在毛泽东关于中国社会的阶级分析中，小资产阶级的经济地位与其政治态度紧密相关。与之相对的文学话语，则具体概括小资产阶级的基本特点：采用个人叙事、常人叙事、痛苦叙事；强调“为文艺而文艺”，追求文艺“形式主义”与人性论，审美趣味“灰暗感伤”，富有“小市民”情调。[①] 中国现代文学塑造了林林总总的小资产阶级形象，他们追求自我、引领潮流、情感细腻、举止优雅，但最后无不动摇与摇摆，沉溺于迷茫感伤的幻灭感之中。转到社会学分析，小资产阶级则呈现为四种面相：第一种来自马克思，小资产阶级为早期资本主义时期的资产阶级与无产阶级之间的中间阶层，既包括农民、手工业者，也包括小商业主；第二种来自米尔斯，小资产阶级等同于“旧中产阶级”，它在世界经济大萧条后快速衰退，让位于新中产阶级，即白领；第三种来自马克斯·韦伯，小资产阶级既非出卖劳动力，也无法控制市场，因而与资产阶级与无产阶级都不同，却分享共同的阶级命运；第四种来自黄宗智，新小资产阶级就是白领阶层，包括专业技术人员、机关企事业单位中下层办事人员，以及个体工商户和商业服务人员中的少数新型高收入者，他们占从业人员的15%，再加上旧小资产阶级，则约占55%，由此认为“当今中国在很大程度上乃是一个以小资产阶级为主的社会”[②]。从整体上看，上述社会学意义上的小资产阶级在外延上并不能与《中国国家形象片》中的成功人士相提并论，在内涵上也不等同于小资或“新小资”。看起来，政治经济学范畴、文学艺术范畴、社会学范畴的小资产阶级与当代“新小资”并不能等同。

严格说来，当代“新小资”是“后革命时代”的产物。事实上，本土语境中的小资产阶级既不仅仅是政治经济学的，也不仅仅是生活方式与文化的，也就是说，所谓政治摇摆性，经济非独立性，文化形象的柔弱、苍白、忧郁等都不能单独完满地描述小资产阶级，而毋宁说它是政治—经济—文化统一体。当代“新小资”则在继承了这一家族类似，又通过内在话语生产机制赋予其新内涵，其核心可归结为“去阶级”与表达化。一方

① 寇鹏程：《中国“小资产阶级”文艺的罪与罚》，上海：上海三联书店2012年版，第二、三章。

② 黄宗智：《中国的小资产阶级与中间阶层》，《领导者》，2008年第6期。

面，在“去阶级”这个意义上，从小资产阶级到小资，语义学的转换彻底拉开了新旧小资之间的距离，“肖凌所代表的小资时代已经死去了”①；另一方面，当代“新小资”向左傍着大众媒介，向右可与资本调情，可谓左右逢源，而中间立身之地既不是经济，也不是社会或者文化，而是表达。表达可以是话语，也可以是某种姿态、生活方式等，而对于“新小资”而言，真正重要的正是表达姿态，这或者可以归结为一种表达主义。当所表达之物与表达身处其中的现实之间存在越来越大的隔阂，表达也就变成了一种想象的现实，变成了现实本身。

“新小资”文化表达主义可以从本雅明笔下的游荡者形象上得到某种说明。游荡者在现代都市生活中可谓特立独行，他们在熙熙攘攘、步履匆匆的人群中缓步徘徊，漫无目的地走走停停。在本雅明看来，游荡者是现代性的目击者与批判者：游荡者无法被纳入任何现代性秩序与规范中，他们“把悠闲表现为一种个性，是他们对劳动分工把人变成片面技工的抗议”②；他们身处在大众与都市之中，同时又被排斥在大众与都市之外。因而，游荡者本身就成为一种对于现代性的批判，批判就是以游荡这一行为与姿态表达出来。与游荡者不同的是，当代“新小资”快乐地分享着现代性成果并且悠闲地沉溺其间。当然，他们隐身于人群之中，以小众的形态呈现自身，又绝不愿降低到底层，同时也向上翻出白眼——如同游荡者，他们以自己的存在作为表达，存在本身就是意义。

对于“新小资”表达主义，也许波兹曼将会忧心忡忡。在他看来，一方面，随着娱乐业和非娱乐业的分界线变得越来越模糊，文化话语性质已然改变；另一方面，“如果一个民族分心于繁杂琐事，如果文化生活被重新定义娱乐、循环往复，如果严肃的公共对话变成了婴儿的咿呀之语，总而言之，如果人蜕化为被动的受众，公共事务形同杂耍，那么，这个民族就会发现自己危在旦夕，文化灭亡在劫难逃”③。毁灭文化的途径可概括为二，一是奥威尔式的，一是赫胥黎式的。“在美国，奥威尔的预言杳无踪迹，赫胥黎的预言却正在实现。这里正进行最大规模的实验，以便让人们投身于电视时代的娱乐消遣中。在19世纪中期，这个实验进行得缓慢而谨

---

① 杨庆祥：《死去了的小资时代》，《南方文坛》，2013年第1期。

② ［德］本雅明著，刘北成译：《巴黎，19世纪的首都》，上海：上海人民出版社2006年版，第116页。

③ Neil Postman. *Amusing Ourselves to Death*. New York：Penguin Books，1985，pp. 155－156.

慎，而在20世纪的后半叶，它通过消费和电视的联姻走向成熟……电视时代的到来，使世界清楚地看见了赫胥黎所预见的那个未来。”[①] 波兹曼的忧虑并非空穴来风，电视时代的美国做出了某种确证，然而，指认世上只有两种毁坏文化的途径，却难免天真。

奥威尔将文化型构为监狱，赫胥黎则将文化打扮为滑稽戏、娱乐戏；前者可以“老大哥”表征，后者则以麦当娜表征。表面看来，二者是风马牛不相及，实则骨子里却是一致的。用阿尔都塞的话来说，二者都是意识形态国家机器的职能形式；或者用阿多诺的话来说，奥威尔和赫胥黎可在文化工业里得到统一。然而“阿多诺”们难免过于知识分子气了，他们将这一切都追溯到启蒙理性那里，这就在某种程度上冤枉了启蒙。因为在这种文化形式中，奥威尔与赫胥黎原本就是合二为一的：既是赫胥黎式的，又是奥威尔式的，是二者的奇特融合。赫胥黎的预言不错，因为的确没有人会反对娱乐，然而奥威尔也是对的，因为既然不反对娱乐，去反对“老大哥”也就更为困难。奥威尔所警告的与赫胥黎所预言的，可以而且也能够在既非奥威尔式也非赫胥黎式的第三种文化形式中得到统一。正是赫胥黎与奥威尔之间的第三种文化形式的存在使“新小资”文化获得了充分的拓展空间，它的游戏性、消费性、表达主义都可以得到新的阐释。

在第三种文化中，“老大哥”与麦当娜合二为一、二位一体，这就如同希腊神话中的塞壬女妖，一面是美妙的歌声动人心魄，一面是冷酷地毁灭威胁生命。然而相比之下，塞壬却显得有些乏力与无能，因为她只能凭借自己的歌喉诱惑水手，除此之外别无他法，以至于奥德赛能够理性地逃过一劫，既欣赏了美妙歌曲又安然无恙。然而，如果奥德赛遭遇的不是塞壬，而是“老大哥”/麦当娜——既是塞壬，也是“老大哥”，恐怕奥德赛就不会这么幸运了。塞壬的歌声诱惑之所以成功，还有一个非常重要的因素，那就是她营造的大海中的静谧剧场，否则她的歌喉相对于大海的波澜壮阔而言，实在微不足道。在波兹曼看来，这实际上是一种伪语境，它由消费主义从现实语境所型构，在伪语境中真实转译为表象：“伪语境是一种结构，它赋予碎片化、无关联的信息以一种表面的用处，但是这种用处既非行动，也非解决问题的方法或变化。这种信息的唯一用处是与我们的生活没有真正的关联，当然，这就是它的娱乐功能。伪语境是丧失活力之

---

① Neil Postman. *Amusing Ourselves to Death*. New York：Penguin Books，1985，p. 156.

后的文化的最后的避难所，这种文化与生活无关，松散无力。”① 伪语境使我们自以为是地从生活真实中超脱出来，在一种景观化的语境中怡然自得、心满意足。赫胥黎在一个娱乐文化不发达的时代所发出的警告难免危言耸听，然而一旦进入新的时代，即便这一警告如何振聋发聩，已经丧失听力的耳朵对此也只是听而不闻；奥威尔的预言洪亮而坚硬，然而在消费主义的绵软与诱惑中也难免太过刺耳，更何况它早已杳然失其所踪，空留下它发出的严厉警告的嗡嗡回音、不知所云。一方面，这些无不凸显出“新小资”及其文化身处其中的语境之复杂与吊诡，而另一方面，消费意识形态与意识形态国家之间也早已走出20世纪80年代的截然对立时期，如今正是情深意切的蜜月期。

三、“后肖凌时代”

说肖凌所代表的小资时代已经死去，并不意味着小资已然绝迹，而是说小资已经进化到“新小资”的时代，一个“后肖凌时代”。“后肖凌时代”的“新小资”表达主义更为复杂，远非小资文化病态化所能概括。这一批评认为，随着“后工业化社会”和“消费时代”的来临，小资在后革命时代已被大众传媒包装、改造为日渐泛滥的白领时尚文化的代名词，它极端封闭、自恋、排斥、无聊欢娱、无端感伤，而在诸种病态之外，它还裹有时尚的炫目外衣。② 毋庸讳言，作为对于小资文化的某种事实性描述，应该说上述指斥不无现实性，然而，如若离开社会与文化进程的具体性与历史性，忽视特定文化形式指向的特定性，那么即便事实性描述也将难免滑向静止性的排斥，进而停留于刻板的符号化，从而遮蔽了对于当代“新小资”更为深入的认识。

在瑞典民俗学家洛夫格伦与弗雷克曼看来，阶级意义上的文化领导权首先要建构本阶级文化的优越性幻象，并通过“日常仪式和象征”而制度化自身；其次，享有领导权的文化及其观念“必须与物质形式相结合”，以保证文化观念的意识形态“嵌入日常生活的常规和琐碎中”；最后必须“在过程中研究文化，文化如何不断塑造和再塑造，如何处理矛盾和差异，

---

① Neil Postman. *Amusing Ourselves to Death*. New York: Penguin Books, 1985, p. 76.

② 资料来源：贺绍俊：《大众文化影响下的当代文学现象》，《文艺研究》，2005年第3期；冯月季：《沉沦挣扎救赎——对新世纪中国诗坛写作现象的考察》，《当代文坛》，2011年第4期。

如何扬弃"，而很少是"早有预谋，其建构纲领铁板钉钉"。① 洛夫格伦与弗雷克曼的洞见，在于将特定主导性文化置于特定阶级生活史中考察，从而文化的日常性、物质性以及建构性在特定日常生活史中得以历史性呈现，相对于静止地聚焦于文化意识形态性，这一思路显得更深刻。特定阶级的文化建构从来不是一个一蹴而就的过程，也非完全与社会、政治、经济的变革节奏步调一致，但是，作为某种可以单独描述的阶级或阶层的文化终将在具体的历史行程中形成独具的特色。比如资产阶级的文化领导权的真正建构就是远在资产阶级革命成功获得政治和经济领导权之后才实现的，这或许可以解释，为何甚至到了20世纪中叶，从浪漫派、现实主义直至现代主义的文学作品，尚令人难以置信地将资产阶级形象描绘成自私、贪婪、无趣甚至邪恶、丑陋的。② 廓清小资生活史将有助于呈现当代小资文化领导权的逻辑，而引入文化领导权范畴的当代阐释也将有助于揭示葛兰西主义之后文化领导权的当代复杂性。不能掌握文化领导权的阶级将无法摆脱其文化自卑感与道德负罪感，它的刻板形象与教条化认知也在文化生产与再生产过程中得以强化。

如上文对于1980年代之前三代小资文学形象的考察所示，无论是1920年代的静女士、1950年代的林道静还是1970年代的肖凌，尽管跨越了差异巨大的社会生活背景，但那些与她们如影随形、具有符号意义的事物却仿佛超越了时间，表现出惊人的相似性：从身段到气质、从服装到所好、从诗歌到红酒……相似的还有三个小资形象穿越历史风尘而带来的阅读体验："因着一种柔情的萦绕我无法入睡，我变得格外惆怅软弱，孤独无援而不能自持……这种少年的痴想与激情早已灰飞烟灭，如今回想起来，自己反倒成了一个旁观者，像一个娶妻生子的男子翻看着自己少年时的情书，不免自觉多情得可笑，可在那时它却费了我多少心思，且不胜彷徨和挣扎！我不知该怎样剖析自己的魂灵，我诚惶诚恐地觉得罪过罪过。"③ 如果类似的阅读体验尚具有某种典型性，那么贯穿其间的柔情、惆怅、软弱乃至负罪感，为何在当代批评中被转化为病态、时尚等批评性体

---

① ［瑞典］奥维·洛夫格伦、乔纳森·弗雷克曼著，赵炳祥等译：《美好生活：中产阶级的生活史》，北京：北京大学出版社2011年版，第4～10页。

② 程巍：《中产阶级的孩子们：60年代与文化领导权》，北京：生活·读书·新知三联书店2006年版，第127～129页。

③ 王耀文：《爱情·幸福·林道静及其他》，《书屋》，1998年第2期。

验了呢？或者换一种问法，当下反观式的处于“彷徨和挣扎”“诚惶诚恐”而无法理喻的“魂灵”是如何出现的？如果可以把静女士、林道静、肖凌称为“旧小资”，而之后视为“新小资”，那么，这一 1990 年代末期纠结的“魂灵”或许为理解当代“新小资”指明了一条道路。

1920 年代的新与旧的文化冲撞、1950 年代的革命与激情、1970 年代的阶级与理想，不同程度地分别建构了上述三个旧小资文学形象的基本语境，而旧小资形象本身与语境的关系则既融合又对立，甚至可以说，旧小资婉转于对立与融合之中。一方面，小资情调的凸显离不开特定语境，无论是小资意识相对于左翼思潮，还是相对于革命、阶级，二元对立以及由对立而来的意识形态规训，构成了旧小资存在的基本语境，而阅读体验中的种种纠结无疑也是这一语境的逻辑结果。另一方面，旧小资又远不是仅仅与语境调情，而是有着或明或暗的某种有意识的远离乃至背离，小资情调与“新”话语、与革命话语、与阶级话语的“周旋”，往往成为旧小资现象最耐人寻味的部分。甚至在肖凌之后，现实的荒诞感、无奈感与小资的理想和激情相纠缠，甚至被视为 1980 年代文化记忆中的重要基调。① 在与社会历史语境的复杂纠葛中旧小资关于个体、激情、理想等的想象得以凸显，并以此确证自己的存在姿态，这与 1990 年代之后的“新小资”形成鲜明对比。

需要指出的是，无论旧小资情调怎样地凸显，它在社会历史进程中却基本处于潜行状态并立身边缘位置，而旧小资情调中始终包含着某种值得肯定之物，恰似昏黄中的朦胧微光，令人怀想却又心结百转。这里旧小资及其情调成为一种姿态，它的远离、背离、冷漠无不指向现实。至 20 世纪 90 年代，“新小资”同样以一种姿态标示自身，且不论这一姿态是病态还是时尚，只是姿态中的曾经的明确指向性已经逐步消失殆尽，这里的姿态仅仅是姿态而已，甚至于或是为姿态而姿态的表达主义。如果说从静女士到肖凌的旧小资所面对的是革命、阶级及其意识形态，那么肖凌之后的小资在进入 1990 年代之后则主要面对资本主义意识形态与主流意识形态合力，其间又呈现出阶段性特征。资本主义意识形态表现为消费主义、物质主义，它们在主流意识形态框架中又不是保持同一面目。在 1990 年代中前

---

① 查建英：《八十年代访谈录》，北京：生活·读书·新知三联书店 2007 年版，第 122 ~ 123 页。

期，退回个体的“新小资”与隐私写作主义兴起的同时，在这一过程中，主流意识形态对此淡然视之，资本主义意识形态既装腔作势又急不可耐，两种意识形态尚相互打量、各怀心思，于是在二者游移彷徨之际，身体、隐私、奢侈品、自然等迅速成为小资情调新标签，而在某种程度上其或多或少依然延续旧小资的远离、背离的姿态及立场。然而，随着主流意识形态与资本逐步而迅速地合流，尤其是随着大众文化通过国家意志上升为文化产业，通俗文化、大众文化亦完全漂白自身，作为世俗化的一个环节。自20世纪90年代后期以来，隐私写作进一步进化为身体写作、小资写作，它们的迅速崛起又很快耗光了姿态性意义，最终委身于跟资本的调情与迷恋之中，并且一直延续到今天。而其间颇为吊诡的是，后革命时代的隐私写作、身体写作乃至小资写作，内在地具有祛魅并返回感性本身的逻辑，这使其看起来洋溢着世俗化的光晕，因而与旧小资文化意象形成鲜明对比。至20世纪90年代后期这一世俗化进程出现分流，一方面是世俗化愈发向下实践，小资情调愈发凸显，另一方面，小资及其文化又同时具有靠向世俗化乃至大众化的趋势，经济与社会结构中的小资与文化视野中的小资处于明显的张力之中。一个不争的事实是，小资情调于今已远不是高高飘飞于云端的仅仅可以梦想迷恋之物。这种吊诡或在某种程度上表明，当代“新小资”及其文学、文化比任何时代都更为纷繁复杂，任何简单判断都难免失之偏颇，固然不能说当代“新小资”已沦为旧小资的反面，但说当代小资已经病态化无疑也失之简单，而事实上，葛兰西之后的新语境已为文化领导权阐释范畴衍生新空间。

新葛兰西主义延伸了葛兰西思路，又在两个关键方面与葛兰西分道扬镳：“①他所坚决主张的领导主体必然在基本阶级的平面上被建筑；②他所假定的，除了由组织危机构造的暂停时间外，每一个社会形态围绕着单一的领导权中心建构它自己。”① 前者被归结为还原论，后者被归结为一元决定论，二者都被视为残存于葛兰西思想中的最后的本质主义因素，这导致话语与话语实践的被忽视，由此文化领导权被后马克思主义扭转为“话语接合”策略。新葛兰西主义取消文化的阶级属性与阶级主体的优先权，而将文化领导权视为诸主体之间的“话语接合”：淡化文化要素的阶级属

① ［英］恩斯特·拉克劳、查特尔·墨菲著，尹树广、鉴传今译：《领导权与社会主义的策略》，哈尔滨：黑龙江人民出版社2003年版，第156页。

性，强调文化意识形态是诸话语要素接合实践的结果；话语接合的过程即文化领导权建构的过程，它并不具有强制性，而毋宁说是对中性文化因素的成功“召询”。换言之，文化领导权建构是非中心性、无决定论的，同时又由话语实践保证话语自身的统一性，或者反过来说，文化及其意识形态的统一性存在于建构主体及其现实话语实践之中。葛兰西的文化领导权范式在接合原则下发生了后现代转向：“正是资产阶级或中产阶级的文化，它以‘市场’为特征，对应于资本主义的自由市场经济和自由民主政治。”① 后马克思主义对经典马克思主义“还原论”的批判端赖于解构主义之力，正像葛兰西阐释的后现代转向所指明的，后马克思主义政治“拒斥总体化的同源性的基础性权力，转而寻求一种异质性权力概念，这一观念的现实结果便是对趋于日常生活的微观政治的关注和倡导”②。欲望、身体、族群认同、性、边缘以及差异等，都成为微观文化政治角力与展开的论域，究其实质，即后马克思主义文化政治学服从于阐释当下后工业时代的文化政治逻辑。

新葛兰西主义的文化领导权阐释凸显了文化话语政治与市场的维度，这对于讨论当代“新小资”及其文化富有启示性。新葛兰西主义批判当代“新小资”文化病态化的一个重要理由是其文化内核的空心化，认为无论是小资写作，还是令人眼花缭乱的都市文化，表面看来它们正是现代都市生活现实的表征，而实际上却是流于缺乏丰富内涵的空洞炫示和感官兴奋，小资文化越是成为文化传播的亮点，它距离真实的生活就越远，当代小资文化已然“符号化”③。这里关于“符号化”的事实性描述无疑是准确的，“符号化”并不是对于现实的抽象，而毋宁说是以符码世界遮蔽现实世界，以符码世界的真实取代现实世界的真实，正是在这个意义上，有学者将其称为“汉语的能指盛宴年代”④。而从另外一个角度来看，无论是符号化还是能指盛宴，它们不约而同地揭示一个基本的事实，即表达本身已经不是手段，而是目的，表达内容并不重要，重要的是表达。首先，作

① 程巍：《中产阶级的孩子们：60 年代与文化领导权》，北京：生活·读书·新知三联书店 2006 年版，第 183 页。

② 周凡：《作为一种政治理论的后马克思主义》，载周凡主编：《后马克思主义：批判与辩护》，北京：中央编译出版社 2007 年版，第 3 页。

③ 贺绍俊：《大众文化影响下的当代文学现象》，《文艺研究》，2005 年第 3 期。

④ 王一川：《能指盛宴年代的汉语文学》，《文艺争鸣》，2004 年第 2 期。

为表达的“新小资”并非如哈贝马斯所云仅仅架构于社会与经济上，而更主要的是在精神文化与日常生活方式领域，它超拔于大众日常生活方式之处正在于那样一种标示出小资的态度与方式。其次，当这种小资生活方式与生活态度在特定语境中由于其天然具有宣泄功能而逐渐成为时尚时，小资生活方式与态度无论在社会身份与文化定位上都产生了区隔功能，这反过来加强了它的时尚性。在此意义上，当代“新小资”文化对于当下文化风潮无疑具有阶段性的引领作用。但如若说“新小资”文化领导权在握，至少资本是不会承认的，而在社会文化层面，广场上舞兴正酣的大妈们日益强烈的存在感就能清楚地证明，当代小资们的存在感是何其虚空轻薄、无足轻重。最后，当代小资表达主义与其日益底层化二位一体、互为因果。当代“新小资”在经济与社会结构中的日益底层化，导致其对于文化及其表达的日益倚重，而这反过来推动其日益走向小众化与精英化，结果，一方面当代“新小资”文化看起来在浸润性地蔓延，势头迅猛，而另一方面却又沉浸于私人性空间，任何身外公共性事物至多成为私人空间内的表达主义话题。

四、初步的结论

“新小资”及其文化论域揭示出当代社会文化生活的重要新变，但其变化远未达到已经掌握文化领导权的程度。毋宁说，当代“新小资”更像都市中的文化游荡者，他们以自己的姿态性存在表达对于自身以及存在的反观。这既可以在小资文化生活史中找到历史根源，也可以在当代文化领导权新语境的阐释中觅到理论结构。无须为当代新小资的底层化感到悲观，也无法对“新小资”文化势头满怀乐观。当代“新小资”文化植根于社会文化现实土壤之中，也不能不由这一土壤阐释寻求其表达主义的来龙去脉。无论是当代“新小资”文化与意识形态和资本交换了什么，在其文化之中依然存在着某种不能交换的剩余，甚至从根本上说，当代小资的存在感就源自于它跟资本以及意识形态调情、交换后的剩余，表达主义就是它的剩余价值，因而所谓当代小资已经掌握了当代文化领导权只能是一种幻象。然而幻象之被提出与被关注，却并不是幻象，而更像一种有待进一步深入阐释的文化寓言。

当代“新小资”固然可以被要求自主地做出某种选择，或如萨特所言，通过主体的自由选择造就其自身，然而，对于“新小资”而言，在进行选择之前，它已经作为特定型构物而逻辑地先行存在了，这就使种种选择与要求显得矫情和虚妄。因此，指向当代“新小资”的批评或者走向康庄大道的设想，都可能在某种程度上有意无意地忽视了“新小资”的当代性与历史性。拒绝做出选择，在特定语境中未必是消极退让的病态表征，而是让语境本身得以呈现的否定性形式，当阿多诺写下“错误的生活无法过得正确”，他就已经指出走向正确生活的道路。

作者简介：孙士聪，复旦大学博士，中国社会科学院博士后，首都师范大学文学院副教授、研究生导师，主要研究方向为西方美学与文论。

时尚与大众：大众文化的时尚观

杨　光

一、相互的生成：大众时尚的社会学研究

在社会学意义上，时尚与大众有本质的关联性。在时尚社会学的研究中，“社会地位衍生审美时尚（亦即审美时尚反映社会地位）是最为悠久的模式”[①]。尤西林称此模式为“凡勃伦—齐美尔”（Veblen-Simmel）模式，史文德森则将其称为“滴流理论”（Trickle-Down Theory）。凡勃伦（Veblen）在《有闲阶级论》中认为时尚是有闲阶级为彰显自身财富、地位和身份而进行的炫耀式消费的产物，通过时尚活动，有闲阶级将自身与社会中其他阶级在身份上进行区分。齐美尔则认为“时尚一方面提供一种把个人行为变成样板的普遍性规则，但同时它又满足了对差异性、变化、个性化的要求。它实现后者一方面是凭借内容上非常活跃的变动——这种变动赋予今天的时尚一种区别于昨天、明天的时尚的个性化标记，另一方面是凭借时尚总是具有等级性这样一个事实。因此，时尚只不过是我们众多寻求将社会一致化倾向与个性差异化意欲相结合的生命形式中的一个显著的例子而已……时尚的历史就是企图将上述两种对立的倾向越来越完美地调节为流行的个人与社会文化的历史”[②]。在此，一方面，齐美尔同意凡勃伦将时尚与社会等级挂钩的分析，另一方面，他更为深入地指出“时尚”作为现代社会中的典型现象之一，其典型性在于“时尚”集中体现了现代社会个体与群体之间的悖论关系及其调节，即“认同”（归属感）与“差异”（个性）的悖论式共存。由此，齐美尔指认时尚是这种现代社会悖

---

① 尤西林：《心体与时间——二十世纪中国美学与现代性》，北京：人民出版社2009年版，第104页。

② ［德］齐奥尔格·西美尔著，费勇等译：《时尚的哲学》，北京：文化艺术出版社2001年版，第72页。

论的调节机制。

“大众”作为一个社会学概念，其界定学术界始终莫衷一是。叔本华曾用“冬天里的豪猪”比喻现代社会中个体与群体之间的悖论关系。在“大众”这个现代群体身上，该悖论体现得最为鲜明。“大众”究竟是“the Masses”（乌合之众）还是“the Popular”（民众）？在前一意义上，“大众”主要被视为原子化个体的社会集合，在根本上是由现代性（经济、政治和技术的）分化进程而产生的孤独的非理性人群。在后一意义上，“大众”则主要被视为具有相对主动性的，对社会精英权力集团整合企图的一种瓦解和抵抗的力量。在我们看来，这一分歧的背后是如何看待“大众”群体异质性和同质性共存这一特殊的问题。前者强调了“大众”原子化存在状态及其逆反的破坏力，即异质性向同质性的逆反转化。后者则强调了“大众”异质性对同质性的消解和抵抗。“大众”异质性的产生与个体的“主体”价值在现代社会中确立有关，而作为群体的“大众”，其“个体主义”追求的极端化则使得大众难以从根本上应对社会整合力量的影响而产生同质化。对此，法兰克福学派有过深入地分析。因此，“大众”群体的出现是现代社会确立的一个社会学标志，其同质性和异质性的共存集中体现了现代社会个体和群体之间关系的悖论，在“大众”身上呈现的是现代社会的深刻矛盾。由于“大众”的异质性和同质性处于共存状态，我们更倾向于将“大众”看作是一个不稳定的社会学概念。相比于“阶级”甚至“阶层”，“大众”是流动性更强的现代群体。哈灵顿指出“大众不是指本质上意义上的人民，而是指特定体制下人民可能会变成的样子”①。这一方面说明了现代大众的流动性，另一方面也同时指出了现代大众的社会历史生成性。

从时尚与大众的关系上看，可以认为，时尚作为现代社会的调节机制，其针对的正是现代大众的社会历史生成性。由于时尚能够同时容纳“认同”需求和“差异”需求，这契合“大众”特点，故而大众十分容易被时尚所吸引。在这个意义上，“大众时尚”并不是指大众参与营造的时尚，而是指时尚与大众所具有的本质关联性：时尚通过吸引大众发展自身，而大众也通过时尚追求形成自身。在通过时尚追求形成大众这个意义上，时尚呈现出其社会的文化政治功能。

---

① ［英］奥斯汀·哈灵顿著，周记武、周雪娉译：《艺术与社会理论——美学中的社会学论争》，南京：南京大学出版社2010年版，第173页。

时尚以多变性吸引大众。大众的时尚选择表面上看是个体选择，该个体选择一方面是大众个体自主性的表现，另一方面大众个体时尚选择也同时提出了该选择的社会认同要求。比如一个人在选择是否购买一件衣服或首饰的时候，很少选择曾经看到过的一模一样的衣服或首饰，尽管这个人可能是因为看到这样的衣服和首饰穿在或戴在别人身上很好看而受到了启发。“撞衫”的回避在时尚选择中是必然的。但同时这个人穿戴上其选择的衣服和首饰后，又希望其他个体对其选择做出赞美或称羡的“认同”行为。这一时尚心理表明了大众个体时尚选择的非个体性质，即在时尚选择中存在着大众个体选择的群体认同要求。正如杰西卡·沃尔芬代尔（Jessica Wolfendale）和珍妮特·肯尼特（Jeanette Kennett）所言，“时尚的概念中包含着两个看起来相互矛盾的因素。一方面，我们直接将一个物品经验为时尚——我们只是感觉这件衣服是时尚的而那件不是。另一方面，我们也站在一个客观立场上，将一件物品辨认为是时尚的。这取决于一些社会因素，比如与某时某地的关系，与某一特殊人群的关系，所以我们也能够知道这件衣服在今年不时尚，在朋克亚文化中不时尚”①。（着重号为译者添加）

对此，尼克·赞格威尔（Nick Zangwill）指出时尚包含着不协调的两个视角，第一人称（the First-Person）视角和第三人称（the Third-Person）视角。前者是经验的，“我们将物品体验为真正具有时尚气质”。后者是客观的，由此“我们意识到时尚的多变性取决于社会的约定”。但“我们不能同时经历这两种视角，所以我们被迫在两者之间犹豫不决”②。这表明，大众在时尚选择中难以找到真正属于个体的“意义”，也无法找到稳定的群体社会认同。因为时尚的“意义”总是处在流变之中，这使得其“意义”本身总是肤浅的，所以我们看到诸如时装发布会等时尚活动总是在为自己寻找“意义”。时尚需要大众赋予它“意义”，经由它使“意义”迅速空泛化，再去吸引大众。这样一来，时尚对大众的生成性影响，其实质是维护大众异质性与同质性的共存状态，而不是使得该状态得到根本解决。故而，时尚与大众之间是互为生成关系，时尚是现代大众社会的稳定

---

① Jessica Wolfendale and Jeanette Kennett. *Fashion Philosophy for Everyone Thinking with Style*, West Sussex: Blackwell Publishing Ltd., 2011, p. 2.

② Jessica Wolfendale and Jeanette Kennett. *Fashion Philosophy for Everyone Thinking with Style*, West Sussex: Blackwell Publishing Ltd., 2011, p. 2.

机制，这是时尚的文化政治功能的核心。

二、谈判的场所：大众时尚的文化研究

萨拉·贝里指出，时尚的文化研究源于20世纪70年代伯明翰文化研究中心关于青年亚文化的研究，其借助雷蒙·威廉斯和安东尼奥·葛兰西等理论家，“致力于理解边缘文化产品的抵抗潜力”。“表演理论”和“社会实践理论”构成了时尚的文化研究中主要的理论资源。表演理论“特别着重于每一个体对社会角色的扮演和身份建构的参与所暗含的那种‘自我时尚化’”；而社会实践理论“较少看到这些角色指定的个人作用，而认识到它们所以存在，是由于文化的限制性因素而被习惯性地再接受，而不是因为它们是决定了的或是没有变化的”。① 这两种理论着重于时尚的不同方面，形成了文化研究中关于时尚的两种定义，“即作为一套规范性准则的时尚，以及作为个人化的工具和选择性的群体身份认同的时尚”②。文化研究中针对时尚的讨论一直处在这两种定义形成的张力之中。

应该说，对于大众文化中的时尚问题，文化研究并没有在根本上反对时尚社会学研究中“时尚与大众互为生成关系”这一基本前提。“整合与颠覆”“抵抗和收编”，诸如此类对于大众文化或青年亚文化性质的界定表述已经表明了文化研究对于大众文化之政治功能的辩证式理解。这种理解在其大众时尚研究中同样占据着主导地位。换言之，文化研究对于大众时尚的关注，其根本原因也就在于他们发觉大众时尚文化与“大众”本身的“再政治化”过程之间具有深度关联性。毕竟，文化研究作为一种文化的“实践—理论”行为，对“大众”悖论式存在状态的转变施加某种积极影响，这一宗旨是深植于其理念之中的。

但同时也可以看到，当文化研究凭借话语理论从青年亚文化时尚等边缘文化产品中广泛发掘出大众时尚文化的抵抗潜力时，人们更为清晰地看到了大众在时尚选择中的主动性，这显示出时尚社会学研究中“滴流理论”的不足之处。

史文德森指出，“滴流理论”（即“凡勃伦—齐美尔”模式）意指时

---

① ［德］萨拉·贝里著，向琳译：《时尚》，载托比·米勒编，王晓路译：《文化研究指南》，南京：南京大学出版社2009年版，第380页。

② ［德］萨拉·贝里著，向琳译：《时尚》，载托比·米勒编，王晓路译：《文化研究指南》，南京：南京大学出版社2009年版，第383页。

尚创造于社会顶层，然后如水般渗透，滴流到社会各阶层。但该理论在晚近的时尚发展中显示出局限性，不是自上而下，而是相反。如果说"以前存在一个时尚中心（巴黎），它定义一个标准，那些衣服装束与这个标准一致的人，才被认为是'时尚的'"，那么，这个共识，这种"时尚只有一个标准的观念已经被打破了"，"很多小型时尚中心和标准开始出现"。时尚中心分散化，而时尚标准多元化了。原本，以高级时装为代表的奢华时尚是时尚的引领者，而现在至少出现了豪华时尚、工业时尚以及街头时尚三种类型的时尚，它们相互转换。高级时装尽管依旧引人注目，但"对现实中实际穿着的衣服造成的影响甚为有限"。"时尚开始越来越无所不包，从大众时尚到高级时装都各有其地位。时尚各部分之间的关系，不只是简单从上层发生，再'滴流'至下层。"比如牛仔裤的时尚化过程，工人阶级—艺术家—左翼政治活动者和摩托党—青年文化—中产阶级，就无法简单用"滴流理论"的自上而下去解释。①

史文德森上述阐述的历史语境与文化研究基本一致。后者对大众时尚选择主动性和抵抗潜力的发掘，避免了人们过于僵化地理解时尚自上而下整合大众的功能，从而以大众而非时尚为核心展现了时尚与大众的相互生成关系。当文化研究突出时尚活动中的大众因素时，时尚的意涵变得更加丰富，即"在时尚作为一套内化的社会规范和约束机制而发挥功能的程度上，时尚亦有力量发起和表达对那些规范的抵抗"，时尚可以被视为"文化在其中被论争的真正的竞技场"。②

在此，文化研究的大众文化时尚观与其"葛兰西转向"之间的关联性突显出来。正如葛兰西的"文化领导权"概念所表明的，文化领导权的获取是一个斗争的过程，是"一种正在进行中的条件，在这种条件下，某个居支配地位的阶级（与其他阶级或阶级的一部分结成了联盟），不仅统治着一个社会而且还通过其在道德和精神方面的领导地位引导着这个社会"③。葛兰西指出文化领导权的获取必须经过"同意"这个环节，这使得文化研究可以将"通俗文化看作是意念与反意念之间'谈判'所产生的一个混合体；是一种既'自上而下'又'自下而上'产生的，既是'商业

---

① 参见［挪］拉斯·史文德森著，李漫译：《时尚的哲学》，北京：北京大学出版社2010年版，第三章相关内容。

② ［德］萨拉·贝里著，向琳译：《时尚》，载托比·米勒编，王晓路译：《文化研究指南》，南京：南京大学出版社2009年版，第389～390页。

③ 转引自和磊：《葛兰西与文化研究》，北京：中国社会科学出版社2011年版，第6页。

化的'又是'真实的'文化；是抵抗与融合之间一种不断变化的力量平衡"①。

通过文化研究，时尚作为现代大众社会稳定机制的"稳定性"由"滴流理论"中的必然渗透与整合转变为动态变化中的力量平衡。文化研究使得人们认识到，时尚与大众的相互生成关系是一种弹性互动关系，而不是二元互动关系。在这种弹性互动关系中，时尚与大众之间究竟发生何种具体的关联，需要放到现实社会的历史情境中去探查。这也就意味着，大众文化的时尚观以及与此相关的大众时尚活动，既不仅是时尚活动影响大众而产生的，也不仅是大众参与时尚活动而产生的，而是大众文化和时尚活动之间不断"谈判"的、具体的和历史的产物。

三、感性与品位：大众时尚的美学研究

从美学的角度看，今天的大众时尚已经成为美学所不得不面对的一个"问题"，而长久的忽视使得今天的美学在思考大众时尚之时面临着重重困难。大众时尚与美学的关系是什么？这个问题似乎是人人都可以回答的。无论男女，人们总要不时地对自己的衣着装扮审视一番，尽管时间长短不同。如果说对自己衣着装扮的审视和选择就是最普遍意义上的时尚行为和最普遍意义上的美学选择，估计不会有人提出异议，即使是时尚专家和美学家。由此，大众时尚就是人们通过对自身衣着装扮的选择而表达的审美诉求，而大众时尚观是大众审美观的最集中体现。

萨拉·贝里曾经梳理了时尚研究中的众多学科，包括人类学、社会学、社会心理学、视觉文化和文化研究。② 不可否认，这些时尚研究对我们理解"时尚"提供了诸多有益的见解。但在时尚社会学研究和时尚的文化研究中都不同程度地存在着对大众时尚审美观问题的漠视。在"滴流理论"中，身处社会下等阶层的大众，其时尚审美趣味只能通过模仿上等阶层的时尚审美趣味来获取，因此根本不存在属于大众的时尚。而所谓大众的时尚观只能是上层社会时尚观的庸俗变形，其中充满了羡慕和虚荣，因而是非审美的。康德曾在纯粹审美意义上阐述过这种观点，"时髦终究并

① ［英］约翰·斯道雷著，杨竹山等译：《文化理论与通俗文化导论》（第二版），南京：南京大学出版社2006年版，第172页。

② 参见［德］萨拉·贝里著，向琳译：《时尚》，载托比·米勒主编，王晓路译：《文化研究指南》，南京：南京大学出版社2009年版。在文中，尽管出现了"社会心理学和美学"的标题，但相关章节几乎都是关于时尚的社会心理学研究内容。

非一件鉴赏的事情（因为它可以是极端反鉴赏的），而主要与纯粹虚荣相关”①。在时尚追求中的模仿“仅仅是为了显得不比别人更卑微，进一步还要取得别人毫无用处的青睐”②。与时尚社会学稍有不同，康德在此论述的时髦对象既包括宫廷摩登人士和花花公子等上流阶层，也包括普通民众。在康德眼中，与纯形式的、自然的和艺术的非功利审美相比，时尚审美的功利性使得其只能是“非审美的”。

在文化研究中，约翰·费斯克对“美学”的看法很有代表性。他从两个层面来界定“美学”，第一是“资产阶级—唯心主义的美学”，这个“美学”是“源于唯心主义哲学的一个概念，指涉有关品位特别是高雅品位的原则以及与此相关的美的原则”。“美学上的唯心主义所隐含的意图，始终是把这一有关品位的所谓原则精心解释成超越性的，即超越任何时代、文化或媒介，并超越任何人的主体反应。”这里，“品位”和“美”的原则被断定存在于艺术客体的“某处”，而与它们的自我生成语境无关。虽然马克思主义批评家和其他一些批评家揭示了唯心主义美学的意识形态性，即它“旨在把某个特殊阶级及其派系的品位‘客观化’（具体化），使之看上去俨然成为放之四海而皆准的、具有普适性与抽象性的东西”，但是，在费斯克看来，一种唯物主义的、马克思主义的或女性主义的美学是否存在，它们又如何区别于业已存在的美学，这些都还存有疑问；第二是作为符号学术语的“美学”，即美学就是美学符码。在这种符码中，“按照公认的（约定俗成的）表述所生成的意义不是特定讯息的终点而是起点”。美学符码“强调的是能指而非所指，它试图拓展而非加固这种符码借以运作之形式、类型或惯例（Convention）的界限与限定。因此，美学符码刺激了以原始的意指素材进行的创新、熵及实验，并由此被认为引发愉悦的反应”。在费斯克看来，符号学意义上的“美学”（美学符码）可能比马克思主义的或其他的美学更能成功地“与唯心主义美学分道扬镳”，“因为它旨在为美学符码寻求一种摆脱价值的、文化上的具体描写，从而去发现那种运作于通常与‘艺术’范畴无关之话语的符码”。③ 约翰·费斯

---

① ［德］康德著，邓晓芒译：《实用人类学》，上海：上海人民出版社2005年版，第157页。

② ［德］康德著，邓晓芒译：《实用人类学》，上海：上海人民出版社2005年版，第156页。

③ 参见［美］约翰·费斯克著，李彬译注：《关键概念：传播与文化研究辞典》，北京：新华出版社2004年版，第5~6页。本书的“美学”条目由约翰·哈特里（John Hartley）撰写，作为费斯克的合作者，他对美学的界定基本可以等同费斯克本人的界定。而且，从费斯克在研究中一系列有关美学的论述看，这种判断是可以成立的。

克的上述美学观可以视为文化研究中起主导作用的美学观。文化研究主导美学观的形成首先受到布尔迪厄等人的理论影响，将美学看作资产阶级唯心主义美学是审美精英主义意识形态的理论表现。康德美学在此被定位。其次在符号学话语理论的影响下，将美学问题狭隘地转化为美学符码问题，从而在大众文化研究中，悬置乃至放弃对大众审美观的价值评判维度，而专注于大众文化中经由符码运作带来的愉悦反应和话语快感。而这在相当程度上造成了美学维度在文化研究中的失落。

在文化研究的这种主导美学观念影响下，大众时尚的审美问题被放置在社会学和符号学话语理论的双重视野下加以审视。对文化研究而言，大众时尚审美首先并不是一个事关“趣味”的形而上学问题，而是一个以“品位”为表征折射出来的身份认同与抵抗的文化政治问题。也就是说，大众文化的时尚观首先不是审美观，而是社会观。其次，大众时尚“审美认同”和“审美反抗”中的感觉、体验或激情等因素的肉体性的非符号学属性，在被转化为美学符码问题后被忽视。文化研究更倾向于将大众的时尚选择作为一种符号表意实践，一种在话语意义上进行的针对时尚美学符码的编码/解码行为来看待。牛仔裤的“破洞”、光头仔的着装、亚文化中的“风格”等等诸如此类的大众时尚现象被看作针对时尚美学符码编码的整合意图而进行的颠覆性的大众时尚美学解码，并表达出其社会意义。这是罗兰·巴特在《流行体系：符号学与服饰符码》中进行的开拓性研究在文化研究中的直接影响。而大众时尚审美的“愉悦”和“快感”等概念，在此也就成为“话语—权力”的从属产物。大众时尚审美抵抗中的“愉悦”和“快感”成为“表达的”愉悦和“意义的”快感，而非“愉悦的”表达和“快感的”意义。第三，文化研究中存在着坚定的反审美精英主义，既排斥资产阶级的唯心主义美学，也最终对诸如马克思主义美学等唯物主义美学产生了如费斯克那样的怀疑。可以认为，文化研究复制了“精英审美与大众审美”的二元对立模式，尽管是以与法兰克福学派相反的方式。由此，文化研究在面对时尚审美活动时，也将其中具有先锋意味的部分简单归为时尚中的精英审美主义加以排斥，而没有对时尚审美活动进行更为细致的区分。而实际上，类似于艺术中的先锋行为，在时尚审美活动中也存在着具有实验先锋意味的创造性活动，在奢华时尚和工业时尚面前，这类活动其实与街头时尚、大众时尚在颠覆性意义上是一致的，也是大众时尚审美抵抗的重要灵感来源。

经过上述从社会学、文化研究和美学角度对时尚与大众关系的辨析，我们认为，大众文化的时尚观，其所指应该包括以下几个方面：第一，大众文化的时尚观是在大众与时尚的相互生成关系中形成的，是由大众日常时尚选择行为表达出来的最普遍意义上的审美观。第二，大众文化的时尚观既非大众个体审美趣味的纯粹表达，也非社会群体文化审美观念影响的被动产物，而是大众个体与其所处社会群体在时尚审美趣味领域内不断“谈判”的、具体的和历史的产物。第三，大众文化的时尚观既通过大众对时尚物品的符号化挪用行为和大众时尚文化文本的形态得到表达，更通过大众获取时尚物品的具体选择行为（购买或制作）中所体现的审美感性诉求的物质性满足方式表现出来。

作者简介：杨光，山东师范大学文学院副教授。

美国宗教世俗化和中国文化世俗化

徐海龙

一、美国宗教世俗化导致的保守主义和自由主义文化

西方宗教改革所体现的理性精神、批判精神、怀疑精神成为启蒙主义的思想源头之一。经过宗教改革与启蒙运动，西方社会获得了“祛魅”，开启了世俗化进程。美国是一个文化多样性和种族混杂性程度极高的国家，这种独特的历史条件更是赋予宗教浓厚的世俗化倾向，使得美国文化价值观有别于欧洲。

宗教世俗化的核心理念是信仰以人为中心，不再像以往那样沉溺于抽象玄奥的神学和繁缛琐碎的教规仪式。宗教改革领袖马丁·路德认为，每个人都具有自我领悟《圣经》并直接神交上帝的权利，从而挑战了只有教皇才能解释《圣经》、人与上帝沟通必须通过教会的传统权威。既然个人可以直接“因信称义”，这就使得宗教信仰由原来的国家政治问题转变为个人问题，个人的“灵魂拯救”纯粹是个人的事，别人无权干涉与强迫，而且拯救的力量也完全内在于人的理性认知，个人的获救也不用期待来世，在今生就能如愿以偿。从马丁·路德的“因信称义”到清教的“信仰契约”，从欧洲的启蒙运动到美国爱默生的“自立观”和超验主义，宗教世俗化进程构筑了“美国梦”的完善内涵，即尊重每个人的选择，鼓励求知，努力做好尘世中自己的“天职”（工作）。通过个人奋斗，白手起家，机会均等，追求金钱，再加上一些运气，就可以从一贫如洗、家徒四壁变得丰衣足食甚至家财万贯。“作为上帝的选民，要么是欧洲人，要么是欧洲人后裔……他已经完全投身于新的生活方式，占据新的地位，从此熔化

成一种新的人种。”①

世俗化让美国出现政教分离、信仰自由、民主法制以及消费享乐主义等现象，但宗教世俗化不是“去宗教化”，所谓“解神圣化”只是变革了宗教的存在组织方式（社会主义世俗化不可能在美国成功）。② 罗伯特·N. 贝拉认为宗教世俗化的结果导致个人主体性是人类进步的表现，具有自主性的宗教是宗教进化的高级阶段，即现代宗教、“公民宗教”。③ 宗教更多的是一种外在形式，人民借助宗教也表达了对国家的一致信仰，上帝只不过是美国社会的象征，他究竟代表哪个具体的教派并不是最重要的。所以美国是最现代、最世俗的国家，又是最宗教化的国家。④

世俗化让宗教“屈尊下嫁”，找到了更多与文化的联系点，“宗教要以崭新的、世俗的面貌，直接在文化中发挥它应有作用的思考”⑤。作为美国的两大政治观念和文化思潮，保守主义和自由主义就是宗教世俗化的结果，二者让美国成为一个基督教福音主义与文化多元主义并存的国家，在

---

① 转引自朱永涛：《美国的价值观——一个中国学者的探讨》，北京：外语教学与研究出版社2002年版，第118页。

② 美国1945年的一部电影《空谷芳草》（*The Valley of Decision*）比较形象地说明这一点。影片描述一位贫穷家庭的姑娘在神学院毕业后没有工作，迫于生计来到自己父兄劳动的工厂老板家里做保姆。她的父亲坚决反对，因为他在劳动时受伤致残，因此仇恨工厂主一家，认为自己的姑娘不能去伺候他们。但是，姑娘是个虔诚的基督教徒，认为人不能仇恨别人，给工厂主做保姆也是上帝给予的工作，应该做好。于是姑娘仍然坚持在工厂主家做工。后来，姑娘的父亲因为怨叹自己的命运再也不信仰上帝，参加了砸工厂的工人运动，在冲突中被打死，而姑娘则因为善良的心肠和细心的工作获得了工厂主一家的喜爱和尊重，最后嫁给了工厂主的儿子，而且获得了整个工厂的支配权，从此改变了自己的命运。这是一种典型的美国观念：顺服上帝，勤奋工作，靠善良和智慧以及上帝的祝福（运气）来致富。从这里我们可以看到基督教伦理对社会主义思想的抵抗。

③ 参见［美］罗伯特·N. 贝拉等著，周穗明、翁寒松、翟宏彪译：《心灵的习性：美国人生活中的个人主义和公共责任》，北京：中国社会科学出版社2011年版，第298～302页。

④ 据盖洛普调查，美国有94%～96%的人回答自己信仰上帝，86%的人为基督徒，在基督教徒中，60%的人为新教徒，28%的人为天主教徒，10%的人为东正教徒。其余信仰犹太教或伊斯兰教。成年人中，70%的人从属某个教堂，40%的人每周上教堂，59%的人认为宗教非常重要，90%的人感到神的爱，而每天祈祷超过一次的人多过每天做爱的人。全国约有1 200家宗教广播电台播放宗教节目，有5 000多种宗教报刊宣传宗教信仰。国内近500万就读于私立学校的中小学生中，85%的人在教会学校，仅天主教的大专院校就有25所，中学1 600所，小学85 000所，神学院373所，各级学生总数多达400万人。转引自丁智勇：《美国大选中的宗教因素》，《中国宗教》，2005年第1期。

⑤ ［美］保罗·蒂利希：《文化神学》（英文版），第8、9、42页，转引自崔晓天：《宗教世俗化及其未来》，《学术交流》，2002年第7期。

文化价值上似乎也“分裂”成了两个美国：一个扎根于美国的“草根”社会，主要占据了南方和中部各州；另一个是存在于政府、学院、媒体和现代企业等地方的知识精英阶层，主要分布于东西海岸。一个是消极自由，一个是积极自由；一个是权威上帝，一个是价值诸神；一个是自由竞争，一个是国家干预；一个是感性美国，一个是理性美国。

（一）理性和自由主义文化

理性主义是西方文化哲学两千年发展的主导方向，从柏拉图、亚里士多德、笛卡儿、康德、黑格尔到洛克，一大批学者从哲学到社会学对“神圣的逻各斯”进行了价值探讨。理性是宗教改革的核心，也是启蒙运动精神的源泉。如马克斯·韦伯指出：“我们时代的命运打上了理性化和知识化以及首先打上了‘对世界不再迷信’的烙印。准确地说，终极价值和最崇高的价值从公众生活中消失了。”① 作为现代性的代表，美国文化深受理性主义的熏陶，一种自由主义文化风潮从美国建国伊始就很盛行，20 世纪五六十年代“福利国家”政策在美国兴盛，新自由主义的影响也不断扩大。在 70 年代，由于美国经济危机和“福利国家”政策达到高峰，其后自由主义势头有所衰落，但随着 90 年代克林顿政府一系列国家资本主义政策的成功，自由主义一直在政治和文化阵营发挥着有力影响。

要阐明的是，这里讨论的自由主义指的是新自由主义（New Liberalism）。这种思潮起源于英国，也被叫作社会自由主义（Social Liberalism）或现代自由主义（Modern Liberalism）。新自由主义修正古典自由主义的“消极自由”，主张“积极自由”，强调个人对国家和社会的依赖性，进而论证国家福利的必要性，主张扩大政府干预经济的权力，实现财富的公平分配、公民权利平等。在社会生活和文化方面，自由主义坚信人是有理性的，提出了多元主义的“中立论”和“正当优先于善”法则，即不管你在信仰的私人领域供奉哪路神仙，或是什么也不相信，但在政治的公共领域，必须要遵从宪法规定的公共理性，遵从普遍的正义原则。“普遍正义”是由各种不同宗教、道德和哲学通过公共对话、反复论证最终达成的“重叠共识”（罗尔斯语）。这样，社会活动的规范就脱离了宗教，而由法律代之。公共问题由大众讨论而不是由教会定夺。“大量的共同体与个人被拖

---

① ［德］马克斯·韦伯著，杨富斌译：《社会学科学方法论》，北京：华夏出版社 1999 年版，第 32 页。

入了一个复杂的相互依赖的关系网中，他们的行为角色得到了合理的连接，这样一个过程就是社会化过程。”①

所以，自由主义在文化上具有明显的开放包容、反乌托邦、批判社会的特征。在好莱坞，从20世纪60年代以来形成了一种自由主义电影类型——“社会危机电影”。这类电影的题材都属于批判现实主义，反映了美国社会存在的政治腐败、商业贿赂、种族主义、核工业污染等问题；剧情往往是多线并行，角色是反英雄崇拜、有着各种小缺点但充满社会正义感的小人物；画面也呈现出旁观、平视乃至散乱的视角，减少主观化镜头和个人体验式的画面，用更多的全景画面来展现社会体系中不同部分、不同阶层的现实联系，喻示着容纳进更多有差异的公众意见和观点。

“社会危机电影”中的典型作品《唐人街》（1974）虽然采用黑色侦探片的套路，但是私家侦探杰克接触了一个涉及公众利益的案件——城市水源，所以犯罪和办案都不再采用传统模式，而是真正融入一系列互相关联的事件中：农民缺水、水利局受贿、大公司董事长及下属的违法行径、警察局的无能等等。杰克奔波于河床、田园、政府机关、资料室、街道、养老院、经济寡头的宅院之间，在社会各领域搜集线索，不知不觉成为民众代言人，同上层集团斗争。整个探案过程牵涉各个阶层、多个政府部门和行业，影片真正呈现出一幅广阔的美国社会画卷。政客、企业主、舆论界、警察、农民、蓝领工人以及家庭成员……各方面利益矛盾纠缠，镜头广阔，画面丰富，人物众多。

《唐人街》也设计了私人化情节（出轨、乱伦等），但从“私事”出发，引出了“公事”（贪腐、控制水源、占用公器）。它表现了商界、政府、警界、法院的黑暗，但不会全盘转嫁为性恶论，将其交给上帝和世俗领袖来裁决。人性之恶不是缘于缺乏宗教约束，而是缺乏制度。在公权约束和社会监督的制度中，民众会做出符合道德标准和公众利益的选择。整部电影的故事发展和人物对立都是在辩论所谓“丑闻”和“家业”究竟是隐私还是公利，“饮用水”和“城市”究竟是属于私人财产还是属于公众。这种家庭与社会的内外界域贯通是影片的最大特色。

与《唐人街》的题材和影像风格类似的电影在美国越战失败和“水门事件”之后的好莱坞非常流行，并且常常采用大众传媒的人物或视角拍

---

① ［英］布莱恩·威尔逊：《世俗化及其不满》，汪民安等主编：《现代性基本读本》，开封：河南大学出版社2005年版，第743页。

摄。如《中国综合症》（1979）描写一个揭露核泄漏事故的记者；《电视台风云》（1976）刻画了一个唯利是图的电视制片人，并表现出广大电视观众在黑暗中的呐喊；《总统班底》（1976）追踪和思考政府的“水门事件”等等。托马斯·沙兹总结了此类电影的叙事策略，包括：嘲讽；反思的叙事；间离效果；开放的文本；虚构与现实互相干预；无情节、自由联想；善、恶冲突不明显；结尾冲突不能解决，矛盾不可调和；对现状质疑等。[①] 为什么把这些电影归为自由主义价值观阵营？因为这些电影把经典好莱坞电影的理想化的英雄和美女扔到世俗的沼泽地里打滚，将神圣的乌托邦故事抛在凌乱肮脏的历史垃圾堆中，把视角转变为对社会关系的全面真实的展示，唤起了成年观众尤其是知识分子精英的社会意识和主张，包括：揭露政治真相、鞭挞社会问题、伸张正义和实现公平、展现丰富的社会关系实景、表现女性和少数族裔的真实状态、对底层小人物的同情和悲悯、对民众代言人的赞扬等。所以，这些电影是真正现实主义的，它们惯以媒体记者、政府小职员、小警察和侦探、律师、医生、科学家等为主人公，并且在这些角色中不乏女性或有色人种。职业身份和身体特征使这些人物拥有了现代社会的科学知识，又兼具公众意识和民主观念，从而成为私人世界与公共空间的联结点。富于理性、正义感、勇气和社交能力的主人公及其团队，明亮、繁忙的办公场景，积极进行舆论监督报道的大众媒体，尊重民意的听证会和街头集会，这些影片常有的内容使观众看到了公众、机构与政府的协作力量。

但是，当我们为影片的开阔性和历史感赞叹时，当观众被影片饱含的使命感及新美国憧憬所感染时，它的去英雄化、去权威化的修辞方式又使得角色的弱点和社会局限性显露无遗，故事结局充满了悲观主义色彩。观众看完影片之后获得更多的是人在巨大社会机器面前的无力、无助感。自由主义电影注重表现物质世界的横向联系以及平凡生活，当这种方式使用过度时，则完全熄灭了观众的欲望和理想之火。

（二）保守主义的“世俗神圣”

清教伦理和启蒙运动在处理与世俗社会关系时存在着矛盾。当人们不再把价值理性作为生活准则，代之以工具理性和市场法则去追求现世快

---

① 参见［美］托马斯·沙兹著，周传基、周欢译：《旧好莱坞/新好莱坞：仪式、艺术与工业》，北京：中国广播电视出版社 1992 年版，第 239 页。

乐、幸福时，这种现象久而久之愈演愈烈，物欲、消费、商品对人的“异化”问题就突显出来——这被称为“启蒙运动的二律背反”，也就是贝尔所谓的资本主义的文化矛盾之一——理性由解放的工具退化为统治自然和人的工具。此外，尽管美国的《宪法》及《权利法案》在公共领域实现了不同宗教、道德派别间的“重叠共识”，尊重民众的社会机会平等以及基本尊严，但是在更核心的终极关切问题上，“重叠共识”的达成何其之难，并且道德相对主义导致了社会价值的真空。针对这种价值意义的失落，保守主义声称“政治、法律和文化必须由道德真理来保障”，“只有品德高尚的人才是自由和公正的，而高尚品德须由宗教来保障”，试图以“善”整合全社会的道德基础和价值基础，从而构建世界新秩序。由此，“正当优于善”要让位于“善优于正当”。

与自由主义相比，美国的保守主义带有一定的原教旨主义色彩，但是它对宗教的虔信并不是主张退回到中世纪封闭纯粹的人神对话，而是使宗教和文化广泛一体化。比如，美国保守主义派别虽然重视礼拜等宗教集体活动，但更多的是提供道德教育以及社交的功能。保守主义也是宗教世俗化的表现，体现在以下几个方面：

1. 世俗个体的崇拜

美国人常常推崇演艺和体育界人士、社区中德高望重的长者、行业精英等，好莱坞许多科幻电影的主人公身上都闪现着耶稣的身影。《超人》（1978—2013）中惩恶扬善的克拉克和《黑客帝国》（1999—2003）中将人类从虚拟空间拯救出来的“The One”——尼奥，都是耶稣·基督一样的人物。摇滚巨星“猫王”辞世已 30 多年，可是美国人对他的迷恋有增无减，有关他的各类书籍有 760 多种，猫王迷俱乐部有 600 多个。每年 8 月歌迷们涌入猫王生前居住的孟菲斯市，展开长达一周的纪念追思活动。成千上万的歌迷在其故居门前守夜，在其墓地手持蜡烛游走，整个活动犹如宗教弥撒，肃穆而神圣。同样，篮球明星迈克尔·乔丹被同行和媒体神化为“穿着篮球鞋的基督”。这些“俗人”成为“世俗形态的道德化神物”①，体现了保守主义的社会达尔文主义和“超人”哲学。

好莱坞经典电影《教父》系列（1972—1990）中的教父形象集合了世俗权威的诸多特征。电影混合了宗教与邪恶、文明与暴力、亲情与背叛、

① 许纪霖：《启蒙思想的内在歧路》，曹天予等主编：《文化与社会的转型》，杭州：浙江大学出版社 2006 年版，第 192 页。

家庭与社会诸多二元对立关系。面对走向现代文明的美国，教父家族用一种原始、感性的力量来对抗，这种力量就是宗教传统、西西里家族的血缘情感、强大又仁爱的家族领袖以及黑手党的暴力。影片精彩地描述了教父与纽约五大家族你死我活的争斗，自由主义苦心经营的公平正义在这里找不到一点影子。现代商业竞争被表现为欺骗和贪婪，人们都以自我标准来做人处世，老百姓得不到法律保护，警长被贩毒组织收买，参议员勒索教父钱财等等。电影描述的（自由主义）社会如此险恶，个人灵魂的归宿首先就是宗教。“教父”的本义是在婴儿或幼儿受洗礼时赐以其教名并保证承担其宗教教育的人。“教父”系列中有很多宗教场景。科波拉谈道：“人应该抓住远离自己的东西，天堂就是为此而存在的。”[①] 如此珍视宗教传统的导演在影片中表现了一个虔诚的黑社会家族，因为有违宗教道义，拒不参与贩毒，他们希望自己的子孙后代敬畏上帝、道德高洁。同时，父辈的罪恶行为是背弃了上帝所致，这也是影片试图探讨的主题。

除了高高在上的神灵之外，血缘亲情是灵魂栖息的另一个港湾。大量明媚、亲切和温馨的家族以及老乡聚会成为影片标志性的场景，男女老少和亲戚朋友互相尊重、体贴和帮忙。老教父对妻子忠贞不渝，注重家庭的和谐幸福，“我们都是同样伪善的，但绝对不要把它用在家庭上”，“这世上唯一的财富就是孩子，远甚于金钱和权力”，“我一直都在为家庭而工作奋斗，拒绝成为大人物的玩偶，这就是我的一生，没有什么可抱怨的”。这体现了所有美国传统小业主的价值观：个人奋斗、注重家庭、抵制大政府管理和大财团的操控。

家族的凝聚力除了亲情，还需要一个大家长来维系。讲究人人平等和个人主义的美国人也有崇拜英雄和领袖的传统，尤其是崇拜那些自信勇敢、能力强大的勇士、政治精英以及社区和家族的管理者。[②] 如果将宗教和慈爱的光环加冕于教父头顶，他就可以成为真正的“仁君”乃至神灵。保守主义反对大政府，反对道德多元，甚至把私人道德和家族亲情（“善”）置于公共法律秩序之上。《教父》一开场就是一个殡仪馆老板向

---

① 参见《教父》DVD 花絮碟：弗朗西斯·福特·科波拉采访。

② 清教社会的基础是集体，而非个人。身为清教徒的传统美国人反对中央集权，但是那些同样是反中央集权主义的美国人却自愿服从各种中间社会团体的权威，这些团体包括家庭、教会、本地社区、工作场所、工会和专业组织等，美国的个人主义、权威主义与社团主义互相促进和制约，共同塑造着美国的意识形态。这在韦伯的《新教伦理与资本主义精神》、弗朗西斯·福山（Francis Fukuyama）的《信任：社会美德与创造经济繁荣》等著作中都有比较详细的论述。

教父诉说自己的女儿被人欺负，但（自由主义诉诸的）警察和法院却不去惩办罪犯。老教父决定为这个同乡打抱不平。当贫穷的邻居因为付不起房租要被房东赶走的时候，他帮其付钱，房东知道他的威名后，免除了租金。他竭力扶持教子强尼的事业，恐吓演艺公司老板迫使其给强尼演出机会。教父的暴力违法行为大都是为保护家人、为朋友出头等。总之，他是那种威严又不失慈祥的保护者，使人们永远都对他流露出感激的微笑。他就像古代的君主一样行使着社区公道的权力，成为“义务警员”（Vigilante）。

《教父》表现的意大利移民区特有的团结、和睦、尊重的群体关系和塑造的德高望重的男性角色，在美国广大蓝领工人和少数民族聚居区中唤起了集体记忆，尤其是让20世纪70年代日益分崩离析的大城市白人中产阶级非常羡慕。① 如一些美国社会学者认为的：大多数美国人往往将宗教主要用于社会目的而非宗教目的，他们在自己的宗教中找到了彼此间的共性，在自己的信仰中为强调睦邻、自助、个人主义、辛勤劳动和反对共产主义的价值标准找到了理由。②《教父》的仁爱、亲情、忠诚反衬了商业社会的欺诈和残忍；手握乾坤、法外执行的教父反衬了政府的无能和法律的无力。当古老的宗教回声在现代美国人心灵中日趋沉寂，当观众觉察到人心不古的现状时，影片顺势为焦虑的主体提供了一个乌托邦，从而促使观众相信：美国20世纪70年代的社会危机是一个伦理问题而不是经济问题，观众不会去理性思索教父所代表的垄断资本主义经济的弊端，而是体会“邪恶人性”这种“神秘化”的原因。观众不去察觉家族企业的历史落后性和灭亡的必然趋势，而是认为现代社会的无序无德让教父遭遇家庭破碎和灵魂无归，同时认为教父为铲除异己而掀起的血腥杀戮是以暴制暴，并为他的这种抉择和结局给予深深的理解和同情。

---

① 美国社会活动家保罗·M. 维奇（Paul M. Weyrich）曾分析过美国中产阶级、蓝领工人和少数民族的共性：“尽管上流阶层受过良好的教育，但有一样东西是他们缺乏的，即价值观，而这又是工人阶级具有的”，据他描述，“在当时蓝领工人聚居区，旧时的传统成为生活不可或缺的一部分，就像纳税的观念一样，根深蒂固地保留在每个人的脑海中。在工人当中，尊重是一种不断被灌输的观念，是其他一切事情的基础——对父母或祖父母的尊重，对牧师和教师的尊重，对传统习规的尊重……尊重产生纪律，艰苦工作意味着实现渴望的目标”。美国20世纪70年代崛起的“新右派”就以中产阶级、蓝领工人和少数民族作为自己的政治基础，他们除了倡导传统的家庭模式，恢复宗教信仰也是一个政策重点，因为“美国是世界上宗教派别最多、信徒人数最多的国家”，所以“美国的唯一希望就是唤醒美国信教的人们，神的领导才是最有效的”。转引自刘绪贻、胡金平：《美国新右派初探》，《美国研究》，1988年第4期。

② ［美］伊恩·罗伯逊著，黄育馥译：《社会学》，北京：商务印书馆1991年版，第562页。

2. 本性乌托邦

本性①作为西方哲学、心理学和社会学领域中的一个重要概念，意指自然、本质，也可以指天性、本能。在这里我们主要把它理解为动物和人乃至一切生物遗传下来的、固有的精神、情感、认知、智慧及体力。“本性”一出生就具备，并自然而然存在于生命体内，引导出一种直觉性的行为和才能。作为个体的基因，“本性”强调原始欲望的释放及生命体的价值和威力，因此它与科学、工具理性相对立，也与集体、国家和社会秩序相对立；作为“本性”的人，“他”注重自我内心、动物机能、自然世界三者的联系和统一，同时又强调超越低等动物、自然常规和社会关系的神灵式的能力和自由之境。因此“本性人”与马克思的“社会人”、亚里士多德和韦伯的“政治人”相对立。美国保守主义迷恋“本性”的魅力，总是把它与现代文明做对比。

保守主义者认为感情先于理性，力图阐明关于理性的无数错觉。因此他们一方面坚持“性恶论”，一方面又崇尚“本性”，希望用善良、强大的“本性”去消除“恶的本性”、人性弱点和社会非正义。但这些行为过程都是自发的，不是社会和政府来组织的，保守主义者也不希望进行全面的社会革命，只主张回归传统。它试图把现代工业化社会回缩为古典资本主义的生产、生活图景，同时把人的自然本能凌驾于自由主义和现代理性之上。创业者的自由就是来自自己的本能和资质，而不是外界的规则和政府命令。

“剖物质而张灵明”，从前面对多部典型电影的分析可以看出，“本性”藏匿在现代文明的繁华画廊背后，总是以一种与公共理性相对立的面目出现。在艺术创作上，保守主义以更丰富的“本性”内涵为核心，演变为各种对立的主题和人物，塑造英雄。在很多新英雄主义电影中，主人公具备的“本性”隐喻着自然本能、天赋异禀、上帝特选等观念。就拿美国一代又一代人喜爱的《星球大战》系列（1977—1982）来说，地球人对抗银河帝国依靠的是“绝地武士”的“原力”（The Force）。美国的神话学者约瑟夫·坎贝尔将“原力”描述为：“普遍的、无处不在的能量……所有宇宙生命和事物的有形结构，从起源、发展到回归、湮灭，都是这种能量在

① “本性”的英文“Nature”来自拉丁文“Natura”，原指植物、动物及其他世界面貌自身发展出来的内在特色。（The intrinsic characteristics that plants animals, and other features of the world develop of their own accord.）参见 http：//en. wikipedia. org/wiki/Nature.

作用、支持和充盈，它就是宇宙本身的建构和流动的显现。”① 这种类似老子“有物混成，先天地生”的“道”，代表了令人敬畏的超凡神秘之力，而且它不仅弥散在宇宙之中，又蕴含在人体之内，这又散发出强烈的人性气息。“原力”隐喻了保守主义的“本性”，将主体“神灵化”、特权化，它暗示了一种预言式的、不言自明的真实，可以看出，这种代表个体的意志、自由、感性、欲望的超人主体正好与自由主义冷漠的官僚体制、国家集权以及现代工业社会针锋相对。

保守主义把本性提升到克里斯玛的高度，具备此素质的人意味着隔绝和超越物质世界。美国《时代》杂志评介《星球大战》的导演卢卡斯时说道：“卢卡斯是一位纯朴天真的浪漫者。正是这种天真纯朴，这种对浪漫史的想入非非，使得《星球大战》能够如此清新，如此妙趣横生，如此异想天开。”②《星球大战》中充满想象力的科幻画面以及超现实的细节和色彩，寓示着审美水平的提升，让英雄从世俗画卷中逃避出来，闪耀着光辉。同样，《教父》整体的镜头和场景都是围绕内/外对立来结构的：大量精雕细琢的室内镜头（温暖又黑暗的色调、规范的构图、布光精细的特写）营造了安全、私密的空间；房间之外则是清冷的街区和荒野，中景和长镜头占多数，暗示着疏离和冷漠。男人们隐匿在安全的房间里商讨谋划外界的事务，这类场景在影片中比比皆是。内、外景的鲜明对比划分出了个人与社会、家庭与社会的界线。教父是封闭的、孤独的，那间古朴幽暗的办公室代表了一片沉静和谐的自恋式乐土，那张椅子代表了不容协商、抵御外界法律和威胁的权力空间。影片规整统一的画面、私密的空间设计都透露出美国早期小业主的个人主义色彩。还有一部反越战的《猎鹿人》（1978），它翔实细致地描绘了山区小镇生活，“充满着难以置信的浓厚的人种民俗学（Ethnography）的细节”③。这种世俗化场景与“猎鹿人”形成了强烈对比：在影片浓墨重彩的打猎戏中，影调、色彩、音乐和构图将这种山区居民的普通活动表现成充满美感和仪式化的场景。油画般的苍茫群山配合教堂唱诗班的庄严歌声，薄雾缭绕中的雄鹿，英姿勃发的猎人，

① Joseph Campbell. *Hero with a Thousand Faces*. New York: Word Press, 1986, pp. 257 – 258.

② Star Wars: The Year's Best Movie. *Time*, 1977 (30), p. 5.

③ Michael Ryan. *Camera Political: The Politics and Ideology of Contemporary Hollywood Film*, p. 204. 人种民俗学（Ethnography），又称群体文化学、人种志学、民族志学，作为文化人类学的一个分支，是描述某个社会群体和阶层文化的学科，主要通过实地调查来观察群体并总结群体的行为、信仰和生活方式。

整个场景既建构了一个充满原始野性和气息阳刚的意境，又营造出一种神秘宁静、圣洁崇高的宗教般的气势，完全契合了美国传统领袖那种“本性”丰盈和道德权威的气质。因此，当主人公孤身一人走在超迈绚丽的山岭之巅，俨然成为整个大自然的主宰。“猎鹿”是该片营造的最与世隔绝也最具乌托邦色彩的场景。

（三）保守主义与自由主义的统一和融合

保守主义是纵向的、提升的、纯洁的；自由主义是横向的、平等的、散乱的。这是一种哲学意义上的微妙区别，也渗透和体现在文化作品形态中。

自由主义不是反宗教的，但他们认为宗教基本上是私人的事情，不应在公共领域中担任重要角色。当人的理性能力达到较高程度以后，宗教便需要更加多元化和个人化，也更加社会化、现实化。事实上，自由主义在西方能大行其道，恰恰与西方深厚的基督教传统有相当大的关系，“这些传统与宗教为以个人主义为核心的自由主义提供了共同道德基础，提供了秩序的渊源”[①]。这种道德基础被认为是美国得以强大的逻辑起点，其演变脉络为：正确的（宗教）信仰—道德生活—法制精神—民主政治—市场经济活动—科学技术—发展与繁荣。[②] 施密特在《基督教对文明的影响》中认为：基督教教义对自然权利和人神契约的宣扬，强化了市场经济以产权明晰、经济自由和平等交易等为内核的制度精髓；基督教重视教育、医疗、劳动者尊严、性别平等、科学，激励普通人追求体面生活，这正是亚当·斯密所设想的美好境界：道德与市场的有效结合。[③] 早期美国民众一直在努力构建这种既能够给当时移民社会提供合法性依据又能够让国家产生“公民美德”的“共同法”，即寓于法律之后并支持法律的某种协议——这种美德只能深植于具有广泛性和扩散性的宗教理念之中。

保守主义自身的历史局限性也非常明显，它塑造的权威主体骨子里是蔑视大众的，认为大众是一群无知、盲动而又自命不凡的“乌合之众”“群畜”。在持“精英民主理论”的熊彼特那里，大众被认为是政治领域里

① 李强：《自由主义》，北京：中国社会科学出版社 1998 年版，第 258 页。

② 参见吕鲜林：《美国国家战略与宗教理念》，中国社会科学网，http：//www. cssn. cn。

③ ［美］阿尔文·施密特著，汪晓丹、赵巍译：《基督教对文明的影响》，北京：北京大学出版社 2004 年版，第 161～171 页。

的"原始人"。精英阶层则品德高尚、能力超群，最适合作为大众的统治者。推崇"寡头统治铁律"的保守右翼群体几乎普遍对民主政治抱有悲观主义情绪，在他们眼里，自由主义提倡的国家民主是骗人的把戏，根本不会成功。如果总是刻意去迎合大多数人的利益，那么常常会导致危险的"暴民政治"。所谓"佑护""慈爱"这样的人情替代了自由主义民主——屈从意味着被恩惠，如果你要违背，恩泽则立即变为暴力规训和严酷专制。当一种文化用简单的"善恶伦理"作为动人的主题，就像意识形态往往以道德的姿态示人一样：自由与独裁、仁慈与残酷是一枚硬币的正反两面。

二、中国文化的世俗化：儒家与自由主义

（一）儒家的世俗性

儒家伦理呈现出浓郁的人本情怀，孔子把"礼"的人神等级演化为"君君、臣臣、父父、子子"的伦理等级和行为规范。从孔子的"仁者爱人"、孟子的"人皆可以为尧舜"到王阳明的"满街都是圣人"，再到宋明理学，在从天人关系转向人伦关系方面，美国宗教的世俗性与中国儒家的世俗性有相通之处。但是相比较而言，美国文化所表现的个体道德焦虑、精神困境，以及人与人之间的矛盾，其终极救赎和化解之道仍是归结为人与上帝的和解。徐复观指出："人类都是上帝的儿女，都是自己的弟兄，自然应该爱神以及爱神之所爱，这样才转出人类爱的挂念，宗教的自反，一开始就投射的外面的神，这种爱对于人自身而言，依然有一间隔。"① 徐复观认为通过神的天平来衡量奖罚以外再计算使"人"与"我"之间能得其平，与孔子的"仁"存在明显差异。中国人不是依靠上帝的评判，而是强调个体的修为，即自身不断地实践、接触和融合来实现"入世的仁"之境界。

中国电影《催眠大师》（2014）里的主人公徐瑞宁由于酒驾造成女朋友和好哥们骆雨凇的死亡，内心的罪责使得自己患上心理疾病，无法自拔，直到骆雨凇的女友告诉他："你无法获得别人包括我的原谅，只能你自己原谅自己。"他才恍然大悟，获得解脱。这部当下的中国影片提出了从"自己原谅自己"外推到"外界原谅自己"的矛盾解决方式，实际上仍

---

① 徐复观：《中国学术精神》，武汉：华东师范大学出版社2004年版，第9页。

然渗透着浓厚古老的文化价值观。如何“问心无愧”？通过内省修行，“尽其心者，知其性也；知其性，则知天矣”。只要充分发挥自我心中的良知、良能、真诚，就能无愧于真相和上天（鲁迅把这种文化称为“中国人善于自我欺瞒的艺术”）。而在美国电影《禁闭岛》《盗梦空间》中，同样“杀妻”的主人公也患上精神疾病，尽管获得了他人的谅解，但还是自觉无法获得上帝原谅，选择了自我毁灭。

美国宗教世俗化催生了《修女也疯狂》（1992）这样戏说宗教（人士）的作品，好莱坞也常常运用寻宝淘金、开疆拓土、商业或政治奋斗等传奇故事和题材，“人心的激荡，人们对财富的贪求和对自由的过分爱好，在欧洲被看作一大社会危险，然而正是这一切在保证美国的共和制度有长治久安的未来”①。但是，在人与人之间的情节关系方面，还是呈现了“人—神—人”或“人—人—神”的三角关系。电影《阿甘正传》（1994）中的丹中尉在越战中失去双腿，回国后生活潦倒，而阿甘这样毫无战功的智障人竟被政府当作越战英雄，并成为百万富翁。面对这种滑稽又无奈的命运，丹中尉失去了对上帝的信仰而沉沦潦倒。当他与勤劳平实的阿甘一起工作（捕鱼致富），心态日趋平和。他终于感谢了阿甘的救命之恩，接着跳入海中畅快游去，阿甘说：“那一刻，我想丹中尉与上帝和解了。”这一刻我们也发现，丹中尉和阿甘的矛盾不是核心矛盾，阿甘成为丹中尉与上帝达成和解的世俗桥梁。中国则形成了“人—人”的二元关系以及网状关系，在把美国宗教和中国人伦并置的电影《一九四二》（2012）里，张涵予饰演的中国传教士安西满，不遗余力地在逃荒队伍中传教，抚慰逃荒百姓，为饿死的老人祷告超度，希望能像摩西带领以色列人逃出埃及一样，带着河南人逃出苦难之地。但当他看到乡亲一次次遭日军轰炸无辜死去，正义在邪恶面前如此无能为力，他的天主教信仰开始动摇。他迷惑地向美国神父发问：“上帝为什么不管？”“既然魔鬼老是战胜上帝，那信他还有什么用？”虽然安西满的无私无畏体现了福音精神，但在强大的天灾人祸面前无济于事，而在他绝望地静待炮弹落下之时，他被一个难民推开——这种情节设计更加把上帝置于一个遥远又无能的位置。

虽然美国文化也强调人的主体性，但是个人英雄主义有余，群体互助精神不足。这实际上是把一个“以力服人”又“足智多谋”的超级英雄看作了上帝的肉身。所以，虽然阿甘的精神支撑来自于母亲和恋人（不是上

---

① ［法］托克维尔著，董果良译：《论美国的民主》，北京：商务印书馆2013年版，第361页。

帝）——母亲只是在儿时给予他照顾，珍妮则没有提供任何实质性的帮助——阿甘最终的成功来自于他征服自然（如驾船捕虾、与暴风雨搏斗），战胜命运（智障、战争死亡等）。如果把中国传统价值观作为当代中国"百姓的生存关怀"的依靠之一，则不仅仅强调人的"征服"能力，更强调心意感通的人情德性。"人情"的道德哲学本质就是不独立，它只有存在于人与人之间的伦理关系中才具有道德价值，而人与人之间的伦理关系正是通过"人情"的统一性和"己情"与"人情"的相互感通建立起来的。《一九四二》所倡导的，不是征服自然，不是通过痛苦挣扎重归上帝怀抱，而是关心现世生活，"将心比心""以情换情"，从而在以"真情"相待的情感互动中感人、化人，达到为人、待人、治人的统一。"老吾老以及人之老，幼吾幼以及人之幼"，这对于饥荒中的草民抑或国家元首都是一样有效的伦理哲学。并且，如果说中国文化中有权威存在，具有《星球大战》"绝地武士"的责任感，但没必要拥有超凡强大的个体生命力，《一九四二》里逃荒的老东家令人尊重的原因不是他具备护粮、抢粮的神力，而是自身主持族群大局的"德"能。中国历史很少赞美穷兵黩武、武功盖世的领袖，而是更推崇非斗争、非竞争的德治、"王道"，如果一个权威能实现"风调雨顺，国泰民安"，百姓会心服口服并自发拥戴他。老东家之于族群类似"教父"之于家族，但是更具世俗性，因为教父随着权威性的提升，他越发高高在上，隔绝家人。而老东家失去所有亲人，还会在路上认领一个失去父亲的女孩作为孙女，相依为命活下去。《一九四二》的编剧刘震云接受电视采访时说道："在中国的'人人'社会，人的救赎仍来自于人，国家的出路同样如此，别无他途。"

金元浦在谈到中国20世纪90年代的"人文精神"时指出："当我们殚精竭虑寻找终极关怀的时候，其实终极关怀就在我们眼前，这就是百姓的生存关怀。这是中国式的把握方式，最形而下也最形而上的关怀。中国的现代化进程没有也不可能有新教伦理的伴行……它更是一种人的关怀、当下关怀和社会关怀。在中国，宗教式的精神救赎的蓝图设计在实践中行不通。"①

① 陶东风、金元浦：《人文精神与世俗化——关于90年代文化讨论的对话》，《社会科学战线》，1996年第2期。

（二）自由主义文化在中国的演变

西方宗教世俗化运动产生的自由主义文化与中国的关系又是如何呢？自从1840年鸦片战争以后，“中国向何处去”这一救亡图存的尖锐问题被历史性地抛出。中国历史上各个派别阵营在器物层面、政治制度层面、文化层面上都没有根本解决这个问题。自由主义在这些思潮主张之中，是最受人关注和讨论的流派之一。

“五四”运动前后，西方自由主义的传播在气势、规模和深度方面都远超维新时期，影响也更为深远。它滋养了一代又一代知识分子的心灵，成为部分中国知识分子的核心价值观。至20世纪30年代，“自由人”“自由文艺”的提法在文学论争中屡见不鲜。并且，民主自由也成为那时部分知识分子的社会改造理想。如胡适说：“自由主义就是人类历史上那个提倡自由，崇拜自由，争取自由，充实并推广自由的大运动”，“自由主义在这两百年的演进史上，还有一个特殊的空前政治意义，就是容忍反对党，保障少数人的自由权利”。① 殷海光强调自由主义与极权主义的对立：“自由主义并非一种教条，无疑是一种能动的（Active）精神，一种反抗权威的态度，和生命本身底发展动因。”② 但是，近现代中国自由主义社会运动始终发展艰难。从社会现实来说，民国时期既有外敌入侵，又有封建势力的包围，国破民苦，自由主义没有从容发展的现实可能性。“在激进主义与保守主义激烈冲突的暴力年代里，自由主义的理性声音不是被保守的力量所扼杀，就是被革命的激情所吞没。”“自由主义的政体只有在一个自由主义的社会中才能发挥作用……说自由主义对治疗饱经内战以及主权受到威胁的中国的病症无能为力，这还是不够的，实际上这些病症十分严重，使自由主义无从扎根生长。”③ 因此，20世纪40年代的朱光潜只能表示：“我在文艺的领域内维护自由主义。”④

20世纪80年代，中国的自由主义体现在大众和公共世界前所未有的紧密联系，如个体主体性的确立、私的回归、物质生活合理性的回归等

---

① 胡适：《胡适全集》（第22卷），合肥：安徽教育出版社2007年版，第725、726页。

② 殷海光：《自由主义底蕴涵》，载张忠栋、李永炽、林正弘主编：《现代中国自由主义资料选编——纪念“五四”八十周年》，台北：唐山出版社2002年版，第227页。

③ 费正清主编：《剑桥中华民国史》（第1部），上海：上海人民出版社1992年版，第445、838页。

④ 朱光潜：《自由主义与文艺》，《周论》（第2卷），1948年第4期。

等。在告别了“文革”时期的极权化公共领域和政治实践之后，伴随着“人文精神”大讨论和世俗化浪潮，“大众的政治参与热情被极大激发（比如反映当时社会热点问题的一部小说、一篇报告文学乃至一首诗就能激发大众的持久热烈谈论），人与人之间的公共交往开始慢慢恢复。……中国式宗教神魅的祛除与世俗公共世界的复兴相携而行、相得益彰，成为新的公民参与方式与公共领域的构建标志”①。20 世纪 90 年代初，由于市场经济的改革方向得到官方的坚持并得到进一步飞速发展，自由主义在经济界和人文领域获得了广泛支持，中国在 20 世纪 30 至 40 年代曾经短暂兴盛过的自由主义遗产被重新发掘，并得以深入研究。此时学术界开始的“人文精神”“道德理想主义”大讨论，其讨论对象不再是 20 世纪 80 年代的传统集权体制，而是本来属于启蒙运动所追求的目标之一——市场化和工具理性。相比较于美国的 20 世纪 70 年代的自由主义与保守主义的争论，虽然两国的意识形态和阶级属性存在差异，但都是面对同一个社会问题：人类终极价值意义何处安顿？在“上帝死了”的美国，罗尔斯代表的自由主义无法解决自由与平等、种族和性别、性放纵、堕胎等分歧；在“革命死了”的当代中国，自由主义能否用公共理性和制度来消解精神危机？这是自由主义与“新左派”持续激辩的命题。

由于中西历史文化差异，加上 20 世纪 90 年代以来官方意识形态的积极引导，自由主义很难在中国成为普遍接受的、上升到价值观层面的学说。② 学界一般认为，中国的自由主义在政治和经济领域发展重重受限，但在文化方面取得了一定成就，例如出现了一批受自由主义影响的作家及文学流派，包括胡适、周作人、林语堂、梁实秋、沈从文、“新月派”和“独立评论派”等。他们注重文学的自身价值和作家的主体性，讲究人性探索和审美创造，具有较浓厚的超政治、超功利色彩。但是，这种对自由和美的追求都局限在文学艺术本身的形式之中，与其说这是欧美自由主义在中国的果实，不如说它更接近美国的“青年反文化（Counter Culture）”

---

① 陶东风：《从两种世俗化视角看当代中国大众文化》，《中国文学研究》，2014 年第 2 期。

② 例如“不可剥夺的追求自由、公正与机会的权利，私有财产不可侵犯”的“美国信条”与“天下为公”“重义轻利”“不患寡而患不均”等中国传统伦理道德存在根本性抵牾。在新的历史时期，中国政府一方面加紧政治领域与意识形态领域的控制，严肃的、具有公共关怀的新闻报道和文学艺术作品常常无法问世；另一方面则放开私人消费领域，让大众沉溺于感官娱乐世界，借以消解他们的公共关怀与参与意识，走向犬儒化的日常生活。参见陶东风：《理解我们自己的“娱乐至死”——一种西方文化理论在中国的被绑架之旅》，《开放时代》，1997 年第 5 期。

运动，即用艺术、美感和爱欲来追求生命的自由解放，用想象、直观、幻想这些感性形式进行创作。自由主义之中政治批判和社会改造的情怀很难体现在文艺作品中。换句话说，政治题材、法律题材的批判现实主义作品极其少见。美国的影视作品，如《史密斯先生到华盛顿》（1939）、《杀死一只知更鸟》（1962）、《总统班底》（1976）、《费城故事》（1993）、《永不妥协》（2000）、《纸牌屋》（2014）等，传承性地揭露政府和商业腐败问题，追求小人物的平等和尊严，反映理性、文雅、秩序的生活常态，彰显公正、多元、民主及法制理念——这些自由主义核心价值观在中国主流大众文化作品中能有多少展现？除了进行艺术超迈自由启蒙之外，它们承担了多少“公共理性”的启蒙责任呢？

当然，艺术是刻画鲜活人性和个体生命的，追求“公共理性”启蒙并不是要把文艺作品处理成缺乏人情味的、冷冰冰的法律文书或技术手册，而是在传统与现代、情与法的冲突中，在人物性格抉择中，在人物交往行为上，甚至在一系列语言、动作和场景的小细节设计上，都要体现出“公权、公法、公益、公德、公序、公民、公仆、公众传媒、公共事件”等一系列现代文明的胜利地位——这样可以体现人性光辉和情感力量。遗憾的是，中国自由主义的社会维度本来就先天发育不足，而20世纪90年代以来诸多社会因素特别是制度因素，又造成整个中国文化的泛娱乐化现象，傻乐、比坏、炫富、拼爹等风气风行。“在一个光怪陆离的娱乐世界、影像世界，真正值得关怀的重大公共问题由于进入不了传媒，而被逐出了‘现实’。”① 大众文化没有了政治参与的热情、责任感和反思精神。

当前，由于意识形态管控与市场消费经济的双重力量作用，生产者不清楚价值标准的序列和限度，因此返回传统人情伦理成为一条低风险道路，文艺生产形成了美国壳—中国（传统）心的套路。《全民目击》（2013）作为叫板美国律政戏的中国法庭电影，描写一个富家女驾车撞死人后，父亲带领公司众亲信精心策划骗局，误导检察官做出父亲是凶手的判定。父亲借用“回龙璧”的神话传说做出“令人感动”的解释——用自己的生命来换回孩子的道德觉醒和感恩，使其免受法律制裁，从今以后做个善良的好人。影片的法庭场景、律师形象、辩论程序、媒体报道监督、不断推倒重建的逻辑线索以及罗生门式的叙事结构，让观众沉迷于情节的紧张和“烧脑”，基本具备了美国同类影片的各种要素。但是，当做伪证

① 陶东风：《从两种世俗化视角看当代中国大众文化》，《中国文学研究》，2014年第2期。

和替死的父爱凌驾于事实真相和公平正义之上（死者及亲属的权利在影片里几乎是失语的），电影就从“法网无情”回溯到“我儿无罪”，依然是孔子提倡的“父为子隐，子为父隐，直在其中矣”的价值观。[①]《全民目击》依旧把一个人的改邪归正寄托于家族内部的感化和规诫，而在美国电视剧《绝命毒师》（2012）里，当主人公怀特制毒贩毒的面目暴露后，曾经感情深厚、与其生活得其乐融融的妻子、儿子、妻妹、连襟几乎是毫不犹豫地翻脸不认亲，站在法律一面与怀特对立。

当前中国真正的批判现实主义影片严重萎缩，以公共事件为题材的作品（如2013年贾樟柯的《天注定》）都难以过审。当然，随着互联网带来的全球化，应该看到自由主义理念在中国民间文化中的妥协性成果，这种妥协性体现在它没有与政治激进主义继续结合，避免向主旋律发起直接冲撞和质询，而是以反衬、戏谑、穿插、借古讽今等方式，星火式地出现在作品的“旁枝末节”中。这不能说是一种犬儒主义，应该是一种更具策略性、更丰富的自由主义文化结晶和火花。

如何将中国传统礼制、宗法纲常改造成现代社会秩序，不仅在理论上而且在实践上构成了对中国社会的巨大挑战。近年来，中国学者面对全球化浪潮，力图以儒家伦理来补救自由主义理论在道德哲学方面的不足。但是，无论是美国保守主义还是自由主义所倡导的自由与儒家自由有本质上的不同。这一点在国内学者对新儒家的评论中已经解释得较为清晰。首先，儒家自由精神的实质在于超越，特别是对自身的不断超越。它非但淡化人与自然、社会及他人的分歧与对峙，不执着于人的普遍确定的本质，毋宁说恰恰是要超越这种分裂、对立及确定性，在生生不息的升华过程中，达到天人之间、人与人之间圆融无碍的统一境界，而权利意识必须以独立的、实体化的人或群体为寄托，离开这一点，权利就变得虚浮无着。[②]其次，“儒家传统显然缺乏自由、人权、隐私和正当法律程序等概念。儒家对正当性、责任、公共精神及礼制的偏爱，损害了个人政治权利和民事权利的自由”[③]，在具体的制度设计方面也就无法更为仔细地考虑如何限制政府与国家权力对个人的侵害，使其自由精神难以在现实中逐步实现。

---

① 《论语·子路第十三》。

② 储昭华：《儒家文化的自由精神究竟何在——兼论儒家自由主义如何可能》，《江海学刊》，2004年第4期。

③ 杜维明著，张友云译：《家庭、国家与世界：全球伦理的现代儒学探索》，《国外社会科学》，1999年第5期。

在制度层面借鉴儒家文化，需要慎之又慎，但在思想层面，“虽然法律必不可少，但是‘有机的团结’只能是人们保持仁爱之心、以礼相待的结果……以它所信奉的‘为己而学’的价值观和不断‘自我实现’的道德律令为基础”①。按照天人合一的精神，个人、社群、自然界三者的和谐交往和依存，有利于缓解宗教冲突和遏制民族沙文主义，可能也适合作为一种新的全球伦理学说的起点。

作者简介：徐海龙，首都师范大学文学院文化产业系副教授，研究方向为文化研究、文化产业。

① 杜维明：《多重现代性——东亚现代性涵义初步探索》，载［美］塞缪尔·亨廷顿等主编，程克雄译：《文化的重要性——价值观如何影响人类进步》，北京：新华出版社2013年版，第320页。

大众文化批评：从审美批判到价值观研究

陈国战

最近几年，中国大众文化生产和批评之间似乎陷入了一种僵局：一方面，大众文化生产领域乱象丛生，所谓“三俗”（庸俗、低俗、媚俗）文化大行其道；另一方面，作为一种产业的大众文化又成了国家着力培育的新的经济增长点，凭借着市场和资本的力量，大众文化生产者变得越来越强势，越来越碰不得、说不得、批不得。于是，批评者要么选择闭嘴，对大众文化领域的乱象听之任之；要么就得有足够强大的心理承受能力，准备迎接大众文化生产者和消费者的强势反攻，甚至是恶毒谩骂。面对这种僵局，大众文化批评者不得不反思：为了使自己的批评真正发挥社会作用，而不至于沦为小圈子内的自说自话，大众文化批评该秉持什么样的价值标准？

一、雅俗标准的失效

值得注意的是，当代中国大众文化领域的三个代表人物——郭德纲、赵本山和冯小刚，都曾有过对批评者的嘲讽、挖苦和攻击。面对批评，郭德纲在2009年对专家学者进行了“报菜名式”的谩骂，认为专家学者是身无一技之长的“流氓”，是专会“嚼舌头根子”、一点正事没有的“无业游民”。[①] 赵本山对批评者的反击更是经常见诸各类媒体，在2011年“春晚”小品《同桌的你》中，他还临时起意添加了台词：“像我们这些高雅的人看他那玩意太俗，受不了。”表面上看，这是一种自嘲，但了解个中背景的人可以明显感觉到，这是利用“春晚”这个无比强势的舞台，对他的批评者的胜券在握的反击。如果说这些反击还是随机的、点到为止

① 冉子：《郭德纲大骂专家“不要脸” 称他们是流氓》，网易娱乐，http://ent.163.com/09/0320/00/54QD1HNA00032KMI.html，2009年3月20日。

的，那么，2013 年底冯小刚的电影《私人定制》更像是一场战略总攻，它结构了一个完整的故事，对雅俗问题进行大讨论，对他臆想中的所谓俗文化的批评者进行了肆意嘲弄。通过作品中的人物之口，他表达了自己的雅俗观："古代的就是雅的吗？宫廷的就是高的吗？以年代判断价值、以社会等级区分高下，那是文物观，不是艺术观，我就不说这本身就是庸俗观了。"他还判定，所谓"雅文化"就是"四不""二坚持"，即"不好看、不好听、不好懂、不接地气"，"坚持审丑、坚持莫名其妙"。不出所料，他们对批评者的反击都大获全胜，在收获观众笑声和掌声的同时，还与观众结成了牢固的同盟，从而实现了对批评者的孤立和奚落。在这种反击中，他们不仅再一次兑现了自己的承诺，即给观众带去笑声，而且还俨然成了代表大众反抗高雅文化打压的文化英雄。

问题是，在当前的文化场域中，郭德纲、赵本山、冯小刚等人代表的大众文化无疑是一种更为强势的力量，他们不仅与官方文化存在不同程度的暧昧联系，而且还拥有来自受众和市场的强大支持。与他们相比，大众文化批评者的弱势地位是显而易见的，这些大众文化批评者主要是在学院体制内部进行知识话语生产，其声音很难到达社会大众；即使是那些偶尔进入大众传媒场域发出声音的人，也往往因为传媒逻辑的规约不得不割裂批评话语与自己整体文化思考的联系，因此显得突兀而草率，故而很难得到大众的理解并会陷入孤立无援的境地。在当代中国历史上，文艺批评的确曾经发挥过十分特殊的作用，甚至一度成为政治运动的急先锋；但很显然，当前的大众文化批评已经不再扮演这种角色，它通常都是学者表达个人观点和社会关怀的一种手段，因此，它根本不具备打压大众文化的能力和条件。对此，大众文化生产者也应该是心知肚明的。在这种背景下，他们把批评者当成一个强大的假想敌，对任何批评声音都不依不饶、上纲上线，不仅显得矫情而霸道，而且还有失文化生产者的风度。

这些娱乐大佬之所以对批评者的声音不屑一顾，甚至还肆意奚落和谩骂，一方面是因为他们都是市场中的赢家，财大自然气粗；与他们相比，知识分子的污名化趋势则愈演愈烈，"砖家""叫兽"等称谓通过大众媒体的渲染和传播，早已在很多人心中形成刻板印象。另一方面也是因为，在他们看来，批评者是以"雅／俗"这种价值标准来褒贬自己的作品的，而对于"雅／俗"这种价值等级秩序，他们并不认同。赵本山就曾经说过："艺术有俗雅之分，老百姓需要交响乐这样的雅艺术，同时也需要相声、二人转这样的俗艺术。""俗艺术是大众的，离真近，离老百姓近，大俗就是大雅。”[①] 虽然他的“大俗即大雅”说充满着中国式的辩证法或者诡辩论色彩，但公允地说，他对于雅俗问题的基本认识还是可以成立的。的确，雅和俗涉及审美趣味问题，所谓“趣味无争论”，雅艺术的存在并不能否定俗艺术的价值，如果以“雅”为标准对“俗”进行贬抑和打压，那无疑是审美上的专制主义。况且，在中国的特殊语境中，他的这番言论还能获得额外的支持，早在《在延安文艺座谈会上的讲话》中，毛泽东就为“下里巴人”的审美趣味确立了政治上的合法性和优越性。经常有人会说，通俗不等于低俗，但何谓通俗，何谓低俗？即使反“三俗”的官方文件也没有能够对它们做出清晰的界定。如此一来，大众文化生产者以“俗”自居，号称自己是代表普通大众的、受精英文化和高雅趣味打压的，就获得了一种天然的正义性；因而他们对批评者的反击能够赢得满堂彩也就不足为奇了。

其实，大众文化本身就是一种通俗文化，也是一种商业文化，它迎合受众和市场的天性是无可厚非的。由于批评者大都受过良好的教育和高雅文化的熏陶，所以在面对大众文化时，他们经常会出现不适应甚至不理解的状况，这也是十分正常的。只要我们承认“通俗”和“庸俗”“低俗”“媚俗”之间的界限是很难厘定的，就不难得出结论说，在大众文化批评中，雅俗标准已经失效，它不仅不能得到批评对象的认可，还容易走向审美上的专制主义。

事实上，自20世纪90年代以来，经过对法兰克福学派文化工业理论的借用和反思，以及文化研究理论和方法的引入，很多学者已经意识到了这种问题，并早已放弃了雅俗标准。当前，中国大众文化批评的视角已经多元化了，既有从审美、道德角度的批评，也有从社会学、政治学角度的批评。但赵本山、郭德纲、冯小刚等人，都更愿意把所有批评理解为一种审美批判，即站在高雅文化的立场上对通俗文化进行打压，这显然是一种有意或无意的误会。之所以会出现这种误会，一方面是因为他们要为自己选择一个易守难攻的位置，声称自己与大众的文化立场和文化需求相一致，而批评者则专门“和老百姓的快乐过不去”，这显然能够使自己立于不败之地；另一方面也是因为，20世纪90年代以来，中国大众文化批评中的审美主义已经形成了一种传统，具有强大的惯性。因此，要寻找新的批评标准，就必须对20世纪90年代以来的大众文化批评以及其背后的主

① 天蓝：《赵本山：大俗即大雅》，《新京报》，2013年3月8日A18版。

要理论资源进行清理和反思。

二、重新审视文化工业批判范式

众所周知，在“人文精神”大讨论的背景下，法兰克福学派的文化工业理论曾在中国大众文化批评中风靡一时，成为学者思考和批评中国大众文化的主要理论资源。1993年以后，运用文化工业理论对中国大众文化进行严厉批判已经成为学术界的主声部，以致几乎完全淹没了之前出现的同情和理解的声音。此时的大众文化批评是同“人文精神”大讨论纠结在一起的，因为“人文精神”大讨论避不开的一个话题即：如何看待和评价随着市场化的深入而出现的大众文化及其携带的世俗观念。不少学者有意识地将这两个问题放在一起进行讨论，如童庆炳的《大众文化需要人文引导》、尹鸿的《为人文精神守望：当代大众文化批评导论》[①] 等。可以说，“人文精神”大讨论构成了当代中国大众文化批评兴起时的思想背景。

此时，运用文化工业理论对大众文化进行批判的代表性文本有：陶东风的《欲望与沉沦——大众文化批判》、张汝伦的《论大众文化》、尹鸿的《大众文化时代的批判意识》和《为人文精神守望：当代大众文化批评导论》、金元浦的《试论当代的文化工业》[②] 等。这些文章对大众文化的基本判断较为一致，即一方面承认大众文化是社会现代化过程中不可避免的文化现象，承认大众文化的“抚慰功能、娱乐功能对于人们心理结构的平衡和调整，对于社会秩序的建立和维护发挥着它的文化整合功能，在一定程度上可以促进文化的民主化和平民化进程”[③]；但另一方面，它的消极影响也是显而易见的，这也是各篇文章论述的重点。这部分论述基本上都重复了阿多诺、霍克海默等人对文化工业产品所做的判语，兼及杰姆逊关于后现代主义文化的论述。比如，尹鸿的分析就非常具有代表性，他认为：大众文化是按照市场逻辑大规模复制、批量生产的；它们的内涵是贫乏的、彼此雷同的；对大众来说它们的负面作用是主要的。这种作用表现为：大众文化的“非现实主义”本质往往会误导人们对现实世界的认知；它的梦幻性特征会强化一种逃避现实的倾向；对审美理想的发展和健康人格的建

---

① 分别载《东方论坛》1994年第1期、《天津社会科学》1996年第2期。

② 分别载《文艺争鸣》1993年第6期、《复旦学报（社会科学版）》1994年第3期、《文艺理论研究》1996年第3期、《天津社会科学》1996年第2期、《文艺理论研究》1994年第2期。

③ 尹鸿：《大众文化时代的批判意识》，《文艺理论研究》，1996年第3期。

立都有负面的影响等。[①]

几乎与学界运用文化工业理论对中国大众文化展开大规模批判的同时，对这种批判的反思也在一些学者中间开始了。徐贲提出，文化工业理论是在极为特殊的历史条件下产生的对现实的极度反应，“阿多诺对现代社会主体的悲观论断，其关键在于他对现代国家通过现代工业和技术手段（文化工业）对整个社会的控制忧虑到了绝望的程度……他甚至把戈培尔式的法西斯宣传也看成是‘用艺术做广告’，混淆了法西斯极权统治和商品经济制度与社会主体关系的极重要的区别”[②]。因此，文化工业理论本身就存在时间上的错位，随着本雅明、费斯克等人更为积极的大众文化理论的出现，西方理论界对此已经有所纠正。更为重要的是，文化工业理论是在西方文化语境中产生的，如果不经转换地运用到中国大众文化批评中，就不可避免地会出现地域上的错位。正如徐贲所说，“在中国，启蒙运动从来没有能像媒介文化那么深入广泛地把与传统生活不同的生活要求和可能开启给民众。群众媒介文化正在广大的庶民中进行着‘五四’运动以后仅在少数知识分子中完成的思想冲击。在这个意义上可以说，群众媒介文化在千千万万与高级文化无缘的人群中，起着启蒙作用”[③]。基于这种反思，他反对运用文化工业理论对中国大众文化进行盲目指责，而主张一种“症候式”的批评方法，即“在民众实际关心什么和需要关心什么之间往往存在着差距，这种现象后面往往隐藏着深刻的历史和社会原因”[④]。因而，盲目指责大众文化的弊病是没有太大意义的，对造成这种弊病的社会历史原因的挖掘，才是大众文化批评的真正目标所在。

与此同时，陶东风也对文化工业批判范式进行了深入反思，产生了很大影响，并最终促成了当代中国大众文化批评的范式转换。在《超越历史主义与道德主义的二元对立：论对待大众文化的第三种立场》《批判理论与中国大众文化批评》《批判理论的语境化与中国大众文化》[⑤] 等文章中，他坚持评价大众文化的历史主义尺度，主张从社会学的角度重新认识大众文化的历史意义。他提出，“如果我们不否定中国的改革开放与现代化运

---

① 尹鸿：《为人文精神守望：当代大众文化批评导论》，《天津社会科学》，1996 年第 2 期。

② 徐贲：《评当前大众文化批评的审美主义倾向》，《文艺理论研究》，1995 年第 5 期。

③ 徐贲：《影视观众理论与大众文化批评》，《文艺争鸣》，1996 年第 3 期。

④ 徐贲：《影视观众理论与大众文化批评》，《文艺争鸣》，1996 年第 3 期。

⑤ 分别载《上海文化》1996 年第 3 期、《东方文化》2000 年第 5 期、《中国社会科学》2000 年第 6 期。

动具有不可否认的历史合理性与进步性，那么，我们就必须承认：当今社会的世俗化过程及其文化伴生物——世俗文化，具有正面的历史意义，因为它是中国社会现代化与社会转型的必要前提，如果没有八十年代文化界与知识界对于准宗教化的政治文化的神圣光环的充分解除，改革开放的历史成果是不可思议的”①。因而，从社会转型的角度看，当代中国大众文化具有十分重大的积极历史意义。由于语境的差异，“西方的文化批判话语在分析中国问题时的适用性是极其有限的。如果不经转换地搬用过来，就会批判得片面、批得不得要领，甚至批错了对象，提错了问题”②。至此，文化工业理论因其与中国现实的“错位”而遭到学界几乎一致的反思和弃用，尤其是随着日常生活审美化大讨论与文化研究的兴起，文化工业理论更是成为一件过时的笨重武器，被封存于历史的博物馆中。

然而，回过头来看，当年的大众文化批评者其实并非“机械照搬”了法兰克福学派的理论。我们发现，两者论述的出发点是一样的，但最后的落脚点或侧重点却是不同的。正如赵勇分析的，“法兰克福学派对大众文化的批判虽然有文化贵族与精英主义的偏见，但重要的是对一种体制的批判。在法兰克福人的眼中，法西斯主义实际上是资本主义的一种特殊形式，只要资本主义体制继续存在下去，它就会源源不断地生产出法西斯主义的替代形式——极权主义，而大众文化又是孕育、催生极权主义的巨大温床”③。可见，法兰克福学派对文化工业产品的批判绝不是仅仅停留在它的形式特征和制作过程上，也不是一种改头换面的审美批判或道德批判，而实际上是一种社会批判和政治批判。

然而，中国学者虽然套用了法兰克福学派对文化工业产品所做的判断，却并没有沿用它的社会批判思路，而是将批判的火力转向了审美和道德层面。他们认为，大众文化审美上贫乏、道德上堕落，是艺术观念在当前社会堕落的结果，因而他们合乎逻辑的结论就是：艺术家和批评者不能任由艺术观念“堕落”而坐视不管，应该用人文精神对大众文化进行批判和引导。也正是在这一点上，他们同人文精神的倡导者形成了共鸣。在《试论当代的文化工业》一文中，金元浦阐述了自己的艺术观念，他认为，

---

① 陶东风：《超越历史主义与道德主义的二元对立：论对待大众文化的第三种立场》，《上海文化》，1996 年第 3 期。

② 陶东风：《文化批判的批判》，《天津社会科学》，1997 年第 3 期。

③ 赵勇：《整合与颠覆：大众文化的辩证法》，北京：北京大学出版社 2005 年版，第 22 ~ 23 页。

“艺术是塑造心灵的伟大事业，是人类陶冶涵咏美好情致的复杂工程，它闪烁着理想主义神圣光彩，执着于人类感官彻底解放的乌托邦，它是在多层次的接受中追求人性的超越之途”①。这种艺术观念在当时的批评者中是非常普遍的，这也决定了他们对大众文化的态度，即一方面主张不能把高雅文化、精英艺术的标准和尺度强加给大众文化，另一方面，还是坚持“希望大众文化具有一种精英意识和高雅追求，使人文主义理想灌注在生动、感性的声画元素中”②。可以看出，此时学者运用文化工业理论所进行的大众文化批评，只是借用了它的批判工具和批判术语，其批判立场和旨归都与原理论有很大的不同。在很大程度上，这些批评者的立场和诉求更接近于阿诺德和利维斯的传统；而且，从大众文化在中西方兴起的时间上看，利维斯在20世纪初的英国所感受到的商业化的大众文化对高雅文化的冲击，与此时中国学者感受到的冲击是一致的。

因此，在中国，站在高雅文化的立场上对大众文化进行审美批判是有传统的，而这种批评方法本身是有问题的。正如阿伦特所说，大众娱乐不同于文化，它是一种消费品，不可能具有什么恒久的价值。“不管怎样，只要娱乐工业生产着它自己的消费品，我们就不能责备它的产品没有持久性，正如我们不能责备一个面包店，说它的产品一生产出来不赶快吃掉就要坏一样。鄙视娱乐和消遣，因为从它们当中得不出什么‘价值’，从来都是有教养市侩主义的标志。但事实上我们每个人都需要这样那样的娱乐消遣，因为我们都要服从生命的巨大循环。否认取悦和逗乐了我们大众同伙的东西也同样取悦和逗乐着我们，就是纯粹的虚伪和势利。”③ 对于那些具有精英主义倾向的大众文化批评者来说，阿伦特的这段话无疑颇具启发意义。在她看来，我们长期以来驾轻就熟地用精英文化或高雅艺术的标准来衡量大众文化的批评方法，从一开始就是文不对题的。事实上，这种批评方法也不能赢得批评对象的认同，从而失去了对话的可能。为了恢复大众文化生产者和批评者之间的有效互动，我们急需寻找新的批评标准。

三、开展大众文化价值观研究

在我看来，这种新的批评标准就应该是价值观标准。的确，我们不应

---

① 金元浦：《试论当代的文化工业》，《文艺理论研究》，1994年第2期。

② 尹鸿：《为人文精神守望：当代大众文化批评导论》，《天津社会科学》，1996年第2期。

③ ［美］汉娜·阿伦特著，王寅丽、张立立译：《过去与未来之间》，南京：译林出版社2011年版，第191页。

该用高雅文化的标准来要求大众文化，但这并不意味着大众文化就此获得了批评的豁免权，大众文化中表现出的价值观混乱甚至误导应该成为大众文化批评的主攻方向。值得注意的是，在2014年10月15日召开的文艺工作座谈会上，习近平总书记并没有提及文艺作品的“三俗”问题，而是提出：“广大文艺工作者要高扬社会主义核心价值观的旗帜，把社会主义核心价值观生动活泼、活灵活现地体现在文艺创作之中，用栩栩如生的作品形象告诉人们什么是应该肯定和赞扬的，什么是必须反对和否定的，做到春风化雨、润物无声。”这体现了对大众文化自身特点的准确把握和充分尊重。的确，大众文化是一种商品，它要在消费市场中寻求“最大公约数”，这注定了它只能是一种供普通大众消费的通俗文化。然而，不管是高雅文化还是通俗文化，在“什么是应该肯定和赞扬的，什么是必须反对和否定的”这一问题上，都必须做出正确的选择。尤其是在今天，大众文化已经成为人们日常文化消费的主要内容，在树立和引导社会大众的价值观方面发挥着十分重要的作用。因此，要求大众文化产品体现正确的价值观，就显得尤为重要；开展大众文化价值观研究也显得尤为必要。

从这个角度看，很多大众文化产品最为突出的问题不是趣味低俗问题，而是价值观误导问题。以“春晚”小品为例，在赵本山等人的“卖拐”系列小品中，憨厚老实、别人说什么就信什么的“范师傅”接连上当受骗，然而，他不仅没有得到观众的同情，反而成为人们取笑和引以为戒的对象。相反，坑蒙拐骗的“大忽悠”即使不能说被塑造成了值得学习的榜样，至少也是一个相当机智可爱的角色。这样的作品无疑会给观众带来一种暗示：如果你在生活中像“范师傅”一样老实，那么就活该上当受骗；相反，只有像“大忽悠”一样耍奸弄滑，才能够生活得如鱼得水。显然，这种价值导向已经突破了任何一个社会的价值底线，与社会主义核心价值观所倡导的诚信也是背道而驰的。在“卖拐”系列的最后一个作品中，“大忽悠”费尽心机，耍尽伎俩，最后和徒弟联手骗来的只是一幅颇具警戒意义的对联；而老实人“范师傅”则大获全胜，不仅没有上当，反而做出了智力上和道德上的回击；观众也把更多的嘲笑送给了“大忽悠”师徒。这显然是向正确价值导向的回归。

再比如，在黄宏等人表演的“春晚”小品《开锁》中，不管是开锁公司的“林永健”，还是物业公司的“巩汉林”，都严格照章办事，要求业主先出示有效证件，再开锁或证明身份。可以说，这两个人的做法不仅毫无瑕疵，而且极具职业素养。然而，他们在小品中却被嘲弄为不知变通、不够灵活、有钱不挣的“死板”的傻子。如果联系到当前社会中正在大力倡导的法治精神、制度精神，以及由“灵活”和“变通”所带来的各种社会问题，那么，小品《开锁》的价值导向也是成问题的，至少在我们当前的社会中是这样。与之相反，另一个“春晚”小品《你摊上事儿了》却体现出完全不同的价值导向，它塑造了一个严格照章办事的保安形象，这个保安同样很“死板”，要求进入大厦的人必须要“有牌儿”，并因此冲撞了赵总。情急之下，赵总也嫌他不够灵活、不知变通，说他“死心眼”，但最后却肯定了他的恪尽职守，并邀请他来自己的公司工作。两相对比之下，这些价值导向完全相反的作品，哪些体现了正确的价值观其实是不言自明的。

在开展大众文化价值观研究时，有以下几点是值得注意的。首先，我们所秉持的价值观标准应该是低调的、底线式的，而不应该是高调的、英雄式的或模范式的，它应该是对每一个公民的基本要求，而不应该是对少数人的特殊要求；它应该是不能突破的价值底线，而不应该是某一特殊集团的价值倡导。正如陶东风所说：“大众文化批评应该是一种意在提升常识哲学的公共话语实践，其批评的价值尺度，不应该是宗教价值尺度或精英价值尺度，当然也不是某特定社会群体（比如某职业群体）的价值尺度，而应该是适合公民文化的普遍价值尺度，它应该弘扬的是能够得到全社会最广泛认可的价值观；它应该否定的，是公民道德底线之下的价值观。”① 其次，我们还应该认识到，大众文化的价值导向是隐蔽的，越是优秀的作品越是如此，一些作品在价值导向上出现了问题，并不一定是创作者有意为之，而是因为他们对自己作品的价值导向缺少自觉意识。因此，我们一方面呼吁创作者增强价值引导的自觉意识；另一方面也反对任何“诛心之论”，即把错误的价值导向归咎于创作者的别有用心。最后，开展大众文化价值观研究不能将作品本身当成最终的批判对象，很多时候，大众文化作品之所以会出现错误的价值导向，恰恰是因为它们无意中复制了在现实生活中广泛流行的价值观，而没有对之做出必要的甄别和判断。在这种时候，我们就必须将批判的对象延伸至它们所处的社会文化环境和政治制度环境，开展一种社会批评和政治批评，否则，其意义就会大打折扣。

最后需要申明的是，当前的大众文化已经高度多样化了，它既包括电

---

① 陶东风：《核心价值体系与大众文化的有机融合》，《文艺研究》，2012 年第 4 期。

影、电视剧、流行歌曲等传统的大众文化样式，也包括网络游戏、网络小说、Cosplay 等新兴的大众文化类型。在很多方面，它们都是如此之不同，以致很多大众文化理论都暴露出文不对题的尴尬。从整体上看，这些新兴的大众文化类型更加注重体验性、过程性、参与性，而不再是一个等待着消费和阐释的文化成品。因此，它们的价值取向往往很难把握，甚至经常处于价值悬置状态。在开展大众文化价值观研究时，我们也不能不正视这些局限和挑战。

作者简介：陈国战，首都师范大学文化研究院副研究员。

大众文化价值观批评

“怨恨电影”与失范的时代

周志强

不知道为什么，我在看2014年影响很大的国产电影《后会无期》的时候，突然在脑子里冒出来“怨恨电影”这个词，这又让我立刻联想到了《小时代》系列电影（2013—2014）——百度一下，好像目前还没有这一电影概念，那也算是我这个“名词帝”① 的原创了吧！尽管韩寒和郭敬明的影像风格有天壤之别，但是，无缘无故的“怨恨”依旧构成了他们电影故事的潜在意蕴，而其间人物更是充满不知道如何才好的愤怒、猜忌、焦虑和怨怼。有趣的是，《小时代》用所谓豪华的生活景观和MTV式的镜头方式掩盖了这种怨恨的内蕴；而《后会无期》则干脆冒充“世故”：用“老子知道一切就差看破红尘”的办法来为这种怒气冲冲的态度遮羞。可是，另外一种“怨恨”却更加有力地撞击了我的内心，那就是《天注定》（2013）所呈现给我们的、源自巨变中国时代阶层压制基础上的愤怒、绝望和仇恨。

从怨毒（《小时代》）、愤懑（《后会无期》）到仇恨（《天注定》），这三部电影都与一个“怨恨的中国”的意象紧密相连，尽管它们呈现出完全不同的中国景观，却一致地构造着当下艺术创作的现代性寓言。

一、“小”时代的“怨毒情结”

三部《小时代》有一个统一的模式：在利益和情感相互倾轧的小时代里，“时代姐妹花”是如何用内心强大的力量击败丛林法则，不断地脱身而成为MTV里浪漫真情的代言者。打耳光、姐妹间的撕咬和换着睡来睡去的男朋友，构造了故事中停摆的抒情与伤感；终究为了姐妹情深而原谅利益冲突时的辱骂和攻击，顾里不仅有钱，还有情，这成为故事解决矛盾的

---

① 我的博士生陈琰娇认为我写文章常常自造词汇，于是给了我这个“伟大”的称呼。

基本方法。

简单说，《小时代》不仅仅用了 MTV 的抒情模式构造整个电影，也试图用这个方式来说服现实差别日益加大、阶层仇恨不断加深的人们，说服他们相信，面瘫一样的宫洺所代表的拜金的族群是如何冷漠和自私，而挥金如土却重视姐妹情感的族群是怎样温情脉脉浪漫多姿。

迄今为止，我还没有看到哪一部电影像《小时代》这样给我们传递的信息如此混乱和模糊。它的故事在讴歌情感大于利益的主题，而它的情节却围绕猜忌、自私、冲动和狭隘的姐妹关系展开；它的道德在蔑视拜金与私利，而它的场景却让人们置身在梦一样华美的资本神话之间；它用伤感的歌声唱出“心愿许得无限大”，充满改造世界而不能的沮丧和坚强，而它的人物却只会在诱惑与妥协之间摇摆，用浅焦镜头把享受和沉醉的时刻渲染成女神的幸福……

总之，《小时代》用口香糖一样的情感和主题喂养观众，却在骨子里面用金币装饰自己的灵魂。

但是，在《小时代》混乱的表意中，却始终如一地坚持流露怨恨情绪。在第三部中，有这样一个有趣的情节，林萧和顾里又一次产生了误会，二者在一场“精彩”的互骂中竟然无意中道出了这部系列电影“内在统一”的意义：

林萧：你凭什么觉得我们什么事情都得听你的，什么都能顺着你的意啊？你管我们到底是为了我们好，还是享受我们都围着你的那种高贵感那种虚荣心！你根本就是把我，把唐宛如都当成你养的狗！

顾里：我养狗，狗还会冲我摇尾巴，不是像你现在这样龇牙咧嘴反咬一口喂它的那只手！

林萧：对，在你眼里我就是条狗！甚至我的价值也比不上一条狗。

顾里：你什么价值？你什么价值？你的价值就是一辈子当个乖乖听话的小助理，你的价值就是被人利用来算计我，你的价值就是被人骗了感情一脚踢开之后还不是只会哭着来求我！

与此同时，在另一个场次，唐宛如和南湘同样在撕咬，而南湘毫不客气地将一向没心没肺的唐宛如归结为“摇尾乞怜”：

南湘：我就是犯贱！你以为你多高贵啊？你整天无所事事在顾里家装

疯卖傻，还觉得那样很开心！你跟条宠物哈巴狗有什么区别？你愿意那样过日子，我可不愿意！你有试过为了钱而觉得日子活不下去吗？你有整天提心吊胆看不见未来的滋味吗？你不知道！你脑子里除了吃喝玩乐你什么都不知道！每一个人都说，我有才华、有相貌、前途无可限量！可是你看看我！我他妈过的是什么日子？你觉得我抢了你的东西是吗？你觉得我是为了钱，所以犯贱是吗？如果你因为这样而恨我，那你该恨林萧、恨顾里！因为她们拥有更多你拥有不了的东西！你这一辈子也别想拥有的东西!!!

这两段话，不仅仅是南湘对顾里的怨恨，更是一个利益对立、贫富分化的社会的“时代怨言”，同时也是一则有趣的“时代寓言”：林萧等人一方面以“闺蜜”的方式“依附”顾里，另一方面又以“屌丝”的心态对顾里表达怨恨；一方面，顾里在“姐妹花”的情感神话里面扮演有情有义的人，另一方面，顾里又反复强调自己“供养”了姐妹们。作为寓言，这个故事也可以表述为：当前中国社会的阶层关系首先是雇佣和被雇佣、压制和被压制的关系，并由这种关系主导形成了种种依附性的关联；同时，不同阶层的人们却使用浪漫的、情谊的话语掩盖这种内在的阶层差别——林萧等人处在社会的底层，于是通过强调他们跟上层社会的关系乃是一种美丽的闺蜜式的关系，来想象性地拒绝承认他们的依附性地位；而顾里所代表的阶层则沉浸在情谊故事所构造的崇高幻觉之中，掩盖其劫掠利润垄断资本的无耻道德。

显然，林萧等人需要用情谊的浪漫神话来掩盖自己的卑微处境，而顾里则需要情谊的浪漫神话来提供崇高幻觉。也就是说，无论是处在利益垄断地位的上层还是处在被垄断和压制的底层，他们都需要一套《小时代》的迷人景观和“友谊天长地久”的旋律以“共谋”形式创造猥琐的默契。

这样，我们就找到了理解《小时代》混乱表意所隐藏的清晰的政治逻辑：景观化的生活场景、夺人心魄的时尚姿态、迷离沉醉的浪漫旋律，都是一种简单而有效的阶层对立和社会裂痕的弥补与掩盖形式；而冲突、咒骂、厮打和商战，不仅仅是电影吸引观众的故事元素，更是提供伟大的阶层对立消失和社会矛盾消解的“步骤”——无论姐妹们的每次冲突暴露出怎样深刻的政治经济层面上的身份抵牾，都会在主人公们回想姐妹情深之后纷纷“幡然醒悟”，重新“回归”友谊的大团结之中。在这里，“背叛”和“忠诚”最终变成了电影的主题，并“转移”和“压抑”人们心头的

“欺诈”和“不公平”等念头。

不妨说，《小时代》是“怨毒电影”，并非因为它充分表达了怨恨，而恰恰是因为它在呈现怨恨社会的内在文化逻辑的同时，又处处压抑、阻碍怨恨情绪的发生。当“怨恨”不能成为对当下社会困境和危机的有效表达的时候，种种场景里面的咒骂和撕咬就不再“服从”电影浪漫话语的控制而自己“独立”出来，变成一则充满了恶毒诅咒情绪的文化寓言。

简言之，《小时代》的怨毒，乃是一种没有能力批判当下社会，而只能谄媚于这个社会的丛林法则，是那些没有机会上升却天天做着飞翔梦想的怨妇卑男们嘴巴里面的喃喃咒骂。何谓“怨毒”？乃是只知道恨，不知道恨什么；只知道恨具体的人，却不知道恨一种机制和体制。由此，《小时代》正在把它年龄幼小的“僵尸粉”变成深夜里梦魇中的怨咒，他们恨这个社会，因为整个社会让他们成了怨气冲天的“弃人”。

二、《后会无期》的“愤懑冲动”

与郭敬明相比，韩寒更多地扮演一个社会叛逆者的形象。十多年来，教育体制日益严格，青年人越来越多地陷入“争分”“夺庙”的升学流程中，突破体制性束缚、反抗压制性规范，成为文化市场上的奢侈品。马克思曾经说过，任何时代都要有自己的英雄人物，否则，它就要创造一个这样的人物出来。[①] 韩寒正是在一个无英雄的时代里面扮演了一个“英雄”的角色，这个角色的内涵乃在于其暗藏的两个形象：“抵抗体制、突破规范和撕碎遮羞布的意见领袖”及“另类生活、个性鲜明和富豪身家的成功人士”。这真是一个奇妙的混合体：往往敢言者穷，逐利者富；韩寒一箭双雕，化二为一，怎能不令人大跌眼镜？

《后会无期》正是这个“韩寒文化形象”的最好诠释。

这是一部到处弥漫着韩寒之抵抗个性的电影，又是一部内在地符合市场需求的开胃菜。作为一部公路电影，主人公马浩汉与江河一路从东到西，从湿热的海洋到西部苍凉的山川，电影仿佛在证明韩寒言说中华大地全景的那种雄心壮志。正是在一种板起面孔说着格言的幽默中，这部电影完成了对所谓现代社会的思考。

---

① 按照马克思原话的意思，这是他引用了爱尔维修的说法。见《1848 年至 1850 年的法兰西阶级斗争》，载［德］马克思、恩格斯著，中共中央著作编译局译：《马克思恩格斯选集》（第一卷），北京：人民出版社 1995 年版，第 432 页。

在电影中，有两个看似在争锋的声音组成电影的情感线索：马浩汉讲述自己内心世界中对一切事物的根深蒂固的冷漠和怀疑，同时表达强烈的正义感冲动；江河努力用憨厚、单纯和文艺腔证明这个社会是可以被善良征服的。马浩汉从一出场就有一种莫名其妙的怒气冲冲，毫不犹豫地炸掉自己的房子、怀疑一切的语气口吻和不断强调自己被损害的历史，显得老气横秋江湖味十足；而江河则被刻意地塑造为忧郁敏感、内心脆弱温情而外表迟钝顽固的精神圣象，仿佛一个苦修的智者。有趣的是，我们偏偏在冷漠的马浩汉身上看到了希望社会变得更好的热情，却在江河那里感受到绝望。简单说，当韩寒在讲述关于世界的纯真善良的时刻，就会流露出落寞和自嘲；而当他用不信任的态度来对待世界的时候，就会呈现出自信和温暖。

于是，当《后会无期》用两个文艺腔十足的青年人来表达这个世界应该是好的还是坏的的时候，我们发现，事实上韩寒根本对于这个世界如何变好毫无兴趣，而是以这种“辩论”作为组织诙谐段子、串联山川风光和伪造意义感的手段。马浩汉在处处表达愤怒，怨气冲天；江河则像一个忧郁病人一样目光呆滞，波澜不惊地接受各种糟糕的处境。

这是一个有能力调侃，却没有能力讲述中国故事的人制造出来的电影，一场算得上优秀的“叛逆秀”：韩寒敏感地捕捉住了人们内心深处的怒气勃发，却也像每个人一样不知道何以如此与怎样不如此。

在电影中，一方面，马浩汉两人在努力做充满意义的事情：驱车穿越中国（用苦修式的旅行创生价值的崇高）、守候并勇敢追求未曾谋面的爱情（用倔强偏执的痴情来创生情感的纯朴）、（和他人一起）奋不顾身地救助“妓女”（用惊世骇俗的激情创生道德的优越）；另一方面，电影又把两个人的意义感的寻求变成一个荒诞的笑话，从而令两人像堂吉诃德一样充满愤怒又不知何故：“价值的崇高”在车子被偷以后变成了价值茫然的怒气勃发，“情感的纯朴”经由想象中爱人的解密立刻转换为无奈和沉重，而“道德的优越”在“妓女”被亲人领回后一脚踏空。

事实上，韩寒试图通过这种寻求意义而不得的方式来引发反思，却无法突破他一向通过“叛逆秀”才能获得市场的捆绑规则，于是，电影就变成了两个“逗逼”痴心妄想地做出种种抵抗社会丛林法则和市侩意识的壮举，却只有表现得像小丑一样憨傻无趣才会让观众们感兴趣。

江河曾经尝试用“温水煮青蛙”的故事来说明青蛙的主动性，认为社会是可以变好的；而马浩汉则痛快地将盖子盖住，说中国真正的现实不是青蛙缺少跳出来的能力，而是缺少跳出来的机会。

在这里，一向扮演体制叛逆者的韩寒也恰如其分地在电影中扮演着“替民众发泄愤怒”的角色。也正是在这里，我们不难发现“韩寒体”文化所具有的共同特点：无论人们具有怎样的复杂生活困境，也统统一股脑地算在“体制压制”这笔账上——作家们抱怨创造力被体制压抑了、导演们抱怨好电影被体制管制了、评论家抱怨批评被体制修正了……在正常抱怨和非理性的狂想之间，中国公共知识分子建构了一种阐释中国社会危机的二元思路：只要不实行美国式的民主，动车就会脱轨、小说就变得无聊；而只要实现这种民主，电视剧立刻好看，火车永远跑在轨道上。于是，除了对“体制”发出抽象的愤怒之外，“韩寒”们将一切问题都归结为体制问题的简单思想却极具号召力；而当愤怒被引导到一个抽象而模糊的对象上的时候，人们就会备感愤怒和压抑却不了解其内在的原因。

由此来看，《后会无期》虽然在类型上属于“公路电影”，却在文化逻辑上属于“微客电影”，即那种在微信和微博用“口香糖”式的思想和意义来喂养的电影。“微客”，也可以叫作“萎客”，这是一群围在微话语周围，靠着“大V”们提供思想营养而激烈地批判社会的人们。“微客”这个词不是讲述微话语传播者的“政治阳痿”，而是说明微话语养育了一种极其挺拔的政治姿态，养育了新型的充满斗争欲望和嘶喊能量的群体，却在这种斗争和嘶喊中萎缩成具有感染力却匮乏政治想象力的“广场议论者”。一方面，他们认为，从微博的鼠标点击到微信的屏幕点击，微话语的思维政治可以简称为“指尖上的政治运动”，并相信用鼠标进行革命的时代已经到来了；另一方面，他们又深深感到这种“鼠标革命”的乏力和乏味，滋生出嘶喊叫嚷的愤怒。在这里，世界从来没有因为手指的运动而发生根本性的变化，鼠标和手机制造出来的东西成了微客们政治意淫的符号——对于自身能力的极端自卑和无原则夸大，养育了微客政治意淫的基本思想模式：在微话语的能指流动中快乐滑动，却很少去复杂理解当下社会的基本问题和深度反思变革社会的力量性质，而单向度理解当下中国社会境遇和困境的思维模式，把人们的思维想象力捆绑在“这个问题其实解决起来很简单，只要……就行了”的图式中。[①] 于是，当中国不能达到“只要……就行”的时候，“愤遭”就诞生了。

韩寒把自己擅长的微博愤怒嫁接到了电影中，《后会无期》也就在一

① 关于“微客”问题请参考周志强：《微话语、微客与“复杂思想”的消解》，《探索与争鸣》，2014 年第 7 期。

连串的故事里面镶嵌了无所作为的作为：一方面是出去闯天下的冲动，另一方面却是软弱无力的行动；在汽油车里加了柴油，除了徒步傻走，没有什么目的和未来。这正是《后会无期》这部电影的内在“寓言”：“大V”们负责创造愤怒，微客们负责愤怒；“大V”们负责提出话题，微客们负责讨论话题；而被打坏的键盘和鼠标记录下的只是这些怒气冲冲而无所作为的人们的心路历程。

所以，《后会无期》的怨恨不是《小时代》里做着发财梦而埋怨富人不仁的小市侩们的怨毒，而是上升到了一定社会阶层，具有了独立经济能力的人们感觉到不能痛痛快快地大声喊叫的愤懑。在这里，愤懑是备感压抑而不知何故的人们所具有的怨恨。如果说《小时代》是城市小市民的精神嘴脸，那么，《后会无期》则是“知识大众”们积累的怨气和郁闷，是吃惯了送来的饭菜而抱怨厨房肮脏的吃客们酒足饭饱之后的街头咆哮；而韩寒连同他的电影所提供的正是这样一桌可以饕餮的叛逆想象大餐。

三、《天注定》的“仇恨困境”

当贾樟柯出现在《后会无期》中的时候，有记者来问我做何解读，我笑答，他们都是以“抵抗体制”作为标签的人，不同的是，贾樟柯的电影专注于底层生活者的精神状况，而韩寒则是城市知识大众的代言者。贾樟柯抬举了韩寒，还是韩寒“装饰”了贾樟柯的大众梦，这也无从考据。问题在于，贾樟柯电影虽然隐含着对底层生活愤怒的表达，却几乎很少见到怒气冲冲。《小武》（1995）呈现出“县城”这个现代中国和古典中国“混杂”状态下“小武们”的偏执、敏感、脆弱和自我物化；《逍遥游》（2002）让两个想有所作为的“混社会的”年轻人在幽会女人时连宾馆洗澡的热水都不懂得使用——想做点啥却啥也做不成，这种看似属于《后会无期》的主题，却在这部电影中因为呈现出底层生活者精神和肉体同时被剥夺和遏制的状况而获得批判性；《三峡好人》（2006）更加干脆利落地把升腾入空的飞船与淡漠麻木的个人对照在一起，不仅表达“巨变中国”的变化，更愿意引导人们去看“巨变中国”和普通人生活的巨变是怎样的不同。贾樟柯几乎不呈现怒气冲冲的场面，却让主人公像怒气冲冲的人们一样执着于“行动”：小武在努力证明自己还有另外的价值、小济设计抢银行来让自己敢于做点啥、韩三明跋山涉水找回当年自己买的“老婆”幺妹……我把韩三明找到幺妹后的对话像诗一样分行排列，意外地发现它竟然成为对十几年来中国社会内在危机的绝妙阐述：

你饿不饿？要不我给你买碗面去。

不饿。我孩子呢？

在南方打工。

这里不就是南方吗？

在东莞。更南的南方。

你现在的老公对你好吗？

不算是老公，跟他跑船，给我口饭吃。

你比以前黑多了。

更老了。

你现在好吗？

不好。

我对你那么好，你都要跑。

那时候很年轻，不懂事。

……

“买碗面”“打工”“南方”“东莞”“给我口饭吃”，这一系列词语组织在一起，立刻呈现出一个疲惫、无奈和劳碌的中国形象。“东莞”“更南的南方”，不仅仅将中国社会的经济不平衡置于当前，也将血汗剥削、卖身卖肉的痛苦置于当前。更值得深思的是，这一段对话发生在被人贩子买卖的“女人”被解救的故事之后，幺妹感叹韩三明这么久不来找她回去，没有比这句话更反讽了：“自己活，还不如被卖出去活。”看起来是幺妹自己赚钱生活，不过是另一种形式的“卖身”（“跟他跑船，给我口饭吃”）。贾樟柯不动声色地将一群走投无路的人呈现在银幕上——这与《后会无期》的出走冲动与不知何处去的茫然形成了鲜明的对照：幺妹是无处容身，马浩汉是出去看看。

显然，在这样的背景下我们理解了《天注定》这部电影的仇恨所呈现出的困境：如果说此前贾樟柯表述的是走投无路的人们的活的状态，《天注定》则是更清晰地将底层社会的宿命呈现给我们：这是一种走投无路的死的注定。

“天注定”除了仇恨，大海、小玉、三儿、小辉无处可去；但是，“天注定”他们只有一次愤怒的机会，他们因为惨痛的代价而愤怒，又注定因愤怒而付出更惨痛的代价。他们不得不愤怒，因为走投无路，又因此走上绝路。

他们没有机会对闺蜜反复怒气冲冲，也没有机会充满愤怒而不间断地沿路寻找意义——《小时代》和《后会无期》的怨恨，对于贾樟柯电影中的人们来说无比奢侈。《天注定》呈现了当下人们不愿意承认却不得不面对的“底层暴力规则”：如果你们在毫不客气地掠夺，我们就只有流血拼命。

《天注定》的四个故事由此成为中国社会内在危机的四则真实性的“寓言”：资源劫掠的不公平最终演变为毫不留情的阶层对立（大海复仇），乡村衰败的后果勾连着枪杀别人的快感（三儿抢劫），恣意妄为霸占资本的人呈现出对普通人的蔑视（小玉自卫），永无出头之日的“奋斗”造就一个社会的精神忧郁症（小辉自杀）。

如果一个社会的基本生存逻辑乃是建立在冒用发展的名义疯狂掠夺利润的基础上，那么，这个社会的底层规则就会用绝望来反抗。非理性的资本商战与非理性的底层暴力乃是资本机制的一币之两面。显然，《天注定》既不是恨不能生为贵人的怨毒，也不是精神困兽的愤懑，而是没有活路的仇恨。《小时代》要活得好，《后会无期》要活得有尊严，而《天注定》只是要能一般性地活，像最普通的人一样活。

事实上，《天注定》也在讲述关于“尊严”的故事：大海像一匹马一样被人打，他就从被主人打骂的畜生那里看到了自己；三儿所谓的杀人的快感可以给这个乡村里面的渺小人物带来掌控这个世界的主体感；小玉在一个卖身的地方拒绝卖身，宁以死相拼；而小辉既没有能力“养”友情也没有能力“养”爱情。没有比这部电影更“残忍”地让观众去面对“残忍”了：在一个傻乐主义“横行”、“看见血就骂暴力”的时代，《天注定》更多地将一个社会危机的极端形式呈现给我们。

不妨说，《天注定》是这样一部电影：它在《小时代》所建构起来的辉煌景观、《后会无期》的精致怨怼里面，呈现出一个社会的千疮百孔。或者简单点说，《天注定》这部电影启示我们，十几年来我们的城市、景区、道路和豪华的私人住宅越来越整饬，而有一些人的生活却因此支离破碎。

四、怨恨与无力愤怒的年代

无论在上文中我怎样使用过“愤怒”这个词，但是，也有必要将“愤怒”和“怨恨”区分开。

相对来说，“愤怒”是一种有序的、理性化的情绪，它有可能导向无序，但是，却是为了建立更新更完整的规范，是对不合理的秩序和规范的强烈对抗的前奏。而“怨恨”是一种压抑性的妥协，是对不合理的秩序和规范的柔性妥协；或者说，它是对丧失了基本规范和准则的社会的一种消极反应。

米尔斯曾经这样说："当人们珍视某些价值而尚未感到它们受到威胁时，他们会体会到幸福；而当他们感到所珍视的价值确实被威胁时，他们便产生危机感——或是成为个人困扰，或是成为公众论题。如果所有这些价值似乎都受到了威胁，他们会感到恐慌，感到厄运当头。但是，如果人们不知道他们珍视什么价值，也未感到什么威胁，这就是一种漠然的状态，如果对所有价值皆如此，则他们将变得麻木不仁。又如果，最终，他们不知什么是其珍视的价值，但却仍明显地觉察到威胁，那就是一种不安、焦虑的体验，如其具有相当的总体性，则会导致完全难以言明的心神不安。"① 事实上，正是这种集体性的"心神不安"才铸就了这三部电影的怨毒情结、愤懑冲动和仇恨困境。

有趣的是，这三部电影的三种"怨恨"所具有的共同特点就是：恨而不得其所。《小时代》纠缠于对友谊和爱情的忠诚问题，《后会无期》困窘于一个铁桶一样的机制问题，而《天注定》则呈现走投无路的时刻将怒吼烧向身边人的吊诡情景。三部电影都没有能力思考怨恨背后所具有的主导性的经济和政治规则的混乱、偏狭与自私，也就是说，他们都没有从一个社会的总体现实层面上理解怨恨的发生和状态。而在这样的时代，我们只能遭遇"怨恨"：人们不知道哪里出错了，就只好就近攻击，发泄愤怒；而不可能遭遇"愤怒"：一种深刻反思这个社会危机解除的根本性机制的集体情绪。

在新中国成立后很长一段时间内，人们珍视社会主义的理念和价值，处在幸福体验的狂想中；到了 20 世纪八九十年代，"一无所有"的茫然和"明天会更好"的想象，既是危机感的表达，又是克服危机的信心流露；而到了今天，人们陷入的境地正是既没有可值得珍视的价值，也没有什么价值可以被威胁，"眼一闭不睁，一辈子就过去了"这句表述将这种失范的内心危机阐述无疑。按照这样的逻辑，我们可以说，这三部电影呈现了这个社会隐藏的巨大的怨恨情绪，却不知道何以如此和怎样去做。所以，

① ［美］米尔斯著，陈强、张永强译：《社会学的想象力》，北京：生活·读书·新知三联书店 2005 年版，第 9～10 页。米尔斯区分了"论题"和"困扰"，在他看来，"困扰"仅仅是个人生活的偶然遭遇，而"论题"则是"困扰"达到了一定基数之后，成为牵连到社会基本制度的各种困境，并因此备受公众关注的话题。

从这三部电影中，我们可以看到这一个时代的焦虑和冷漠："我们的时代是焦虑与淡漠的时代，但尚未以合适的方式表述明确，以使理性和感受力发挥作用。人们往往只是感到处于困境，有说不清楚的焦虑，却不知用——根据价值和威胁来定义的——困扰来形容它；人们往往只是沮丧地觉得似乎一切都有点不对劲，但不能把它表达为明确的论题。"①

易怒、傻乐、呆滞、冷漠、多疑和迷信，中国当前的社会病归根到底都与这种无所珍视又无所威胁的失范状况紧密相关。这种名之为无名焦虑症的东西，也就不仅仅是贫困的弱势的底层人的专属病症，竟然也为富豪大款所共享。

赵灵敏在分析中美贫富分化不同的社会心态的时候说："美国人之所以对贫富差距比较坦然，首先是因为美国人崇尚自由竞争，坚信每个人应该为自己负责。这种精神已经渗透到美国人的基因里去了，他们不会把自己的不幸怪罪到别人头上，因此普遍不赞成通过税收等强制手段来缩小贫富差距；更重要的是，美国富人的发家史基本上是清白的。1916 年，最富有的美国人只有五分之一的收入来自于工作报酬，2004 年这个数字上升到五分之三。近 10 年来美国涌现的互联网新贵，比如盖茨、扎克伯格等，都在极短的时间里积累了天文数字般的财富，但因为是靠自己的技术和创意赚钱，其中并没有什么见不得人的东西，因此大家也都心服口服。"②

这段话说出了一个值得我们反思的道理：如果一个社会财富赚取和分配的方式是公平的、磊落的，就会培养一种平和而稳定的社会心态；反之，如果一个社会充满了私通模式的掠取财富的手段，这个社会中的弱势者心态自然就会不平和；教育公平带来的社会规则也会被打破——底层的人会因为对凭借良好教育而上升的渠道被堵死而丧失遵守规则的信心。有趣的是，财富的获得者也会因为钱来得莫名其妙而自然陷入迷茫和偏执，他们会将财富的获得看作是冥冥之中的力量的后果。

这种特殊的经济和政治规则构造了这个时代的"怨恨"。十几年来，中国社会资本资源和政治权力的媾和采取了一种隐匿性的"私通机制"：这种机制的特点在于，它一方面确立了一套完整的社会发展的总体规划，

---

① ［美］米尔斯著，陈强、张永强译：《社会学的想象力》，北京：生活·读书·新知三联书店 2005 年版，第 9 ~ 10 页。

② 赵灵敏：《中国的贫富差距何以居高不下?》，联合早报网，http：//www. zaobao. com/forum/views/opinion/story20140113 - 298950。

另一方面却在这个规划的缝隙里隐含着对权力的寻求保护；一方面是高楼大厦的繁荣和辉煌，另一方面则是土地财政的圈钱规则；一方面在鼓吹医疗市场化、养老社会化，另一方面则是看不起病无从养老……当大多数人不知道如何获得上升的机会，也不知道如何遵守基本的生活规则的时候，怨恨就不由自主地发生了。[①]

失范的时代规则的私通造就了这个社会各种奇形怪状又内在联系的病症。焦虑、易怒、傻乐、狂躁、冷漠——这些负面的情绪理所当然是失范的时代的直接后果。在一次与被捕的地沟油生产者的对话中，我听到他这样讲述自己的盘算："我寻思只要嘱咐我的亲戚朋友别吃我这个牌子的油不就完了吗?"我却怎么也无法让他明白：如果一个社会存在权钱勾结的暴富规则，人们就会敢于破坏一切秩序化生产和薄利多销的规则。简单地说，有机会腐败的上层人士可以用简单的办法获利，没有机会腐败的底层人士就会用简单的办法骗钱。没有比这样的经济潜规则更可怕的生活危机：你造了地沟油获利，别人就会模仿着生产毒胶囊得益；你让别人吃地沟油，于是，你就有可能吃到毒胶囊。

在这里，"怨恨电影"作为当前中国社会危机的一种寓言性症候，曲折而不情愿地言说了权钱私通、资本扫掠的时代里面的精神规则的毁坏、破碎和堕落。怨恨之于电影，并非电影之主题；而电影之于怨恨，却是怨恨之表露。城市小市民、知识大众和乡村农民，中国社会的三大阶层，从底层到中层，都处在这种失范的经济规则的蹂躏和玩弄之中，丧失了寻求合理性愤怒的能力，只能怨气冲天。

愤怒建立在合理的解释与不合理的现实规则之间的矛盾基础上，怨恨建立在根本没有合理性的规则理想却倍感压抑的时代。一个充满了怨恨的时代，也就是一个拒绝愤怒的时代，一个不知道如何阐释当下和走向未来的时代。

作者简介：周志强，南开大学文学院教授、博士生导师。

---

① 周志强：《失范时代的"私通逻辑"》，《人民论坛》，2014 年 9 月（上）。

暴力文化批判切忌简单化

——从禁播《水浒》提案的争议谈起

贺玉高

2014 年 3 月 5 日，《中国经营报》发布微博报道，称“政协委员李海滨认为：《水浒》这样的电视剧应该禁播，战争题材的电视剧要有所控制，这些都和暴力相关。《水浒》是旧时代的名著，与我们的时代不适应”。此言一出，引起巨大的社会反响，其中压倒性的是反对的声音。有人反问，禁了《水浒》我们的社会就会和谐了吗？有人说，《水浒》是中国古典四大文学名著之一，经过了时间的考验，代表着中华民族优秀的传统文化，其思想高度和价值取向为大多数人所认同，如果按当今价值标准生硬禁播或批评《水浒》，四大名著岂不全都在禁止之列？有人指出，《水浒》中虽有暴力，但主要表达了农民阶级改善自身境遇的要求、对自由与公平的追求，以暴力为由禁播《水浒》实际上是不准革命。有人从艺术角度指出，暴力描写对于《水浒》的艺术效果非常重要，如果砍去暴力，这部作品如去肉之骨，毫无美感。还有很多人对于用“禁播”这种简单的行政化方式来处理文化问题非常不满，认为这体现了以暴制暴的暴力维稳思维。一时间，李委员的声音完全被讨伐声淹没了，似乎他的提案没有任何合理性。

然而，当前大众文化中暴力文化泛滥无疑是一个现实存在的问题。世界各国政府和文化界都在认真思考并努力解决这个问题，我国学者对此的批评之声也从来没有断过。面对这样一个真实的问题，一个政协委员提出一个解决或改善的建议却引来各方的反对，这是很奇怪的事情。是李海滨委员完全错了，还是说压倒性的反对意见只是一些网络乌合之众的情绪化反应？如果是后者，那么这些情绪来自哪里？笔者认为这个事件以非常戏剧化的方式反映了目前我们在对待暴力文化问题上思想的混乱与分歧，值得认真分析。本文试图从这个事件出发，摆脱情绪化的对立，详细、理性地审视正反双方的意见，借此反思当代大众文化批评，特别是暴力文化批评中的简单化倾向，为促进当前中国大众文化价值观的健康发展提供一些参考。

一、暴力文化是否会让现实更暴力

很多人都质疑：禁播就能保持稳定？比如，有人质疑李海滨委员“将维稳、暴力（现实中的暴力与不稳定因素——引者注）归咎于一部古典小说，真有一种痴人说梦的感觉……如李委员所说，难道禁了《水浒》，不播放战争片、暴力片，我们的社会就和谐一片吗？他发声的出发点其实就是认为百姓、人民都是白痴，给他们灌输什么他们就接受什么，他们是没有思想的，不放存在暴力的《水浒》，只放一些莺歌燕舞，他们就老老实实地和谐了。真是天大的笑话。这简直和封建社会的愚民思想没什么区别”①。

实际上，就报道的情况来看，李海滨委员从来没有说过“禁播就能保持社会稳定”这样的话，也没有将现实中的暴力全归咎于一部古典小说。即使委员真的说过禁播《水浒》有利于社会稳定，那么也不能从这句话推出，只要禁播《水浒》就能保持社会稳定。禁播可能只是一个有利于促进稳定的因素，而不是保持稳定的充分或者必要条件。显然，批评者在有意无意中曲解了李海滨委员的意思。后来我发现“维稳”这个词也是被人强加上去的，在报道中根本就没有出现过这个字眼。这无疑是一种很情绪化的表现。

但这种情绪背后似乎有广泛的民意基础。凤凰网在其网站发起的调查显示，对于“政协委员称《水浒》有暴力倾向、与时代不符，应该禁播，你如何看”这个问题，绝大多数的网友（90.67%）都认为很荒唐，《水浒》是经典名著，与社会风气无直接关系。在“你认为影视剧是否会助长暴力事件发生”的问题中，70.29%的网友认为“观众能区分剧情与现实，不会轻易被剧情左右”；只有24.14%的网友认为“影视剧有引导和教化功能，部分观众会学习模仿”。②

那么这种相当普遍的情绪是怎么来的呢？一个非常重要的原因就是我

① 凤凰博报：《维稳须禁〈水浒〉，委员，您为何总是雷语不断?》，http://blog.ifeng.com/article/32024537.html，2014年3月5日。

② 凤凰娱乐：《［调查］9成反对〈水浒〉禁播言论：能区分剧情与现实水浒传水浒禁播》，http://ent.ifeng.com/a/20140306/40007126_0.shtm，2014年3月6日。

们以前的暴力文化批评中有简单化的倾向，把文化产品中的暴力与现实中的暴力之间的因果关系解释得太过简单。它没有经过真正公平深入的讨论，而是通过反复灌输最终变成了一种僵化的教条；但大众对此教条的质疑却在不断增长，并终于借此机会爆发出来。

任何进行过科学研究的人都知道，要证明因果关系是非常不容易的，需要付出极大的努力，其结论也必然是加上多重限定的复杂表达。而在对待暴力文化与现实暴力的关系时，我们的大众媒体甚至学术期刊都太急于站到“正确”的一面，以至于简单化，甚至穿凿附会地处理这一问题。各大正规新闻媒体经常会引用说，据某司法机构统计，有百分之多少的未成年罪犯都曾沉溺网络，或者说有百分之多少的未成年人犯罪与暴力色情网络游戏直接相关。或者引用某个个案，说某青少年上网没钱，又受网络游戏影响，就去抢劫、杀人或强奸。每年每月都会有无数这种类型的报道，每个报道都直接指出或强烈暗示，暴力或色情的影视、网络游戏导致了青少年包括成人的犯罪。这类报道的简单化在于，只指出了玩某些特定内容的游戏或观看某种影像与犯罪有先后关系，但没有排除其他因素的作用。最根本的是没有排除那些既影响到孩子沉溺网络游戏，也影响到孩子犯罪的因素，而这些因素有时是非常明显的。从那些引用的个案我们也可以看到，大部分孩子或是单亲家庭，或是留守儿童。缺少正常家庭生活和监护可以导致沉溺网络游戏，也可以导致犯罪。但我们在这类报道中却有意地无意地把原因都归结于色情暴力和网络游戏。这些报道的说教目的性太强，直奔主题，忽视了中间环节。而这些环节是人们单凭常识就可以感觉到的。这样一来，反而容易引起公众的怀疑与反感。

实际上相反的意见早已经有人在学理上指出并暗中流传。比如美国斯泰森大学（Stetson University）的心理学家 Ferguson C. J. 就指出：①人类天生有攻击性，大众媒体暴力并非暴力行为的必要条件；②攻击性行为在没有媒体暴力的地方也相当普遍，而且许多接触媒体暴力的人并不表现出攻击性行为，因此，前者不是引起后者的充分条件；③现有研究所得到的媒体暴力影响效果太小，相关程度过低，因此，因果关系难以证明。[①] 亚里士多德的悲剧“净化说”也影响长远而广泛。这种观点认为悲剧中的暴力与死亡可以在观众心中起到一种净化和陶冶的作用。近代的弗洛伊德则

① Ferguson. C. J. “Media violence：Confirmed truth or just another X-file?” *Journal of Forensic Psychology Practice*, 2009（2）.

告诉我们破坏性的死本能正是人类最深刻的本能之一，而被压抑的本能需要适当释放才能保持身心健康。艺术正是一种有效的释放与发泄渠道。研究动物行为的科学家康拉德·劳伦兹（Konrad Lorenz，1973 年诺贝尔生理医学奖获奖者之一）指出，攻击是动物在进化过程中形成的本能，通过疏导可以减轻它的破坏性。这些观点很容易让人产生联想，“这样大的一股力量，让我们不得不再次考虑好莱坞影片中的暴力。观众一边吃零食，一边在催眠状态中将本能中的暴力能量释放，之后回家睡觉。这类似大禹治水，疏而不是堵”[①]。还有人指出，香港是世界暴力文化生产中心之一，但香港是世界上治安最好的地区之一。[②] 在这里引用这些意见并非表明我相信暴力文化与暴力行为无关。相反，我相信充满暴力的大众文化环境对接受者，特别是对未成年人的暴力行为有很大的影响。但是我仍然认为这些质疑也是值得重视的，不能对之视而不见。对之视而不见并不会让我们相信的东西变得更有说服力，反倒会让我们的信念变得武断、可疑和脆弱。真理本来就是在反驳各种谬误中变得有说服力的，而变成教条的真理则不再是真理。如果我们要想真的提高公众对暴力文化的现实危害性的认识，我们就必须认真回应和反驳那些质疑。这需要让这些质疑得到充分的讨论，而不是像现在这样在主流媒体中根本没有发声的机会。从这次人们对李委员的反暴力文化提案事件中我们已经明确地看到，过去对于这个问题简单化的处理已经造成了相反的效果。人们的怀疑有很大一部分原因是我们过分偷懒，不愿意更细致深入地去处理反面的意见而固守教条。这需要从事暴力文化批判的人和文化管理者的深思。

就网民们对这个提案事件的反应而言，当然也是非常简单化的。科学固然不能完全确定暴力文化与暴力行为之间的因果关系，但认为二者没有任何因果联系的观点同样也不能被证明。网民们从现实感受出发，认为那么多人看了《水浒》，也没有都变成罪犯。但是这种观点没有注意到的是，暴力文化是以整体的方式影响大众的，某一个暴力文化产品或许对大众没有多大的影响，但当这些暴力文化产品汇集成一个整体，成为社会文化的一种潮流时，它的影响就不可小觑了。一个例子是，我们 20 世纪 80 年代许多反思“文革”小说的主题就是当时的整体暴力文化氛围对青少年的暴

① 阿城：《攻击与人性》，《收获》，1997 年第 6 期。

② 贺玉高：《近年国产电影中暴力场景的价值观研究》，《首都师范大学学报》，2014 年第 1 期。

力行为的直接影响。只要下一点儿功夫，网民们的很多意见与疑问是容易解决的。如果主流媒体在平时就愿意认真了解、回应大众的意见与疑问，在政协委员提出一个反暴力文化的提案时就不大可能受到这样大的情绪反弹与误解。

二、传统经典中的暴力是否具有豁免权

在这个新闻事件中，最重要的看点是《水浒》的身份为中国古典白话小说四大名著之一。如果要禁播的是其他电视剧，或者指责其他文学作品与时代精神不合，都不会像《水浒》这样引起轰动。我们可以明显看到，在反对声音中最响亮、最广泛的质疑是：四大名著怎么能禁？

实际上，从《中国经营报》那篇微博报道中，我们看不到李海滨委员说要禁《水浒传》这本书，而是说某个现代版本的《水浒》电视剧由于太过暴力而应该禁播。尽管在关于禁播的话题中存在误解，但微博最后确实提到"《水浒》是旧时代的名著，与我们时代不适应"，而正是这句话引起了极大的争议，并且把争论的焦点转为：传统经典的一切，包括价值观念，是否都是正面的？

在公开表达反对李海滨的人中间，很多人都认为这个问题的答案无可置疑地是肯定的。有人说："就他认为《水浒》是旧时代的名著与我们这个时代不适应这个观点来看，他就是在割裂我们的历史……割裂历史遗忘历史就意味着背叛。习近平总书记指出：对中国人民和中华民族的优秀文化和光荣历史，要加大正面宣传力度……"① 这里无疑是在说《水浒》即代表着"中华民族的优秀文化"，反对《水浒》就是反对这种优秀文化，背叛自己的历史。有人说："经过几百年时间考验，像《水浒》一类的经典名著能够历久弥新，受到长期尊崇，必然在文学、社会和精神文明建设领域有显著的作用。"② 意思是，《水浒》长期以来都受人尊崇，那么它必然是有正面价值的，并且在当前也是如此。还有人说："中外文学名著之所以历久不衰，不仅是因为这些名著有着较高的艺术水准，还因为这些文

① 凤凰博报：《维稳须禁〈水浒〉，委员，您为何总是雷语不断?》，http：//blog.ifeng.com/article/32024537.html，2014 年 3 月 5 日。

② 《暴力题材?〈水浒〉躺着也中枪》，共识网，http：//www.21ccom.net/articles/dlpl/szpl/2014/0306/article_101815.html，2014 年 3 月 6 日。

学作品所反映的思想高度、价值取向为大多数人所认同。”① 这意味着，所有的文学名著的艺术价值与思想道德价值都是统一的。总而言之，这些人的看法有一个共同之处，那就是《水浒》是名著，代表着民族文化与历史，代表着艺术与道德的正面价值，因而批评《水浒》是不对的。

这里的问题本质上是如何对待传统文化的问题。它并不是一个很难的或很新的理论问题，而是一个中国进入现代以来就一直在讨论，并且在原则上已经有定论的问题。从“五四”时期的全面批判传统文化，到20世纪30年代的“拿来主义”，再到毛泽东的“取其精华，去其糟粕”，恐怕很少有人敢说传统文化所包含的全是正确的东西。事实上在反对李海滨的人中，很多人认为，传统的必然就是好的；《水浒》是传统优秀文化，意味着它在各个方面都是好的，没有任何可以批评的地方；作为文学名著，它在思想道德价值观方面也必然是正确的。我想这些观点明显是缺乏分析的，因而是绝对化和简单化的。传统文化中有好的也有坏的。《水浒传》即使能够代表中国优秀传统文化，也不意味着它在任何地方都无可指摘。传统文学名著的头衔只能保证其文学价值，并不能保证其思想道德价值。“少不读《水浒》，老不读《三国》”，从暴力和道德方面批评《水浒传》古已有之。如果说传统，这种批评的声音也代表了传统，甚至是更加“正统”的传统。“五四”以来更有很多人增加了法制维度的批评，而这是中国文化现代化转型中很必要的反思活动。为什么到现在还有人认为《水浒》是老虎屁股摸不得？以为它是传统经典就具有免于受到批评的特权？

实际上，传统文化的继承问题是个世界性问题。20世纪下半叶以来，在欧美大学校园和社会上掀起一次次关于欧洲文学经典的攻防大战，欧洲的文学经典饱受批评与质疑。比如，《荷马史诗》中英雄间的战争，按现在的标准只不过是地中海劫匪由于分赃不均引起的争执。其中，女人们像商品一样被转来转去，战争受到热烈赞颂，英雄主人公冲动而幼稚等等，都不是今天的价值观所能接受的。同样，其他的经典也有这样或那样的问题。因此，经典的组成书单和其中的价值观念在美国受到女性主义研究视角、少数族裔研究视角和阶级研究视角的全面质疑，有些声音还相当过激。但是这些争论的结果却是积极的。攻守双方重新确认了经典重要性的共识，认为经典“帮助我们塑造和评判个人价值与社会价值（阿尔铁里）……是那

---

① 张卫斌：《〈水浒〉触动了李海滨哪一根神经？》，http：//news. sina. com. cn/o/2014－03－07/000429642572. shtm，2014年3月6日。

些参与文化生活的人的共同知识的一部分（杜威·佛马克）……是我们关于我们共有的文化的备忘录（盖茨）”[①]。双方还认为，只有通过争论才能使经典与读者的当下现实生活发生密切联系，使它们真正存活于当代。

这里我们看到了经典的一个特征，所谓经典就是在历史的长河中能够经受反复地重新阐释与评论的文本。它的一大功能正是能够为不同时代、不同群体的人们提供一个评论与交流的平台。而反观这次关于《水浒》的争论，那些以其经典地位为据反对李海滨批评的人，观念确实是太过保守了。如果传统经典不容置疑，那么它们为什么好的原因也会被忘掉，只能变成一座座僵死的被供奉起来的神像了。批评、反思《水浒》中的暴力并不会毁掉这部经典，而恰恰能让它与我们的现实生活发生联系，让它活在当代，发挥文化交流平台的作用。

三、暴力文化中价值观的复杂性

在批评李海滨委员的人中，不少人指出《水浒传》里的暴力属于“正义的暴力”。有人说《水浒传》的主旨是官逼民反，农民反抗压迫，努力改变自身历史境遇，甚至体现了中华民族对自由和公平的向往与追求，这是符合我们的主流价值观的。因此《水浒传》被批为暴力题材的作品，是无辜的，“躺着也中枪”。[②] 有人指出，如果说《水浒传》因暴力情节而与时代不符，那么中国的革命战争题材是不是也不符？[③]

这些严肃的质疑声音涉及“正义的暴力”这个重要的概念。我们看到在世界各国表现暴力的电影中，有很大一部分都表现了他们心目中的“正义的暴力”的观念。其中，反抗压迫、捍卫尊严，保护自己、家人、朋友和无辜者的权利免遭非法侵害是比较共通的正面价值。在这种情况下，暴力不但被认为是必要的、正义的，而且因为通常伴随着危险而被当作最崇高的道德表现。美国西部片中的牛仔、中国武侠片中的侠客无不因承载了这些正面价值而被观众当作英雄来崇拜。电影中的这些观念古来已有。如中国儒家文化中讲求“舍生取义”，西方中世纪的贵族文化也认为保卫荣誉而死战是极为高尚的道德。西方从黑格尔到柯耶夫再到福山的现代自由

---

① 阎景娟：《文学经典论争在美国》，北京：社会科学文献出版社 2010 年版，第 190 页。

② 《暴力题材？〈水浒〉躺着也中枪》，共识网，http：//www. 21ccom. net/articles/dlpl/szpl/2014/0306/article_101815. html，2014 年 3 月 6 日。

③ 《政协委员：为维稳应该禁播〈水浒〉》，网易娱乐，http：//ent. 163. com/14/0306/07/9MKV3OHV00031GVS. html，2014 年 3 月 5 日。

主义意识形态中，为追求他人对自己意志的认可而进行的拼死战斗被当作历史进步的根本动力。马克思主义则认为物质利益对立的经济集团（阶级）之间进行的斗争，包括暴力斗争，是推动历史发展的动力。对他们而言，如果从根本上放弃一切暴力无异于剥夺人类参与创造历史的主体资格。世界上大部分文化中都存在这种对“正义暴力”的赞美。即使那些对暴力持批判态度的人，多数也认为某些暴力是合理、必要和正义的。比如阿伦特在其批判暴力的著名文章中指出，“没人会对自卫中使用暴力提出疑问”，“在某些特定条件下，不由分说，不计后果的暴力是唯一讨回公道的可能。在这个意义上，愤怒和暴力都属于人类的‘自然’情感，把它们从人类身上消除的严重后果不亚于使人丧失人性、丧失气概”。① 从这个角度来看，《水浒》中的许多暴力行为确实都带有辩护者所声称的“反抗压迫”“追求自由公平”等种种正义性。

那么，李海滨委员的批评是否因此就全无道理了呢？事实情况要复杂得多。如果我们评价暴力文化的主要依据是其承载的价值，那么我们会遇到种种困难。首先，如果暴力冲突双方利益、立场不同，那么同一种暴力行为会得到不同的评价。第一次世界大战，交战各方都把己方的暴力描述成正义，而把对方的暴力描述成不义。那么这些暴力行为到底是正义的还是不义的这个问题最后只好靠武力来解决了。其次，不同时代也有不同的道德观念。还以“一战”为例，当时多数民众和知识分子都陷入民族主义的狂热中，觉得他们自己国家的暴力行为是有充分道德依据的。但以今天较为普遍的看法来看，“一战”时交战各方的暴力行为恐怕都不怎么道德。而历史上民众以道德名义杀死对手的事情是不胜枚举的。

有人也许会说，现在我们国家已经确立了清晰、明确的社会主义价值观体系，并且也不必理会其他国家的看法，而大众文化就是要大力弘扬、培育社会主义核心价值观，因此，我们中国的大众文化价值建设问题可以抛开以上的担心。然而，即使这种说法成立，文化产品本身的复杂性与人性的复杂性也使大众文化中的暴力价值观问题面临一个难题，那就是作品的表面含义与潜在含义的矛盾与冲突问题。中国古代的色情小说都会在开头处说“万恶淫为先”，最后一页说“报应不爽”，但是小说的绝大部分内

① ［美］汉娜·阿伦特：《关于暴力的思考》，［英］以塞亚·伯林、苏珊·桑塔格等著，高宏译：《一个战时的审美主义者：〈纽约书评〉论文选》，北京：新世界出版社2004年版，第60～61页。

容正是赤裸裸的色情描写。当下的官场小说名为反腐，实际上说是“权谋指南”也不为过。涉及暴力的影视也存在同样的情况。笔者曾经组织调查了2002—2011年每年国产电影票房前十名的电影中对暴力的表现，发现在94部电影中（有6部电影跨年放映且都为票房前十名），有暴力场景的电影有84部，占近九成（89.3%）。这些电影共有暴力场景749个，平均每部电影有8.9个暴力场景，平均场景时长约3分钟（186秒），十年来暴力场景总长度约38个小时（136 385秒）。其中高强度的暴力场景有161个，占全部暴力场景数的21.5%。所有电影598个主要人物中，有严重暴力倾向的人有247个，占全部主要人物的41.3%。[①] 这些数据说明我们的国产电影确实存在暴力泛滥的问题，但是当我试图对这种暴力表现进行道德价值观方面的反思时却遇到了困难。在暴力程度最高的24部电影中，有15部电影的暴力场景体现的是极其正面的价值观念。特别是在一些香港导演所拍摄的警匪片中，最血腥的暴力往往出现在警察与罪犯之间的殊死搏斗中。比如2007年叶伟信所导演的《导火线》中，最血腥的场景是男一号正面人物警察马军在已经制服了凶残的罪犯虎哥后，无法抑制心头的愤怒用拳头将虎哥活活打死在大街上。如果从电影所表现的暴力背后的价值观来讲，我们似乎很难对警察的行为做出批评。那个罪犯确实是十恶不赦，他刚刚射杀了一个女警，并且在逃跑的过程中抓一个无辜的小姑娘做人质，还残忍地摔死了小姑娘。而在此之前，他还曾杀死系列证人，凶残地砍掉别人的手。通过这样的情节设计和铺垫，电影实际上是高度肯定警察的暴力行为的，绝大部分的观众都会高度认同这种行为。但是我不得不说，这真的非常血腥，实实在在是在渲染暴力。与此相似的香港导演的影片还有《双雄》《新警察故事》《男儿本色》《十月围城》《新少林寺》《叶问》等。大陆导演的作品《让子弹飞》《南京！南京！》《金陵十三钗》《风声》等影片也都存在类似问题：其中的暴力场景或者为了揭露坏人的暴行，或者为了追求正义，但是却表现得过分血腥、刺激。比如《风声》是一部主旋律的谍战片，反映的是中共抗日地下工作者的机智、勇敢与牺牲精神以及日伪特务的凶残。但是影片的暴力场景在血腥、刺激方面非常突出，除了敌人对我方人员实施各种酷刑，还包括日本军官把叉子叉到了另一名军官的脸上，伪军司令用皮带把自己的机要秘书活活打死在浴盆里的场景。如果我们用电影的价值观正确与否来分析它，似乎又有点儿不知

---

① 贺玉高：《近年国产电影中暴力场景的价值观研究》，《首都师范大学学报》，2014年第1期。

如何说起了。难道说影片的价值观正确了，或者说暴力行为的目的是追求正义，我们就可以没有限制地渲染暴力？实际上，由于我国执行较为严格的电影审查制度，在表层的价值观方面不够健康的影片不太可能生产出来并公映。但是，渲染血腥、暴力的影片仍然能通过披着主流价值观的外衣大摇大摆地走向文化市场。以2002—2011年每年国产电影票房前十名中含有暴力场景的84部影片为例，单个地看，每部影片的价值观都很正面，但整体地看问题就出来了：在所有主要人物中，实施暴力的人一共有355个，其中正面人物有237人（占66.8%），反面人物104人（占29.2%）。在有严重暴力倾向的247人当中，反面人物有95人，而正面人物有112人。这意味着，电影中好人与坏人至少同样多地使用暴力。与此相应，在这84部包含暴力场景的电影中，协商、妥协等替代暴力的途径在解决矛盾冲突中的作用受到较低评价，其中，毫无作用的有45部，占53.6%，有辅助作用的有24部，占28.6%，有重要作用的只有15部，占17.9%。[①] 大众文化是整体地起作用的，这些数据也许能够说明，已经通过国家严格审查的大众文化产品在整体地面对暴力问题时传达着一种怎样的价值信息。

很多人都注意到影视作品中"打着反对暴力的旗号渲染暴力"的情况，比如有人批评张艺谋的《英雄》只是"为杀人铺张一些理由"[②]。受到这种批评的不只是电影，有人批评金庸武侠小说中存在着中国旧小说的一个通病，"那就是以道德的名义杀人，在弘法的幌子下诲淫诲盗……最不能忍受的是给他们的暴行戴上大帽子，好像私刑杀人这种事也有正义非正义之分，为了正义哪怕血流成河"[③]。

作品含义的复杂性来源于人性的复杂。弗洛伊德的精神分析学说早已指出，人类的意识只是其心理内容的一小部分，那些不被社会伦理所认可的心理内容被压抑到无意识层面。但是，意识实际上是被无意识所暗中操控的。强大的本能力量总是想要从人们意识的边缘地带溜出来。赤裸裸的暴力与性都难以被社会伦理所接受，它们只能通过扭曲变形，以能够被社会伦理所接受的形式进入到意识层面。我们在上述暴力影片中所看到的主流价值观与暴力的结合正是通过这种方式运作的。

---

① 贺玉高：《近年国产电影中暴力场景的价值观研究》，《首都师范大学学报》，2014年第1期。

② 任不寐：《〈英雄〉，为杀人铺张些理由》，朱大可、张闳：《21世纪中国文化地图》（第二卷），桂林：广西师范大学出版社2004年版，第100页。

③ 王朔：《随笔集》，昆明：云南人民出版社2004年版，第138页。

弗洛伊德还告诉我们，人格也是由多层构成的，包括超我、自我、本我。超我属于人格中的理想层面，它遵循着崇高的道德原则；本我是被压抑的无意识本能，它遵循着快乐原则；而自我则遵循现实的、趋利避害的理性原则。自我处在超我与本我之间，努力维持着超我与本我之间的微妙平衡：如果超我过分强大，压抑人的欲望，人就可能产生心理疾病，而如果本我不受约束，则人会失去理性走向犯罪。用这种人格理论来看待人类社会对待暴力的三种不同价值观将会是非常有启发性的。①有一些绝对的和平主义者认为所有的暴力都是恶，不存在“正义的暴力”。传说释迦牟尼、耶稣及其虔诚的信徒都宣扬这种观点。这种看法作为一种崇高的道德理想是不易反驳的：暴力本身是恶的，即使作为实现正义的手段是一种必要的恶，但也并不能改变其恶的本性，人类的争端应该通过和平对话的方式来解决。但能始终严格持有这种信念的人并不多，即便是现代以来的所谓“和平主义者”中，那些自始至终无条件完全反对和放弃暴力的人也极为罕见。②与绝对和平主义者相反，还有一些人赞美所有的暴力。这是一种极端反社会的疯狂的观念，只存在于浪漫主义美学观念影响下的极少数先锋文艺作品中。③历史上绝大多数的人都属于有条件支持，即结合相关的其他价值观念，根据不同的情况支持或反对暴力。如果把人类看作一个整体，我们大概可以把第一种态度看成是人类群体心理中的超我，把第二种态度是人类群体心理中的本我，把第三种态度看成是人类群体心理中的自我。完全按照超我理想反对一切暴力的人很少，因为人们在现实中很难完全按照理想去生活；完全放弃理性拥抱所有暴力的人几乎没有，因为它是反社会的，只能像本我一样被压抑在无意识层面；结合其他价值观念有条件支持或反对暴力的人是最多的，因为现实中人类的生存如同人格中的自我层面一样，不得不主要依靠趋利避害的现实原则。

大众文化的价值观必须适应现实中大多数人的价值观，因此在现阶段要求大众文化完全不表现暴力（包括正面的表现和反面的表现）可能是不现实的。即使在那些宣扬非暴力宗教较为悠久的社会中，其大众文艺中仍然存在大量的暴力。我们从好莱坞和宝莱坞的大量影片中都可以看到暴力与主流价值观的完美结合。在这种情况下，李海滨委员抽象地反对所有暴力文化表现的主张自然显得很激进，它遭到大家的反对是一点儿也不令人惊奇的。但是，我们不得不看到事情的另一面。反对一切形式的暴力应通过协商、对话和共同发展来解决人类冲突，这种观念作为理想是成立的，并且还很重要。就如同超我是对本我和自我的一种限制与平衡一样，这种理想是对现有道德价值观念的一种非常必要的补充与平衡。有了它我们才能有反思现有价值观的可能，我们的道德观念才有强化的可能。我们的大众文化要适应大众的价值观，同时，引导大众的价值观念走向更加和谐、文明、法治、友善的局面也是时代赋予大众文化的重要责任。从上文所指出的中国高票房电影中所存在的暴力问题可以看出，从这种理想的立场来反思大众文化中的暴力问题是很有必要的。如果我们以为有了道德的名义，就可以放松警惕，肆意表现暴力，则很容易超过必要的尺度变成原始残忍本能的发泄。当前，这已经成为一种现实的危险。由此我们认为，李海滨委员反对暴力影视剧的提议是有合理性的，简单地以现有某些价值观为由来排斥它的理想性无疑也是片面的。

邓小平指出当代世界局势的主题是和平与发展，中共十八大所提出的社会主义核心价值观中也包括“和谐”“文明”“法治”“友善”等表述，这表明我们在当前国家文化战略层面中，是持反对暴力的立场的。李海滨委员提出一个减少影视暴力题材的提议就遭到大众的极大责难，而主流意见本应支持他的声音，但却几乎一点儿也听不见，这难道是正常的吗？文化管理指导机构需要认真、深入反思造成当前这种舆论局面的原因，反思我们对暴力的态度与立场，这样才可能坚持正确的舆论导向。

当前大众文化中的绝大部分暴力表现都是披着大众认可的价值观外衣进行的，我们的文艺批评家也需要超越这种以“正义”或“非正义”来评判文化中的暴力表现的批评思路，避免被大众文化中表层的价值所误导。他们要想真正起到对知识分子的批判和对大众的引导作用，就不能被大众文化的表层价值牵着鼻子走，而是要跳出来，看到人性的复杂性和文化产品的复杂性，警惕那些披着道德外衣发泄残忍本能的东西。另外，知识分子理所应当具有一些超越性的价值观，并用这些价值观引导或影响大众文化，使它向更健康的方向发展。

除了人文理想，更加专业化的知识也必不可少。当代文化的主流是大众文化，而大众文化的世俗性质使它很难避免涉及暴力和色情等元素，这使得我们不能以非暴力理想为由全盘否定大众文化中所有的暴力表现。现实要求我们以更专业的眼光对这种文化表达加以分析。比如一些电影专业学者早就注意到完全去除暴力元素是不现实的，而真正的问题是如何处理暴力的内容：“电影对暴力的表现方式——是强化了暴力的恐怖和惊悚，还是消解了暴力的血腥和残酷，便成为我们判断一部影片艺术品位的重要尺度，也是衡量影片精神境界的重要标准。”① 影视中暴力的强度问题也是个很专业的问题，并不是说表现杀人就比伤人更血腥，或者说杀人越多越血腥，而是要看暴力是如何被表现的。电影中完整暴力场景的表现包括三个阶段。第一，发起阶段，比如一个人举起枪；第二，接触点，比如子弹接触到身体并造成伤害，或者刀子砍到了身上；第三，后果，比如被打的人浑身是血，或者是躺在地上大声呻吟，或者直接一捂胸口，倒地而死。但电影为了各种目的，往往省略其中的某一个或两个阶段。这三个阶段中最血腥刺激的是接触点。因此，不以渲染暴力为目的的电影往往会省略掉这个阶段，而有意渲染暴力的场景往往会故意突出这个阶段。我们看到一些武打片中的主人公一刀砍死一群人，但其血腥刺激程度远远不如《阳光灿烂的日子》中完整表现一块砖头拍到头上，血又慢慢流到脸上的场景。其原因正在于这个场景细致地表现了暴力接触点。我国 20 世纪 80 年代以前的绝大多数革命战争题材影片并不让观众觉得血腥，其关键正在于对暴力场景的表现省略或虚化了接触点。另外，暴力的表现风格也至关重要。在表现暴力的时候，那些舞蹈化的、浪漫写意化的、打闹搞笑的、玄幻的暴力场景由于采取了陌生化的表现方式，往往弱化了血腥味和暴力的程度。而纪实风格的暴力更容易把观众带入场景，使他们产生强烈的移情体验和刺激。最刺激的暴力场景往往是那些能够准确契合大众价值观的、纪实风格的暴力场景，其强烈而分明的价值取向让人们在观影时更倾向于认同冲突一方的立场，从而在观看时情感更加投入。

专业而细致的分析往往会提供更具体和实际的看法。如果暴力作为大众文化的娱乐元素在现阶段还不能完全避免，如果电影的“暴力美学”在对暴力进行审美化处理的时候，同时也弱化了暴力场景的刺激，我们能说它是一无是处的吗？仅仅高高在上地把大众文化中的暴力一棍子打死的做法，并不能真正进入对象本身，也不能真正地影响和改变大众文化。大众文化批评不能超越历史与现实，抽象地批判大众文化的暴力表达，而应该在深入对象的基础上，因势利导地影响对象。这要求批评家要更注意人性与作品的复杂性，并更加注意与专业技术型学者的交流与合作。只有这样，我们的大众文化价值观批判才能克服表面化、简单化、抽象化和缺乏操作性的弊病。

---

① 贾磊磊：《暴力，作为电影的“文化原罪”》，汪献平：《暴力电影：表达与意义·序言》，北京：中国传媒大学出版社 2008 年版，第 1 ~ 2 页。

四、暴力还是艺术：大众文艺作品的价值观判定难题

在反对李海滨提案并为《水浒》辩护的声音中有一种是从艺术效果方面来说的，认为“若砍去所谓的‘暴力场面’，整部作品就如去肉之骨，毫无美感”①。这种说法实际上代表了在现实中影响很大的、强调艺术价值至上的一派人的看法。在他们看来，艺术有独立于科学与伦理的价值。也就是说，作家可以创作完全没有道德感的作品，而且并不影响其艺术价值。这种看法实际上提出了这样一个问题：我们应该把道德价值观批评运用到作为艺术的大众文化上吗？

中国自古以来的主流文艺观都把文艺当作道德和政治教化的载体，认为“诗言志”“文以载道”，而且无论是“志”还是“道”都是指符合儒家伦理道德的“志”和“道”。这种文学观根本不会承认一个违反道德的艺术品的艺术价值。近代以来，西学东渐，康德的哲学—美学思想极大地影响了王国维、胡适、鲁迅等人，使他们在中国掀起了较强的非政教/道德化文学思潮。一百多年来，文艺的政教/道德化与非政教/道德化思潮此起彼伏，一直是文艺界争论的重要议题。

文艺相对于道德与科学的独立价值的最权威阐释来源于康德。康德为了在科学功利支配一切的时代防止人沦为手段与工具，就把道德、美学从功利性的科学中剥离出来。他认为，超越实用功利的自由意志，以及人类对特定形式的超功利的情感反应都是人性的核心因素。艺术审美在这中间有两方面的作用。其一，艺术能够培养人的超越性的自由意志，因而它实际上是一条通向道德的路径；其二，超越功利的艺术体现了一种人文理想，即自由、自主的个体才是真正的人。因此，我们从这里可以看出，康德的审美观本来就不是反道德的，而是要以非道德的形式达到真正道德的目的。中国“五四”时期的情况也是如此。鲁迅等人提倡文艺的非道德化，是为了摆脱儒家传统的政教文艺观，强调以人为本和个体的自由发展。因此，他们的非道德化实际上是在宣扬传统道德之外的另一种道德。因此，我们说，无论是康德还是中国“五四”时期的文艺独立价值论者，实际上都不是反对文学的道德性，而是要求文艺不能直接以说教的方式，而要以一种独特的方式来实现道德。因为他们对文艺辩护的合法性实际上

---

① 《暴力题材？〈水浒〉躺着也中枪》，共识网，http：//www.21ccom.net/articles/dlpl/szpl/2014/0306/article_101815.html，2014年3月6日。

都来自于对道德和完满人性的追求，所以从根本上说，文艺可以，也应该有道德评价的一个维度，不能以审美独立性为借口来反对道德评价。因此，不能仅仅因为暴力在作品风格方面具有价值就把暴力表现完全合理化了。

另外，康德区分了纯粹美和依存美，他认为前者只是一些抽象的线条与形式，大部分的艺术只能归于依存美。然而，梁实秋却认为美在文学里面根本不占重要地位。① 既然文学中并不全是审美的，其中还有许多理性与道德的内容存在，那么它就更不能逃避道德的评价了。文学如此，当代的影视等大众文艺更是如此。在当前的后现代大众文化时代，商业化运作的大众文化受到那么多的经济、权力的介入，外部的、伦理的批评更加具有理由。再退一步来说，即使艺术作品有不谈道德甚至反道德的权利，读者和批评者也同样拥有道德评价的权利。因此，对大众文艺我们完全可以理直气壮地进行伦理批评，对其中宣扬与发泄暴力的倾向进行抵制。

在解决了"应该不应该"这个问题之后，还有一个可能性的问题。也就是说，把道德价值观批评运用到作为艺术的大众文化上是可能或可行的吗？应该说，在绝大部分大众文化中进行价值观批评都是可能的。因为大众文化相对于传统的严肃文化，一般而言是通俗的，道德含义是直接的、明白易懂的。但是在某些地方也确实存在一些特殊的困难。除了上文我们所提到的表层含义与深层含义之间可能存在的断裂之外，还有两种困难。第一，一些现代形式的文艺作品在形式上的新奇与复杂使其道德含义含混难明。比如一些小说经常使用多声部、双重反讽或多重反讽，并且真实作者、隐含作者、叙事者、叙事视角之间存在多重错位，使作品的道德观念不那么明朗。比如王朔的"痞子"系列就存在着这样的争论。有人说，这些作品几乎没有批判地描写了道德低下的痞子，因此作品是道德低下的。但也有人说，作者是在使用双重反讽，在利用痞子讽刺某些虚伪的道德的同时，也在讽刺"北京侃爷的劣习"②。鲁迅的《孔乙己》也是一个经常被提到的例子。文中精心设置的叙事者常使单纯的读者迷惑于鲁迅的真实态度。在某种程度上，越是有艺术价值的作品，其作者越是避免在其中直接地表现自我的观念与道德激情。第二，从更深层讲，一些现代文艺在内容和精神气质方面，受到近代以来从西方传来的浪漫主义、虚无主义、反

① 梁实秋：《梁实秋论文学》，台北：时报文化出版事业有限公司1978年版，第446页。

② 朱大可：《流氓的盛宴：当代中国的流氓叙事》，北京：新星出版社2006年版，第234页。

理性主义思潮的影响，在作品中充斥一种怀疑一切道德价值的情绪，转而只相信本能与直觉。作为对资本主义现代性所造成的恶果的批判，这种情绪有其非常合理的一面，它指示人们看到社会和人性所出现的问题。但是，它对这些问题的处理方式是情绪化的。在这中间，反道德的暴力与对现代社会压迫的抵抗混合在一起。提出问题的有效性与解决问题的方法的破坏性混在一起。以上这两个困难较多地体现于精英、小众的文艺作品之中，只占大众文化的极小部分。但在精英文化与大众文化合流的时代潮流中，它仍提醒我们在批判大众文化中包括暴力表现在内的不良内容的时候，要注意深入细致地区分表层与深层、艺术价值与道德价值、合理性与片面性之间的复杂关系，才能做到全面准确，方法得当。

五、结语

从这次禁播《水浒》的提案所引起的争议中，我们发现当前大众对大众文化中的暴力表现问题存在着许多片面的见解，而主流话语界也并未对此进行有效回应。实际上，这些片面见解的存在与我们批评界长期的简单化思维方式是相关的。这种思维方式缺少对现实思想观念的回应，经常站在对象的外部照本宣科地进行批评，而这是不能真正完成对大众文化价值观进行引领的任务的。在此葛兰西的文化领导权理论给予我们很好的启示作用：一个观念只有在社会空间中被充分协商、讨论，最后被当作共识来接受的时候，它才真正获得了文化领导权地位。只有认真研究当前现实中的文化状况和人们的思想状况，并对它们做出认真、充分的回应，这样才能切实地引领文化的方向。如果这些问题得不到解决，我们的暴力文化批判，乃至整个大众文化的价值观批判，就得不到有效深入。

最后，李海滨委员的“禁播”提案本身也并非没有问题。本来是一个世界范围内都存在的约束暴力文化的问题，在这里变成了一个通过行政手段进行解决的简单问题。无怪乎人们对此提案进行了非常情绪化的解读，把他的原话扭曲成了“为维稳应禁《水浒》”。文化价值观的引导需要更多细致而复杂的工作，岂是简单粗暴的禁止就能解决的。

作者简介：贺玉高，文学博士，郑州大学文学院副教授。

都市生活剧的叙事伦理和价值观分析

袁文丽

1990 年，电视剧《渴望》作为内地首部标准的都市生活剧，造就了万人空巷的收视奇迹。自此，《牵手》《中国式离婚》《空镜子》等国产都市生活剧在收视和口碑方面不断收获佳绩，特别是近年来，都市生活剧的高生产与高收视相得益彰，形成了与偶像剧、古装剧、谍战剧平分秋色的势头。都市生活剧以城市为故事发生发展的背景，展现和勾勒出社会变迁发展中生活在城市的人们的生活形态、思维方式及价值观念，紧扣时代的潮流和脉搏，立足于家庭、婚姻、经济等生活的方方面面，时时处处都展示出了和现实千丝万缕的联系。较之于古装剧和涉案剧，都市生活剧更容易与观众产生强烈的情感共鸣，形成当下的社会话题。较之于偶像剧，都市生活剧更贴近生活，关注民生，注重家庭伦理关系的展示，具有现实内涵。总而言之，都市生活剧显现出平民化、生活化、接地气的现实主义风格。

都市生活剧的产生与发展并不是一蹴而就的，作为流行的电视题材之一，它与时代思潮、社会发展、审美风尚有着密不可分的联系。都市生活剧在全国引起很大反响，不仅获得大众百姓的青睐，而且深受专家（精英知识分子）和官方（主流意识形态）的认可，我们可从一年一度的“金鹰奖”（反映大众意愿）和“飞天奖”（体现专家、官方观点）的获奖作品中找到确切的注脚，其中《牵手》《激情燃烧的岁月》《空镜子》《媳妇的美好时代》《我的青春谁做主》《老大的幸福》《金婚》《中国式离婚》等都市生活剧在中国电视剧荧幕上大放光彩，故事的内容和时代背景因题材和主题的不同而呈现千姿百态的人生境遇和悲欢离合。就整体价值倾向而言，这一类型的电视剧继承和开拓的仍是中国传统的审美文化和主流价值观，表现出巨大的精神感召力和实践指导意义。

一、都市、家庭、人伦：都市生活剧的表征与文化实践

纵观都市生活剧，我们可以触摸到其中的基本框架形式和元素。其以现代都市为故事发生发展的大环境、大背景，以家庭为叙事的元单位，借助一个或几个家庭在一定时间段内的变迁、交集、冲突来折射、反映一定的伦理主题和时代特征，因而，都市、家庭、人伦成了现代都市生活剧的表象符号和叙事元素，三者互相交织、互相涵纳，共同建构和编织着电视剧的题材、情节和主题，与都市生活剧这一类型电视剧的生产、传播、文化实践意义息息相关。

近代社会的现代性加速了日常生活的都市化过程，越来越多的平民集中到由现代文化控制的大都市中生活，越来越多的人的日常生活在大都市结构中度过。近代社会的都市化从根本上改变了人的日常生活方式及其意义。都市题材剧的兴起与新时期中国经济的迅猛发展、城市化进程日益加速的社会大环境有着密切的关联。一方面，随着城市化进程越来越快，人们越来越多地卷入到城市中，人们的个人经验越来越受到城市的锻造，对于城市本身的兴趣就会越来越强烈。[①] 另一方面，"都市"成了电视剧叙事的重要镜像符号和叙事元素。高楼、大厦、购物广场、车水马龙的街道、闪烁诡秘的霓虹灯、随处可见的广告牌，以及那快节奏、高压力的生活工作方式和变动复杂的人际关系等，都成了现代"都市"的重要意象和表征，也是都市生活剧叙事的表象材料和核心线索。电视剧艺术通过对都市家庭生活的镜像反映、模拟和表现，呈现了社会转型及城市变迁发展当中的人们的思想价值观念、人情人伦、生活方式的诸种变化和情态。

"家"对中国人来说，不仅仅是一个可供容身的住所，而且是承载了血脉亲情、人伦道德、心灵港湾等重要意义的"复合体"。从古至今，对"家"和"团圆"的渴望一直主导着中国人的内心世界和人生追求，无论是传统的"乡土社会"还是深受西方文明和文化冲击的"现代社会"，安居乐业、家和万事兴和家国同构一体的思想一直是中国社会中的主流思想和价值取向。正是在此意义和逻辑语境下，"家"成了中华民族文学艺术中的重要"母题"，自然也成了影视艺术中的重要叙事单元和表象符号。而"家庭主题"在电视剧文本中的表现方式和处理方式也隐含着社会价值观念的嬗变。当代都市生活剧对家庭题材的处理表现为两类文化取向：其

① 汪民安、陈永国等主编：《城市文化读本》，北京：北京大学出版社2008年版，第2页。

一，以家为本位表现社会，把家庭当作抵御社会压力、人生压力的情感支撑和道德依靠的关照视角，如2010年的《老大的幸福》、2011年的《养父》《幸福来敲门》等剧作；其二，以个体为本表现家庭的新视角，如2011年的《夏妍的秋天》《男人帮》《裸婚时代》《双城生活》等，表现个体如何在家庭中相互尊重、相互沟通、相互理解，表达现代都市家庭之中人与人的关系的新的价值观。这些电视剧同时也为走向现代化的中国呈现了如何解决家庭、个人与社会、公众之间关系的人际问题的新思考。

在另一个层面上，由于中国传统农耕型社会的文化特色，也由于几千年来在儒家传统思想主导的中国社会中，家庭是中国传统伦理的基础，不仅建构着中国传统社会的基本结构，而且隐含着中国伦理精神的文化结构和价值取向，所以，自从家庭在人类社会出现以来，社会发展的每次变革都必然波及和反映到家庭成员及其关系的变化当中，比较典型的如《家》（巴金）、《活着》（余华）、《白鹿原》（陈忠实）等作品，因此家庭也成为我国文学艺术叙事表意的中心载体和映照风土人情的审美明镜，有关伦理道德的叙述也成为极富东方民族特色的美学传统。①

在都市生活剧中，家庭伦理叙事成为传达传统文化和价值观念的重要叙事载体，从而使该类型电视剧被赋予了传播正能量、贴近主旋律、寓教于乐的社会意义和价值。透过看似琐碎的家长里短，剧作往往呈现出转型期新旧不同文化和价值观的碰撞，只是这种碰撞已不是激进的存亡之争，而更多地增加了温情脉脉的同情和理解。诸如《蜗居》中海藻的沉沦和其整个人生悲剧，正是面对社会不可承受之重，年轻人出现情理偏差而付出沉重的代价的一个缩影；《AA制生活》中的年轻男女主角，在追求自由、个性、独立、自我的现代文化环境中成长，当两者建构的现代“小家庭”要面对传统“大家庭”所负载的义务和责任时，表现出强烈的价值冲突和不适应性。《裸婚时代》展现了当代都市婚龄男女被现实和物质所困的婚恋问题。《新结婚时代》则描写了新时代都市人中间出现的婚姻问题，折射了在现代化进程当中城乡差异导致的一系列关于社会和家庭、人际冲突等现实问题。整体而言，都市生活剧之所以能受到当代观众的高度关注，从价值取向的角度来看，是因为都市生活剧贴近生活，贴近民众，代表社会主流价值观。它将主旋律的思想意蕴以亲情化、人伦化、生活化的方式

---

① 董玢：《我国家庭生活题材电视剧的叙事特点和文化蕴含研究》，山东师范大学硕士学位论文，2010年。

表达出来，给人以一种无法抗拒的亲和力和认同感。诸如《新结婚时代》中顾小西和何建国最后破镜重圆的结局设置虽然有些牵强，但从深层次上隐射着编导和中国观众对城乡二元对立的圆满弥合的一种渴望和祈愿，这也是符合中国主流意识形态对和谐家庭、和谐社会的价值诉求的。

二、“转弯处的困惑”：二元结构叙事中的价值冲突

有一个非常明显的现象，也是一个特别值得关注的问题——自2009年的《蜗居》在全国引起热播和热议高潮，国产生活剧正迈着“年轻化”的步伐并走得越来越快。透过比较大的视频网站（诸如优酷、爱奇艺等）的视频点击排名，我们可以看到近几年都市青年生活剧在产量和点播上占据着核心位置。如2011年的《蚁族的奋斗》《家的N次方》《三十而嫁》《双城生活》，2012年的《小夫妻时代》《AA制生活》《裸婚时代》《北京青年》《北京爱情故事》《夫妻那些事》等。虽然并不能排除诸如《中国式离婚》《金婚》《结婚十年》《老大的幸福》等以反映中老年人生活、情感的作品也取得了好的收视效果和反响，但是青年生活剧日益成为都市生活剧的主流题材是一个不容置疑的趋势和事实。尹鸿教授也多次撰文指出电视剧年轻化将越来越成为自觉，青年人与电视剧的关系更加紧密。[①] 这关系到很多方面的因由，如都市剧本身的“都市”特质、“都市文化”与“大众文化”及“青年”的镜像符号关系、都市剧的收视对象主要是青年群体，以及青年人在社会转型期对21世纪社会发展的重要意义和重要表象等。

而有的研究者认为中国电视剧已进入“话题时代”。话题时代的电视剧更应紧贴现实，感受时代气息和脉搏，折射社会生活的变化，揭示并引出大众对潜于“历史地表”的各类问题及“话题”的关注和思考。21世纪以来的中国恰处在历史变迁、转型发展的关键时期，整个时代的社会思潮、生活方式、价值观念都发生了翻天覆地的变化，当代中国的社会文明和文化处于新旧之交以及传统与现代的碰撞、冲突、融合甚至重新整合的局面。这充分反映在影视剧的创作上，尤其都市生活剧以都市文化为焦点，以都市普通人及其日常生活的琐碎叙事为对象，更突显了人们在精神追求、价值观念、文化生活、思想道德等方面的二元对立状态。其中，以青年人的婚姻、人生、事业、家庭为主要内容的都市生活剧常集中于二元结构的元素中展开叙事：比如代际冲突、性别冲突、家庭与事业、个体与

---

① 尹鸿、杨慧：《2012年中国电视剧备忘》，《电视研究》，2013年第4期。

社会、理想与现实、传统与现代、婆婆与媳妇、城市与乡村、物质与精神等二元结构元素。在各种矛盾冲突的对立发展、交织与碰撞当中，故事发展高潮迭起，人物形象和人物关系也更有张力、更立体丰满。

西方文化研究学者认为电视神话往往企图解决社会矛盾。凯尔纳也认为，电视能否受到各种社会群体的欢迎，核心问题是它是否存在着矛盾。在多元文化的冲突与碰撞中，现代人的价值观与人生观呈现出不断调整、改进、反思和确认的过程。特别是作为“迷惘一代”的年轻人，他们的思想、性格、行为特征具有更大的未定性、可塑性，甚至叛逆性，他们处于社会边缘的亚文化特性使得他们的人生轨迹更能突显时代的变化、社会矛盾和价值冲突等。笔者主要以《夫妻那些事》与《裸婚时代》为典型个案进行具体讨论。

改革开放的洪流、市场经济大潮，以及全球化、信息化浪潮，使中国青年的思想观念和社会价值观发生了巨大变化，物质与消费、信息与网络、都市文明与全球化构成了这代人成长与发展的社会结构变化的重要变量。《夫妻那些事》（下文简称为《夫妻》）反映了都市年轻人在快节奏、高压力、竞争激烈的都市生存中所面对的生育、个人事业与家庭问题之间的矛盾和纠葛。故事一开场就出现了“代际冲突”的叙述。故事的主角林君夫妇本是典型的“丁克”家庭，特别是林君作为新时代的高级白领都市女性，一直把个人发展、独立自由、高品质的生活追求摆在生命的“重心”，视“生育孩子”为人生事业的绊脚石。这种时尚前卫的生活方式具有明显的消费文化的时代特征和价值观“西化”的双重色彩，与中国传统的“孝道理义”观念构成了强烈的颠覆和冲击。因此，林君与以公婆为代表的老一辈产生了冲突和斗争。诸如唐母的“亲自督战”或“偷偷下药”、唐父临终时深切的遗憾和恳求、孤苦一生的范叔的忠告和“以身示范”，都与小夫妻的“丁克”生活方式和价值观念形成了反差。

“男女性别冲突”也是该剧叙事和表现的重点。其中以林君为首的女性与唐鹏等男性展开了情商和心智的较量，真实地呈现了男女两性由于性别、心理和思维的差异，导致了两者在生活中产生了难以避免的争执、隔膜和分歧。电视剧在“婚姻问题”的叙述中亦采取了多向度互文交织的结构叙事手法，将男女关系立体地放置在不同模式的关系场域中：理想的“男女平等”型（林君夫妇），前卫的“女强男弱”型（那依夫妇），传统的“男强女弱”型（安娜夫妇）。在多条线索平行而又交叉的互文叙事中，电视剧文本通过叙述相互关联而又迥然有别的婚姻生活——那依遭遇“被离婚”、安娜遭遇“被抛弃”，只有林君与唐鹏能在风雨中相互守护，无不显示出创作者对两性地位的辩证思考和对夫妻间秉持平等与尊重的现代婚姻观念的呼唤与肯定，同时也代表着主流社会所提倡的平等尊重的人际关系诉求。

剧中在男女地位的叙述处理上有了不同程度的翻转，不管是对工作、事业的追求，抑或是对待爱情、家庭、生育等重要问题，现代女性们都起着一定的支配或主导作用，即便是处于压迫附庸地位的安娜，到最后女性意识觉醒后的出走、大胆抗争与坚强自立等，都张扬了现代都市女性独立自主、自立自强、勇于自我追逐的时代气质。纵览同类型的其他电视剧的女性角色，诸如何琪、蔡娟（《AA 制生活》），童佳倩、陈娇娇（《裸婚时代》），戴可可、叶莹（《小夫妻时代》）等，无不具有同样的气质特征，女性的性格更具张力，且地位更加突出，男性反而弱化，或干脆呈现出女性化的倾向。在某种程度上，这是电视剧文本对男权封建社会的一种否定或颠覆，对新型现代女性形象的一种倡导和营构。

另一热播剧《裸婚时代》在理性与现实、物质与精神、父母与子女、男性与女性、传统与现代等多重结构元素中，交错推动故事的逻辑发展。在大都市出生、成长的“80 后”刘易阳与童佳倩，这对情侣简单、纯粹、理想的婚姻爱情观一出场就遭遇了双方父母物质、现实的婚姻观的抵制与冲突。在“奉子成婚”的中国特色文化的影响下，两代人两个家庭才最终妥协，刘易阳与童佳倩“裸婚”成功。“裸婚”最初的浪漫、美好在残酷的现实面前却是不堪一击。因为“裸婚”，因为一无所有，在面对当今大都市高房价、低收入、高消费的窘境生活时，这对小夫妻面对生活的压力和挫败、情感的失落和冷漠、个人的理想和现实的冲突，在结婚不到一年后就经历了“闪离”。电视文本借童佳倩的母亲之口批判道：“你今天结婚，明天生孩子，后天离婚”，“想结就结，想离就离”；其母亲认为他们冷漠自私、冲动随性、自以为是，因而气愤地说其是“垮掉的一代”“不负责任的一代”。

《裸婚时代》体现了两代人在婚姻观、价值观和生活方式方面的碰撞、摩擦和冲突。年轻主人公开放大胆，更注重自我情感的追求，向往精神和个性的自由随性，追求物质和享乐，家庭观念和意识淡薄；而父母更注重稳定、踏实、客观实在的生活，注重婚姻的承诺性、责任性以及生活的坚忍性。这是两代人在对待婚姻和生活方式方面的根本差异，而这也正是“裸婚”之后遭遇“闪离”的根结所在，当然也是现代都市文明带来的一种矛盾的冲击。这类电视剧中体现的“青春期症候”也为青年一代的生活现实和精神现实提供了一面反思的镜子。

总之，都市生活剧的编导们通过对“都市”进行的意味深长的时空“凝视”，描绘出现代人生活于其中的“震惊”、紧张不安、矛盾焦虑的城市经验，表现出它的变动性、不稳定性、快速而多向发展性以及时空结构的多样性。电视剧架构于二元矛盾中展开叙述，归功到底，展现了现代社会发展与个体主体性发展的二元模式之间最根本的矛盾张力，同时通过对传统伦理道德的继承和批判，以传统的美德指引现实生活，折射出一定的文化实践意义。

三、偏离、整合与变奏：伦理精神的守望与新追求

电视剧创作者要创造出感动人心的作品，必须要有自己坚定的价值立场和明确的价值观，而且，“一个冲突的深度和广度达到人生体验的极限的故事，必须遵循以下的模式来进展；这一模式必须包括相反价值、矛盾价值和否定之否定价值”，且电视剧是“话语和价值观的对话场地”，是“趣味、社会理想的抵触与妥协的公共交往领域”。[①] 电视剧的创作就是要通过话题的设计，透过电视剧中的人物和故事，创造出一个多种价值观冲撞和对话的场地，而观众也自然而然地加入这场价值观的对话当中。通过碰撞和对话，寻找全社会共同的价值观，找到社会的“最大公约数”，那就是一种“人同此心，心同此理的基本的共同的人类价值观”。

以青年为主人公的当代都市生活剧，在故事、题材、人物、结构、主题的处理上有着类型化、仪式化的特征。男女主角都青春靓丽、个性独立、自我开放。他们都有着自己的人生理想和现代追求，必然与父辈的传统观念产生很大的争议和分歧。在优越的环境、父母的宠爱中成长的他们常常在现实中，特别是在现代都市高压力、快节奏、高消费的生活之流中，暴露出其潜在的缺点：自私、懦弱、冲动、沉迷于感官享受与物质追求。在个体与社会、理想与现实的角逐中，他们的思想观念呈现出都市的“现代性”特征——“过渡、短暂和偶然性”（波德莱尔语），且烙上了消费主义文化的符号表征——追求短暂即时性，突出个体的感官欲望。

青年作为社会变革的“晴雨表”，他们的思想行为、价值观念的演变从侧面反映了整个社会的变革。对于都市年轻时尚的青年族群，他们的生活方式以相对充裕的物质财富和足够的文化资本为基础，精神层面就更加注重个性与自由。而他们所追求的个性与自由体现在生活方式的选择之

---

① 郝建：《中国电视剧文化研究与类型研究》，北京：中国电影出版社2008年版，第31页。

中，也构成对主流道德规范，特别是对儒家伦理精神的反叛。诸如林君在剧首表现出的“丁克”观念，那依由于对现状的不满足、不甘心而“私自堕胎”，与中国人伦理观念中的“孝道理义”构成了强烈冲突。又如童佳倩“裸婚”、生小孩不到一年就“闪离”，表姐娇娇把结婚对象当成可消费的“商品”（《裸婚时代》），海藻在欲望中沉沦并自甘堕落为“小三”（《蜗居》），何琪的AA制生活的提议（《AA制生活》）等，都表现出一定程度上的价值观西化，出现冷漠自私、个人至上、物质主义的取向，与中国注重人情伦理的朴实和厚重形成反差。从社会结构观察，青年位于成人社会结构边缘，在其成长过程中，青年常以偏离主流文化价值观的姿态努力表现其存在，以引起社会关注。同时，青年人受西方思想价值观念、流行时尚文化、消费文化的影响颇深。消费文化的世俗性带来的是追求无深度、平面化的快感体验，摒弃对深度意义、终极价值、理性崇高的追求，而把个人的感官刺激与欲望追逐扩张到极致。正如波德里亚所言：“现代商品社会不断鼓励甚至强迫人们超越或逾越他们的需要……人们被说服要消费多于他们真正需要的东西，这是现代社会大多数——如果不是全部苦难的原因。”[①] 林君、那依、佳倩、娇娇、何琪、海藻等别样的现代都市女性都体现出现代人不同程度的对房子、车子、票子等欲望的追逐和渴求，人物内心处于极度不安之中，人被物所奴役、异化，或者为了攫取金钱不择手段。这是这个消费时代、异化社会的现代性都市烙在年轻人心灵中无法磨灭的印迹。

然而，电视剧文本却表现出一种张力美学，通过似是而非的“叛逆”，以貌似“反伦理”的形式表现出对伦理的回归和守望。都市年轻人虽在生活形式上表现出欧化与西化的倾向，但思想情感、伦理追求在心灵深处却还是“民族化”的，现代中国人身上仍然有着难以割舍的文化之根的血脉相承性，传统伦理道德中的美德从古至今一直是主导文化所倡导的价值观念。在社会矛盾冲突中逐渐成长、经历挫折和变化的年轻人，其在深层次的思想价值观的诉求上，在回归冷静和理性之后，逐渐表现出对中国伦理之“家”的回归。剧中的许多现代女性，诸如何琪（《AA制生活》），戴可可、叶莹（《小夫妻时代》），林君、那依（《夫妻那些事》），童佳倩（《裸婚时代》）等都经历了典型个人主义思潮下的自由、享乐、“不生孩

① ［芬］尤卡·格罗瑙著，向建华译：《趣味社会学》，南京：南京大学出版社2002年版，第84页。

子”到生发出对“家”的重新认识和重视：意识到温情、包容、责任和奉献等才是支撑中国家庭的核心要义。特别是《夫妻那些事》中林君由坚定的“丁克”一族，逆转为为了生孩子赴汤蹈火的强烈反差，更突显出中国人骨子里对伦理血脉之情的强烈认同。而《裸婚时代》中以似是而非的命题——因为物质基础的匮乏，因为缺乏计划、基础和准备，导致了婚姻关系的转瞬即碎。但实质上，在今天这种物质主义至上的商品经济年代里，童佳倩和刘易阳以爱情为基础的纯粹的婚姻观才显得尤为可贵，因而编导让他们经历了生活的艰辛、困难、诱惑和动摇之后，重新守护了美好的爱情，回归为一个完整的“家”，“裸婚”最终成了一个反话题。

从青年文化观察，不断演变的青年价值观总是不断孕育着未来新文化的因子，总是实际地、潜移默化地冲击、反哺和作用于社会主流文化结构。父母所代表的老一辈的观念在与孩子的抗争与妥协中也悄然发生改变。比如童母在经历了女儿的婚姻变故后，在与女儿进行一系列的“战争”而未果后，在歇斯底里、绝望、抗争与痛苦后，最终回归平静，平和地接受了这一切；童佳倩婚后的“柳暗花明”（杜毅的追求和刘易阳的默默坚守）又让她重新了看到了女儿的希望，使她突然悟道似的发出由衷的感叹：“孩子的事千万别管，就让他们自己做主。”童母的话里充满着生活智慧：所谓儿孙自有儿孙福，成长于现代社会的年轻人自有其生存之道，他们奉行独立自由，追求个性，再多的干预和强求只是适得其反。老一辈在某种程度上可放开并尊重儿女们的意愿，并相信他们的选择。这表现了一种新型的平等、尊重、对话与交往的代际关系和人际交往理论的尝试性构建。同时，现代人所奉行的独立自由、个性追求、平等尊重等价值观念亦将逐步发展成为新的时代主流诉求。正如青年文化研究者杨雄所指出的，在近20年来的社会转型发展当中，青年在接受社会文化和价值观影响的同时，也在不断地挑战主流文化及其价值观，创造其新的文化和价值观。因此，主流价值观被青年所认同与接受的同时，也将更多地吸纳青年价值观中具有活性的成分，从而使社会主流意识因为得到青年文化的反哺而走向年轻。①

作者简介：袁文丽，广东金融学院财经传媒系副教授。

---

① 杨雄：《主题与变奏：基于对20年来中国青年价值观演变的结构分析》，《当代青年研究》，2012年第1期。

浅析当下电视娱乐节目的价值特征

宋音希

进入新时期以来，伴随经济的腾飞发展，中国的电视机普及率达到了相当高的程度，中国的大众传媒文化也因此得以迅猛发展。时至今日，电视虽然面临着以互联网为平台的新媒体技术的强力冲击，但依然可以称之为大众文化传播的第一媒体。作为重要的文化传播媒介，电视进入中国的“寻常百姓家”，从最初只能收到几个频道的黑白电视，到现今可以悬挂在墙壁上的液晶电视，它的技术在不断地完善，可供选择的频道也多达上百个，电视已经渗透到人们日常生活的方方面面。看电视已经成为人们的生活方式、文化方式、信息方式、娱乐方式或休闲方式。电视就是世界——这句话虽有些夸张或绝对，但它确确实实地表达了电视在当今时代的巨大力量和功能。一切似乎在表明，拒绝电视几乎等于切断了与世界的信道联系，因而离开了电视几乎也就等于远离了世界。总之，无论从何种意义上说，电视已经成为当今时代的最具影响力的大众文化传播方式。

作为一种文化消费行为，看电视不同于一般的产品消费，其中蕴含着文化价值诉求，因而，电视节目的文化内涵及其所传导的价值取向就成为人们重点关注的问题。伴随电视节目内容的日趋丰富以及电视节目的广泛传播和接受，电视文化的价值导向无疑会对整个社会发生广泛而深刻的影响。也就是说，作为一种大众文化传媒，电视节目如何在满足大众娱乐消费的同时承担其自身的文化价值功能，已经成为当今时代的重要文化议题。毫无疑问，电视文化属于大众文化的主要样式，而大众文化从本质上看归属于流行文化。因而，从文化价值功能的角度看，电视节目需要在流行文化与主流文化之间寻求价值诉求的互动融合。

关于流行文化，高宣扬在《流行文化社会学》中是这样阐释的：“流行文化成为当代人类生活中的一种重要社会文化现象，主要表现于它在社会生活中的极度普遍性，以至于可以说它真正地在整个社会中无孔不入，在空间上无所不在，在时间上不仅无时无刻发挥作用，而且也不断重复地发生；不论是专业文化活动，还是政治经济领域以及日常生活，都渗透着它的精神，都可以感受到它的活动气息。”① 显然，电视节目具有流行文化的重要特征，它具有无孔不入的广泛传播性，如一年一度的中央电视台《春节联欢晚会》的收视率经常飙升到90%以上，看春晚几乎成为家家户户欢度春节时必不可少的一种节庆仪式。凭借现代传播技术，电视突破了时间与空间的限制，尤其是克服了同时性、即时性、共时性的电视直播缺陷，实现了全球化跨时区地域的传播效果，不论你在哪里，只要你站在电视荧屏前，便可以随时收看不同频道、不同地区以至于不同国家的电视节目。如今，随着互联网以及无线网络的急速发展，人们可以通过无线通信的方式随时随地收看电视节目。总而言之，随着现代传播技术的迅速发展及广泛运用，电视已经成为当今时代最为重要的流行文化传播方式。

在诸多电视节目类型中，电视综艺节目无疑构成电视流行文化的一个重要内容。电视综艺节目以其娱乐性、艺术性、多样性、灵活性、综合性、混杂性等鲜明的文化特征成为深受大众喜爱的一种电视艺术类型或样式。在此，我们对时下受关注度较高的电视综艺节目做一个整体上的把握，分析其审美文化内涵，进而把握此类电视艺术样式所呈现出的大众流行文化与主流文化价值之间的互动关系。

毋庸讳言，主流价值与流行文艺之间存在着间距甚至鸿沟，人们往往会将其视为两种不同的文化样态，大致上说，主流价值来自于官方的建构、倡导与推广，而流行文艺则源自于大众民间，两者似乎各行其道、互不相关，甚至有时抵牾冲突。主流文化经常为了最大限度地发挥其导范性功能而限制或改造流行文艺，而流行文艺大多与主流价值保持距离，不居“庙堂之高”而身处“江湖之远”，两者之间经常构成某种相互博弈的紧张冲突。然而，这只是问题的一个方面，另一方面，我们也应该看到，两者之间依然存在着交互融合的广阔空间。尤其是在主张对话交流的多元主义时代，人们越来越认识到，不同文化、不同趣味、不同价值之间并不存在非此即彼的选择，“和而不同”“交往对话”才是当代文化所追求的最高境界。无论从历史上看，还是从现实上看，主流与流行、官方与民间、通俗与高雅、娱乐与崇高，绝非水火不容、你死我活的二元对立项，两个对立项之间始终存在着流通交互的广阔空间。这有赖于文化价值正能量的延展

① 高宣扬：《流行文化社会学》，北京：中国人民大学出版社2006年版，第3页。

流动，因为主流的价值导范必须建立在民间大众认同的基础上，以使主流价值获得文化的感召力和凝聚力。主流文化价值观的积极导向作用其实长期都在影响着流行文艺的发展，而流行文艺中富有个性的表达方式、新颖的主题以及丰富的艺术形式等方面，又为主流价值提供了许多可借鉴、可发展的积极因素。因此，两者之间始终存在着互动融合的可能性空间。

然而，这种互动融合并非畅通无阻，而是需要磨合，在博弈与协商中逐渐实现价值的文化认同。这的确是一个重要的文化矛盾，因此，要把握主流价值与娱乐精神相互融合、互相博弈的文化现象，我们必须首先正视这种文化矛盾的存在。电视综艺节目同样展现了这种文化的矛盾性。应该看到，综艺节目鲜明的娱乐性色彩导致其注重娱乐化的倾向，甚至可以说，综艺节目最主要的功能是娱乐大众；但是，过分强调娱乐化而忘记电视所应该承担的社会文化功能势必会导致“娱乐至死”的大众文化悲剧。必须认识到的是，娱乐化绝非电视的唯一功能，它同样应该承担社会的文化功能。当今，消费主义风行社会，众神狂欢、娱乐至死，于是，电视台的收视率诉求与主流价值之间的冲突就会比较集中地表现出来。有的电视娱乐节目忽视教育功能的发挥，放弃主流价值的文化导向，标榜“纯粹娱乐”，这类节目在播出之初还能够通过“玩乐”的特点吸引观众，但播出一段时间之后却很难吸引观众的眼球，可见大众对娱乐节目的诉求不仅仅是欢乐、新奇，同时也注重节目本身的文化价值。真正受欢迎的电视娱乐节目绝不仅仅是为了迎合大众的审美口味，而是在符合大众心理诉求的基础上“寓教于乐”，既愉悦大众，又不失文化价值的诉求。电视综艺节目巧妙地将爱国、敬业、诚信、友善等主流价值观念融入大众喜闻乐见的娱乐形式中，对流行文化中有悖于主流文化价值的观念加以限制和清除，发扬积极因素，以实现大众的文化审美诉求。如江苏卫视近几年热播的节目《非诚勿扰》，就对当下社会中的婚嫁观念进行了反思批判，节目中的核心价值导向是“寻找真正合适你的另一半”，并且对时下注重物质与金钱的嫁娶观进行了批评，崇尚真挚的情感，鼓励同甘共苦、兴趣相投的婚恋理想。《非诚勿扰》播出伊始就受到广大电视观众的欢迎，其节目正确积极的价值导向可谓成功的关键。上述内容为我们理解电视综艺节目的总体趋向提供了基本的视域。在流行文艺与主流文化的交互融合中，时下流行的电视综艺节目的整体审美特性主要表现在以下几个方面：

一、技艺性与崇高性：积极人生的励志精神

主流文化以集聚正能量为旨归，主张积极向上的乐观人生态度，其中，励志精神构成这种积极乐观的人生态度的重要内涵。主流价值在集聚人生正能量的实践中鼓励拼搏奋进的精神。无论对于社会，还是对于个人，树立积极向上、拼搏奋进的励志精神，培养不畏困难、知难而上的意志品质，消除灰暗消极的悲观情绪，都是一种生命境界的提升。将励志精神作为优秀的意志品格以塑造积极进取的世界观和人生观，一直是人类文化价值的一种追求。对励志精神的张扬已经不算是一个新的话题，这种品质一直受到人们的推崇与尊重。中国儒家一贯倡导的“富贵不能淫，贫贱不能移，威武不能屈”的“浩然之气”，体现了传统主流价值的人生境界。今天，我们赋予这种传统价值以崭新的内涵，使之成为现代的主流价值。励志体现在拼搏、勤勉、持之以恒；在生活压力越来越大的现代社会中，这种励志精神鼓舞和激励着越来越多的年轻人，已经逐渐成为带有普世意义的价值观念。励志精神在电视综艺节目中往往以个人的形式呈现，如一个身世普通、经历坎坷，但最后获得成功的“草根”在节目中讲述自身的奋斗历程；或者是在选秀类节目中，一个普通人怀揣梦想，展示技艺，赢得社会的认可和好评。这种励志精神在许多时下的综艺节目中都有体现。

至今为止，湖南卫视的选秀节目已经走过了十年。十年前，电视选秀在中国大陆还是一种崭新的节目类型，但随着《超级女声》《快乐男声》《中国好声音》等歌唱类选秀节目的热播，电视选秀节目不仅推出了一大批娱乐新人，更为重要的是，其文化理念已经对广大受众产生了影响。参加这类选秀节目的选手一般都是年轻人，有的是刚毕业不久的学生，有的是在读的大学生，他们都是怀揣梦想的平凡人。这些人大多没有显赫的家世背景，有的身处社会底层，但他们拥有的是梦想、青春、才华、技艺，他们不甘沉寂，渴望展示，向往成功，希望得到社会的认同和关注。2006年《超级女声》冠军尚雯婕本身是一个法语专业的高材生，没有专业学习音乐的经历，并且长相普通，但凭借着持之以恒的毅力、独特的嗓音、自然的唱功战胜了许多音乐学院毕业的选手，一举夺得冠军。她在记者采访中经常提到，做歌手是她的梦想，为了这个梦想她抓住了每一次机会，一直不曾放弃。

近年来，央视推出的大型选秀节目《我要上春晚》也受到广大电视观众的欢迎与好评。这档选秀节目打破了年龄的界限，从几岁的孩童到头发

花白的老人，只要有一技之长都有机会到舞台上展示，如果获得评委们的一致认可，还有登上春晚舞台的机会。虽然大部分选秀节目都对年龄没有特别的要求，但是往往节目的导向与设置偏向年轻一代，所以基本都是年轻人去参加。《我要上春晚》以更为包容的节目理念容纳各个年龄层的选手，同时，这一做法也为其争取到了各个年龄层的观众。这种形式无疑更加体现了励志的精神——励志并不仅仅是年轻人应该具有的精神，它是没有年龄界限的，实现人生理想任何时候都不晚。

前文中曾提到的《非诚勿扰》，虽然是一档以相亲为主题的电视节目，但在介绍男女嘉宾时，也时常侧重于介绍他们的人生经历，这其中也有不少励志的例子。如在其中一期节目中，有一位从山村走出来的男嘉宾，没有条件接受高等教育，小小年纪便到大城市闯荡，后来通过自己的努力创办工厂、营销店，事业做得很红火，并且参加自学考试，拿到大学文凭。他自身并没有非常高大帅气的外形，但他的经历感动了在场许多女嘉宾，最后成功牵手心仪的女孩。

这种个体励志经历，不论是通过何种方式在电视节目中呈现，它受到推崇的原因都与大众的心理诉求挂钩。其一，个体励志的经历本身就具有感染力，它是一种积极向上的品质，是无论男女老少、无论从事什么职业的人们都需要的一种精神；是主流价值与大众价值取向共同肯定的一种精神。其二，观众在他人励志的经历中看到了自身的影子，这其中或许有类似经历的人，或许有正在奋斗的人，励志的例子让他们看到了自己希望达到的目标，也让他们受到鼓舞与激励，感受到在奋斗的道路上自己并非是孤身一人，而是有许许多多的“草根”都在通过自身的努力希望实现理想。励志精神在电视节目中的呈现十分精准地击中了大众的深层心理，反映出人民最朴实真挚的愿望，并且给予鼓舞的力量。

二、审美性与日常性：幸福生活的和谐图景

早在20世纪三四十年代，西方学者便开始研究媒介理论，电视作为一个重要的媒介被进行了多方位的阐释，其中不乏这样的观点，即电视节目最早的一大功用是国家意识形态的传声筒。这在新闻节目中体现得最为透彻，而且早期的电视综艺节目也有着浓重的主流意识形态痕迹，不论是中国还是西方。诚然，这与国家发展的历史背景息息相关，也是电视媒介发展的一个必经过程。英国学者安德鲁·古德温与加里·惠内尔在《电视的真相》一书中曾这样写道：

斯图尔特·霍尔把新的研究范例描述成对“电视意识形态效应”的关心：意识形态是如何在电视中和通过电视来进行表达的？它是建立在电视传播意念、价值和信念的认识上的。它不仅传播纯属个人观点的个人看法，而且传播特定情境下由社会制作的信息，并从文化角度解释世界运作情况。换言之，它们是解释信念体系的“意识形态”。①

这种阐释突出了电视节目设置的特定性与针对性，强调意识形态对电视的影响。《电视的真相》一书以一种文化研究的视角，为电视“揭秘”，书中许多观点是以反思的视角来看大众电视的发展史的。在特定的历史时期，电视确实有着浓重的意识形态的痕迹，如20世纪六七十年代在电视上播出的样板戏等，那时的媒体不仅仅有电视，更有广播、报刊等，都在传播主流意识形态。然而，从特殊的历史时期走出来后，人们对电视节目的丰富性越来越渴求，单纯传播主流意识形态的节目已经不再受大众的欢迎。如今，人们向往的是平静欢愉的生活，电视节目也随着这样的需要在不断变化着。时至今日，从央视到各大地方卫视所播出的综艺节目都展现出生活的方方面面。而这一具有历史纵深感的节目变化恰恰是主流价值观与大众诉求互动融合的充分体现。

在当下社会竞争激烈的时代背景中，人们都肩负着各种社会的、家庭的生存压力，娱乐活动成为释放压力最好的方式。电视综艺节目何以长期以来受到大众的欢迎，也是由于娱乐节目营造轻松、快乐的气氛，可以让人们在观看节目时得到身心的放松。前些年收视率极高的央视综艺节目《同一首歌》以大型歌会为主要形式，以经典老歌为主体内容，给人们带来怀旧的享受，老人们在老歌的旋律中回忆自己走过的岁月，年轻人在旧时的旋律里感受到时代以及生活的变迁。除此之外，央视益智类节目《开心辞典》以答题闯关的节目形式为主体，在问题的设置上有很多偏重生活常识的内容，并且奖品都是家用电器等与人们生活息息相关的东西。而《春节联欢晚会》这种大型晚会更是在具体的节目设置上力求展现各行各业人们的生活状态，特别是小品类节目，常常塑造出许多可爱可敬的普通人物形象，使人们在看节目的同时产生亲切感与共鸣。总之，对日常生活的聚焦是当下综艺节目中非常重要的一个方面，这种对日常之美的展现让

① ［英］安德鲁·古德温、加里·惠内尔著，魏礼庆、王丽丽译：《电视的真相》，北京：中央编译出版社2001年版，第23页。

大众在电视节目中感受到不同的生活状态与人文关怀，从娱乐化的节目形式中得到放松，获得精神与身体的双重审美体验。

三、娱乐性与反思性：现实关怀的问题意识

著名文化批评者尼尔·波兹曼在他的著作《娱乐至死》中，以十分精彩的观点分析了在娱乐业时代，一切公众话语日渐以娱乐的方式出现，并成为一种文化精神。政治、宗教、新闻、体育、教育和商业都心甘情愿地成为娱乐的附庸，人本身已经日渐成为一个娱乐至死的物种。书中亦有许多内容对娱乐节目进行反思批判。综艺娱乐节目种类繁多，其中不乏苍白无力、哗众取宠的例子，但若是对当下的众多综艺娱乐节目做一个分析，便会发现关注度高的几档节目并没有泛娱乐化的倾向，而是在节目中渗透着对社会问题的思考与讨论。

《非诚勿扰》是婚恋类节目中比较成功的一档，节目中有养眼的男女嘉宾、机智诙谐的互动对话；除了以婚恋嫁娶为主题的内容之外，更有对一些社会问题的反思。每一期《非诚勿扰》会出现五至六位男嘉宾，他们的职业都各不相同，来自不同的社会工作岗位，其中有底层的“草根”，如油田工人，也有海外留学回来的高等人才，如海归博士等。主持人经常在与男嘉宾的互动中了解其具体的生活状态、工作状态，进而引发许多社会现象供大家讨论，比如曾经有来自农村的嘉宾在与男嘉宾的对话中引发城市与乡村资源占有不平衡问题的讨论；还有一位从事环境工程类工作的工程师，他的到来引发了关于“环保从我做起”的思考；在 2013 年 9 月的一期节目中来了一位从事社工职业的男嘉宾，他奉献社会积极为民的精神获得了全场女嘉宾、主持人以及观众的认可与支持，并在节目现场引发了一场对社工、义工职业意义的讨论。

《超级女声》《快乐男声》这两档选秀节目在湖南卫视大热的几年里，选秀节目中投票造假、肆意炒作等话题充斥着各大网络论坛，这虽然揭示了娱乐节目的一些弊端，但是由综艺娱乐节目的关注度提高而引发的大众对其评论及思考，其实也是综艺娱乐节目的一种价值突显——它的积极因素激发大众关注社会民生，它的消极因素引发人们思考社会问题症候，这两者其实都是主流价值与大众娱乐的融合体现，即人们关注国家、社会的发展，并且始终希望国家可以越来越富强、民主、和谐，这与主流价值观中所弘扬的“共建和谐社会”等核心思想是一致、殊途同归的。

综艺节目在以娱乐性为基准的同时，也在试图参与主流话语，试图增

加带有反思性的节目内涵，使娱乐性与反思性能够巧妙地结合起来，在节目中以互动互助的方式呈现，这正是流行文艺向主流价值观靠拢的典型例证。

蒋述卓先生在《流行文艺与主流价值观关系初议》一文中曾提到，流行文艺“寻求与主流文艺相接近的主题与内容，在与主旋律若即若离、若隐若现的表达中透露出对主流价值观以及传统文化的拥抱与热爱”[①]。

纵观前文中提及的一些综艺节目，都是以婚恋、益智、选秀等轻松愉悦的主题为基础，将娱乐精神融入其中，在节目的内容设置上建构起与主流价值观相契合的内容，在不同的方面体现出崇高性、日常性、反思性，又不失其根本的娱乐性。这正是一种若隐若现的表达，主流价值与娱乐精神在博弈中互相拥抱，互相融合，互相渗透。

然而，并非所有的节目类型都能够做到这一点。在几档同样收视率高、受欢迎的综艺娱乐节目中，“泛娱乐化”的倾向比较明显，节目的人文内涵、社会价值相对比较薄弱，有肤浅之势。

早在20世纪90年代，大型的明星参与类娱乐节目在电视上兴盛起来，其中最受观众喜爱的，当属湖南卫视的《快乐大本营》。这档节目最早以明星闯关的方式来进行，每一期节目会有四至五种游戏，由明星主导，观众共同参与，不仅笑点百出，也有着一定的游戏娱乐性、悬念性，在当时的电视综艺节目中别具一格，新颖出位。1998年10月，《快乐大本营》荣获了中国电视金鹰奖。在十几年的发展中，《快乐大本营》为了保持节目的火热度，也紧跟着大众的口味不断进行改版，以适应新的电视文艺发展潮流。当《快乐大本营》成为收视王牌后，各大卫视纷纷模仿它的节目形式，也推出了类似的明星游戏类节目，这导致原本独树一帜的《快乐大本营》在收视率上急剧下滑，由此，《快乐大本营》在2004年开始改版，力求寻找新的突破。从2004年开始，栏目确立“以阶段性活动为亮点，以普通观众为主角”的节目改版方向，淡化“大综艺”的明星套路，逐步尝试“海选”“真人秀”“现场PK”等“泛娱乐化”的新概念。2007年，《快乐大本营》被打造为全新创意的主题性综艺节目，突出了“全民娱乐”的新概念，为普通观众或“草根”团体、组合打造了一个展现个性的“全民娱乐”平台和分享快乐的机会，同时也极力为电视机前的观众推介时尚、新奇的文艺表演形式，传递“快乐至上”的娱乐精神，突出了以观众

① 蒋述卓：《流行文艺与主流价值观关系初议》，《文学评论》，2013年第6期。

为主体的“娱乐天下”的节目宗旨。2008年至今，《快乐大本营》的节目形式转为主要邀请偶像明星来游戏、访谈、互动等。

从2004年到2008年，短短四年时间里，其实《快乐大本营》这档电视节目已经进行了两次改版。如今改版后的节目虽然依然受到人们的欢迎，但是与其最早的节目相比，已经是大相径庭。事实上，改版后的《快乐大本营》已经完全是另外一档形式的节目，它仅仅保留了“快乐大本营”这样一个已经家喻户晓的节目品牌而已；而从前节目“注重全民互动”的理念也几乎荡然无存。在现今的节目里，参与脱口秀、游戏互动的都是被邀请来的明星嘉宾，与观众的互动少之又少，有时甚至只是一种表面化的形式。《快乐大本营》已经出现了大而空的趋势，目前的收视率高除了这个节目品牌本身的知名度外，便是明星嘉宾为其撑场，只消连续看几期节目就会发现，每期节目基本大同小异，看的时候也会跟随笑点笑一笑，但过后觉得并无新意，也并无回味之感。

那么，这样一档价值内涵日渐苍白的节目，为何还能获得如此高的收视率？是大众的审美品位退化了吗？还是人们更向往“泛娱乐”所带来的狂欢式游戏呢？这确实是一个值得思考的问题，其背后所隐含的不仅仅是对一档综艺节目的审视，在更深层的意义上，这一现象是部分社会观念扭曲后所产生的不良反应，是游离于主流价值之外的负面内容。

“泛娱乐化”现象其实是指电视媒体制作并且播出格调不高的娱乐类节目，人为地制造笑料、噱头，“恶搞”“戏说”的成分过于泛滥，甚至在某些新闻、社科类的节目中也掺进娱乐元素，乃至用打情骂俏、大话性感、卖弄色相的情节和画面来取悦观众，以求得高收视率。在这样的基础上产生的收视率自然不是长久的，所以在每一期的节目中需要不断加大炒作、娱乐的成分来出新出奇，刺激观众的关注度与好奇心。近些年来出现的“审丑”风潮，也是泛娱乐化的产物。芙蓉姐姐、凤姐、兽兽等网络红人或以展示外形上的丑陋搏出位，或以透露私密视频来炒作，凤姐更是经常公开发表许多惹人非议的言论引来一片骂声。然而，即便在这样的批评中，审丑依然得到了很高的关注，许多电视台为了增加节目卖点，也请来这些以“丑”出名的人来参与节目，以求引起观众的注意。审丑之风的盛行固然有其深层的社会心理因素，但媒体间的无序竞争也为审丑、泛娱乐化等有负面影响的现象提供了生长的温床。一方面资本的趋向性要求媒体最大限度地占有受众，另一方面信息全球化的必然结果是信息的利益相关性降低，即传统的高利益相关性信息受到地理环境的制约，而信息打破了这种制约，并且占有了更多的利益可能。娱乐是最能与大众建立利益传播机制的一种方式，电视节目中商业成分也越来越多，商家冠名节目、不断被延长的广告时间、短信投票等，都体现着商业运作机制对综艺节目的渗透。电视台往往为了寻得更高的广告收入，也与商家捆绑在一起，以降低节目质量为代价换取利益。《中国好声音》第二季播出后，大批的网友反映第二季与第一季相比在整体水平上有大幅度的下降，连参赛选手的整体水准也不如第一季高，这其中不乏一些商业因素的影响。比如赛制比第一季要长，每轮三进一的几期节目内容也不够丰满；第一季的热播使得在第二季中有许多"过气"歌手参赛，这其中不乏急功近利的心理。第二季播出期间，许多网友质疑参赛者身份的真实性，也曝光出不少真假难辨的消息。以上种种现象也引起反思，连《中国好声音》这样一档成功的、受到广电总局褒奖的综艺节目也逐渐开始大肆受到商业模式的影响，其他的节目更是难以逃脱商业模式的命运。

在受众方面，精英阶层话语权的缺失也使得泛娱乐化的节目大肆泛滥。群众的文化品位被降低了，社会责任感被削弱了，同时，媒体的社会职责也被弱化，这些都是大众传媒媚俗化的负面影响。这种泛娱乐化的综艺节目是对主流价值观的一种僭越与颠覆，它在这样一个过程里，没有发挥宣扬正确价值观念的积极力量，却由商业利益与市场竞争驱使，与主流价值观偏离得越来越远。

正如蒋述卓先生所说的那样，流行文艺也存在着诸多缺陷与弊端，比如低俗、粗糙、芜杂、思想性不纯正、艺术性不强等，但是，因为它们的流行性在社会上形成了强大的影响，一时间人们倒弄不清到底它们是主流还是主流文艺是主流了。因此，如何促使主流文艺乃至主流价值观与流行文艺形成良性的互动关系，则是我们应着重去加以研究的。①

在流行文艺方面，也要充分意识到，如今的大众不再是被动的受众，而是有着抵抗性与挑战性的大众。文艺产品的丰富性就像一个大超市，大众有了更多的挑选自由。如果流行文艺只停留在玩技巧、重技术层面而不去强化思想深度和提升审美趣味的话，大众将会自动抵抗它的产品。②

从价值引导上说，主流价值观要发挥提供道德框架的作用，而流行文艺又可在价值新标准的建立方面提供某种新的因素，同时亦照样承担着伦

---

① 蒋述卓：《流行文艺与主流价值观关系初议》，《文学评论》，2013 年第 6 期。

② 蒋述卓：《流行文艺与主流价值观关系初议》，《文学评论》，2013 年第 6 期。

理教育和提升国家软实力的任务，二者的互动与互补是可以做得到的。[①]

流行文艺以大众为根基，以整个社会环境为大背景，具有丰富性、庞杂性以及多元化的特点；这种特点决定了它很难是一种完全规范或整齐划一的形式，在这其中，必定同时有着积极与负面的因素。主流价值观应当以其大气、宏观的姿态设定道德框架，这不仅有利于对流行文艺进行审视和规范，更有助于其向着良性的方向发展，在内涵与审美诉求上都有进步与提高，使流行文艺蓬勃、健康发展，成为真正的文化软实力。

作者简介：宋音希，暨南大学文学院文艺学专业博士研究生。

① 蒋述卓：《流行文艺与主流价值观关系初议》，《文学评论》，2013 年第 6 期。

网游小说：意义、叙事与价值表征

郑焕钊　沈雨前

一、网游小说的研究意义

网络游戏已经成为我国文化产业中规模和成效较大的一种产业类型。根据中国游戏产业年会发布的《2014 年中国游戏产业报告》，2014 年中国游戏市场（包括网络游戏市场、移动游戏市场和单机游戏市场等）实际销售收入达到 1 144.8 亿元人民币，比 2013 年增长了 37.7%；其中，客户端游戏（下文简称端游）收入 608.9 亿元。2014 年中国游戏市场用户数量约为 5.17 亿人，比 2013 年同比增长 4.6%。从游戏产业的市场规模和参与人数来看，网络游戏产业无疑已经成为大众文化的重要构成部分。

网络游戏深入玩家的生活之中，尤其在大型端游如《魔兽世界》《传奇》《地下城与勇士》《征途》中，庞大的世界观架设、冗长的打怪练级主线、丰富的游戏副本，以及游戏中社交、交易平台的建立，促使玩家对网络游戏极其紧密的黏合度产生依赖。也即是说，网络游戏不仅提供了一个半封闭半开放的叙事文本，在其中，玩家可以在游戏所设定的封闭框架和规则内部进行打怪练级，同时又可以在游戏主线与副本、在不同玩家之间形成基于个人自主性选择的开放性文本，从中享受某种程度上的独特创造和个性体验的乐趣。而且在这一过程中，玩家可以与其他玩家基于某种战斗、练级或社交的理由而形成线上与线下具有感情认同基础的社交群落（如“游戏公会”“夫妻”“师徒”等），将线上由于游戏构架所提供的交往或联盟的需要与感情的线下延伸结合起来，从而形成某种具有相对稳定性的生活交际和日常情感的小型社交圈。因而，网络游戏的玩家群落形成了玩家用户的精神空间及其日常文化的组织方式，产生了网游独特的亚文化状态。这种以游戏为中心所建立起来的玩家群落，以及所形成的线上线下高度一致的文化融合状态，成为网游群落现实认同与区隔的文化基础，呈现出网游群体的精神体验、感情空间、价值结构以及感知机制的特征。

随着我国文化产业的迅速发展以及三网融合进程的加快，在某一网络中具有广泛粉丝基础的内容 IP 很容易获得商业关注并迅速在其他媒介中被进一步开发，如网络游戏改编为网络文学、网络文学改编为网络游戏、网络游戏改编为电影等，同一内容的跨媒介叙事依靠忠实的粉丝效应获取商业成功将成为我们今天文化产业发展的重要趋势。《网络游戏用户调研分析报告》中的数据显示，对于网络小说改编的网游，有 37.8% 的大型网游玩家表示愿意去玩，而有 57.5% 的网络文学读者愿意玩网络文学改编的游戏，[①] 成功的例子有《诛仙》《神墓》《鬼吹灯》《恶魔法则》《天元》《兽血沸腾》等，这些拥有较高阅读量的网络文学都被改编为网络游戏。这种产业的融合正是互联网思维在文化产业发展中的重要表现，多角度深层次挖掘 IP 粉丝资源是商业成功的保证，这将对我们的文化生态和文化思维产生持续而深入的影响，正如王晓明在为某杂志策划的“网络游戏对当代文学的影响”的博士论坛的话题发言中所坦言的：“有一点可以肯定，网络游戏已经改变了许许多多青年人甚至中年人，并且正在更深刻地改变未来更多的青年人和中年人。人变了，别的也都会变。即以中国的文学来说，当那些习惯于进网吧、宅电脑、坐在地铁车厢里玩‘手游’的少年日后成为文学阅读的主体人群，其中许多更成为未来作家的主体部分的时候，《传奇》和《魔兽世界》们，势必要把狄更斯和尤奈斯库们挤到一边，充任文学感受和小说构思的首席样板吧？由此强化的那种习惯于在室内的方寸之地和仿佛无边的虚拟世界之间来来回回，并以此组织其他生活感受的心智方式，对于未来的中国文学也必然有更深远的影响吧？”[②] 但目前我们对这种融合的后果的预测和研究还远远不够。

学术界对网络游戏以及网络游戏亚文化研究的欠缺，原因除了对网络游戏的重要性认识不够之外，还包括学者们认为网络游戏玩物丧志，存在青年沉溺网络游戏的情形而产生心理抗拒；还因为对网络游戏和玩家文化缺乏切身的体验，在很大程度上而且对每一款网游进行深入了解都是一件耗时耗力的事情。但是，如果没有这种田野调查的功夫，也就无法理解网

---

① 张月婷：《网络文学与网络游戏：一把双刃剑的两面》，http://news.xinhuanet.com/it/2011-05/04/c_121378566.htm。

② 王晓明在“博士论坛·第十辑：网络游戏对当代文学的影响”发起的话题，见《名作欣赏》，2015 年第 4 期，第 61 页。

络游戏的真正魅力所在。在这种情况下，以玩家体验网络游戏冲关过程、记录网游心态和经历为主体内容的网游小说无疑将成为我们观照这一文化群落的有效介质。

网游小说即网络游戏小说，是目前网络游戏文学的重要代表。网游小说大部分是由游戏玩家创作及阅读的，以网络游戏为题材所创作的小说类型。近十年来，随着网络游戏在市场上的不断盛行，网游小说迅速崛起并成为当前网络文学中不容忽视的人气小说类型之一。国内知名网络文学门户如起点中文网、小说阅读网等都开辟了网游小说专栏。

网游小说最早来自于玩家对游戏体验的记录和分享。20 世纪 90 年代末，网络游戏《网络创世纪》的民间服务器登陆中国大陆，吸引了最早的一批网游玩家。这一游戏的成功也促使一些痴迷游戏的玩家自发地将自己在游戏中的经历及心得记录下来，在游戏网站的论坛之中发表、传播，引起其余玩家的共鸣。这一以游戏心得为形式的网游文字作品被视为今天网游小说的雏形。①

从宏观上看，按照国内网络游戏的发展历程，网游小说的发展大致可分为三个历史阶段："三国" 时代、"石器" 时代、"传奇" 时代。② 其中，"传奇" 时代是网游小说创作逐渐步入成熟的重要时期。2001 年，由上海盛大网络公司代理的韩国大型网游《热血传奇》(简称《传奇》) 登陆中国，受到玩家热捧，从而掀起了中国网络游戏发展历史上的高潮。《传奇》的火爆也使网络上涌现了大量以之为创作素材的网游小说，如《法师传奇》(麻烦)、《我的传奇生涯》(古风阁) 等皆为当时玩家公认的经典之作。自《传奇》始，游戏与文学在互联网的基础上实现了真正的结合，网游小说进一步成为玩家之间交流经验、沟通情感的重要方式，大量玩家成为网游小说的潜在读者，而一批网游小说写手也开始从游戏玩家中脱颖而出。借由游戏的劲风，许多网络文学门户网站发起了以热门游戏为主题的征文比赛，如麻烦的经典作品《法师传奇》即为起点中文网《热血传奇》征文比赛第一期的第一名。③ 其后，游戏征文的传统一直作为促进网游小说创作的一大推广模式而被保留下来。2013 年创世中文网推出以热门网游《英雄联盟》

---

① 葛娟：《亚文学生产与消费》，北京：人民出版社 2013 年版，第 216 页。

② 葛娟：《亚文学生产与消费》，北京：人民出版社 2013 年版，第 217 页。

③ 起点中文网，http://www.qidian.com/book/98687.aspx。

《战争前线》为主题的征文比赛，玩家反响热烈。[1] 他们创作的小说记录和分享了痛快的游戏体验，抒发了对理想游戏的勾勒，同时也开始从游戏的虚拟影像中对网络游戏的未来发展提出见解并进行反思。目前国内网游小说不仅在创作题材上门类齐全，在外部形态上也成为网络游戏这一产业链条上的重要一环。

较之网络小说的火速发展，学界对网游小说的研究尚属空白，对网游小说这一类型小说的概念界定也尚无统一定论。葛娟认为，网游小说有狭义与广义之分。狭义的网游小说主要指基于某一市面上既有的网络游戏所再创作的小说作品，包括网游体验小说及网游同人小说；广义的网游小说不仅包含前者，还包含以创作者虚构的网络游戏为背景的小说，以及既有网络游戏的官方故事以及在其基础上形成的再创作作品等。[2] 此外，网游小说还可以按文本所叙的游戏背景之虚实予以划分。研究者百里清风认为，从作品文本所基于的游戏背景的实有程度，网游文学大体上可划分为实在型、半实在型、蓝本型、半虚构型和虚构型五类。[3] 以此标准，网游小说大体也可分为实在型及虚构型两类。实在型网游小说即以某一既有网络游戏为蓝本而进行的创作，故事中游戏背景、人物设定、情节等均与原游戏相同或者是对原有游戏的扩展。实在型网游小说的创作模式脱胎于传统电子游戏小说，重视展示玩家在游戏中的心得体验，建构理想的游戏体验。虚构型网游小说则是指以市面上不存在的、由作者个人虚构而成的一款网络游戏为叙事背景的小说，性质类似以游戏为场景的幻想小说。值得一提的是，近年来虚构型网游小说渐成主流，这类作品的游戏设定全由创作者虚构而成，玩家可以随心所欲，自由地设计、建立一款符合个人理想的游戏作为小说背景，游戏中的故事主线、角色命运、装备属性皆可以根据自我爱好设定。借由文字的想象力与虚构性，玩家在不同身份（玩家、游戏设计者、作者）间自由切换，突破了以往玩家单一的游戏参与者身份，集游戏的建构者、观察者、参与者于一身，获得多角度的游戏体验。紫薇朱槿在《当作家遇到网游》中谈及不同网游类型时，对游戏心态与创作体验的差异有这样的叙述：《龙战》是对单人在异界游戏情境中历险的

---

① 《英雄联盟》征文活动仅 20 天就收到超过 1 000 部作品，腾讯游戏，http://games.qq.com/a/20130805/013260.html。

② 葛娟：《亚文学生产与消费》，北京：人民出版社 2013 年版，第 208 页。

③ 百里清风：《网游文学的心理能量范式研究》，《渤海大学学报》，2011 年第 4 期。

经历的创作，“在浓浓的《山海经》背景下探险，永远有走不尽的异域，永远有想不到的妖魔奇观，永远有无尽的谜，永远有无休止的战斗，荣光伟大的使命下有着无尽的热血沸腾的奇遇”，因而充满作者的想象力。与之不同的是，《兰若辞》是作者在玩《倩女幽魂》这一多人团队游戏的基础上创作而成的，由于“与更多的玩家产生了接触与交集，于是这本小说里有着更多的友情以及爱情”，是充满情感写作而成的小说。

概而观之，网游小说主要是游戏玩家出于对游戏体验的分享或对已有游戏体验不满进而希望通过文字获得理想游戏体验所创作的小说文本，是游戏的文本化形态。从内容上看，网游小说的叙事套路基本围绕着玩家在游戏场景中，通过战斗厮杀、打怪练级终于“无敌”的模式进行，叙事主题单一、粗浅，隐现着现代社会竞争的丛林法则。同时，不论在游戏还是小说中，主人公（玩家）所获得的游戏快感皆与杀戮、暴力、权力等概念紧密相连，游戏世界中的技能、装备等属性的强弱竞争，实则表征着现代社会个体之间能力、财富、阶层的竞争。玩家进入游戏后希望逃离现实残酷的物质环境和竞争秩序，却又在游戏中陷入另一种争名夺利的氛围。网游小说的生产、消费展示了玩家们的线上斗争，也表达了当代青年群体对游戏价值系统、现代竞争伦理的反思。因此，以这批以玩家为写作主体和阅读主体的网游小说为基础来展开对网游亚文化生态的研究，将是一种更为便捷的方式，因为这些小说将玩家在游戏过程中所遭遇的种种心态、情绪、欲望，以及对于网络游戏的不满、重构和愿望都更为直观地呈现出来。这即是网游小说的研究意义。

二、网游小说的核心叙事

随意翻看一部网游小说，你便会发现满篇对游戏战争场面的书写。网游小说的战斗叙事植根于当代最为普遍的战斗竞技类网游，以百度“今日网游排行榜”为例，其中人气最热游戏前五名依次为：《英雄联盟》《地下城与勇士》《完美世界》《穿越火线》《剑灵》。单从这些游戏的名称中，我们就能嗅出十足的火药味。其中，《地下城与勇士》《完美世界》《剑灵》是传统的 MMORPG[①]（角色扮演类），玩家在游戏中扮演一个具体角色，通过不断作战以获得战斗经验值，提升扮演角色的等级、技能等各项

① Massive（或 Massively）Multiplayer Online Role-Playing Game 的缩写，中文即大型多人在线角色扮演类游戏。

属性以及装备等各项条件，实现角色在游戏中的成长发展；而以《英雄联盟》《穿越火线》《DOTA》等为代表的格斗竞技类游戏，则需要玩家通过不断作战完成任务打通游戏关卡。尽管游戏具体的类别与故事蓝本不同，但人物成长发展的核心模式都是战斗，武侠、格斗、枪战、魔法都是不同的战斗方式。不管是 RPG（Role-Playing Game）还是竞技作战类游戏，玩家在游戏中都是通过“战斗”这一动作来实现虚拟角色的生存发展，获得人生价值与奋斗快感。因此，虽然网游世界为玩家提供了各类不同的角色、丰富多样的职业和超真实场景等自由而多样化的选择，但有一样是不能选择的——玩家必须通过战斗来生存。因此，战斗叙事也相应地成为网游小说重要的叙事内容。

无论是基于真实游戏的经验分享，还是对理想战斗体验的建构，玩家作为网游小说的创作主体，对小说的战斗场景的叙述主要参照自身既有真实的游戏经验。在对战斗场景和玩家操作技能的描述中，玩家炫示性地展示了高超的操控技巧。一些小说从头至尾都是由一系列战斗场景铺展开来的，这类小说被称为“技术流”作品，一般是高手对自己战斗技能的展示，或者是能力较弱的“菜鸟”们企图从对高超游戏操控技能的虚构中补偿自己在游戏中的不足。

与现实生存伦理类似，玩家在游戏世界中的生存不会一帆风顺，也会由于能力、等级乃至失误而“Game Over”，但在网游小说中，游戏世界的种种不如意都可以通过文字来补偿。换言之，从玩家身份切换到作者身份，即能通过文字重构游戏场景，获得一种较之实际游戏更为理想化的游戏体验和快感。百里清风认为，网游小说是“玩家释放焦虑和补偿生活（主要是在使用网络游戏过程中）所遇到的挫折的另一种手段，即其心理能量宣泄的特殊途径之一”①。对于在游戏中未能尽善尽美完成的或者无法完成的任务，玩家可以借由文字的想象力获得。每一个玩家都期望能够在短时间内成为游戏世界中的主宰者，在《全职高手》《高手寂寞》《网游之三界最强》《英灵君王》《超神法师》等小说中，“高手”“最强”“君王”“大神”等词语直观显示出玩家们对完美游戏体验和人物极致成功的渴望。许多网游小说甚至在开头就将主角设定为“无敌模式”，在游戏世界中随时“开挂”，所向披靡。玩家们对理想的、完美的战斗体验的描述不仅是对外在娱乐快感的获取，而且在深层次的心理动机上暴露了现代人

---

① 百里清风：《网游文学的心理能量范式研究》，《渤海大学学报》，2011 年第 4 期。

在社会高度的竞争压力之下，对“快速成功”的极度渴望。

战斗是游戏中获取成功的唯一途径。“战斗”这一行为的本质即“杀人”，“杀”的对象可以是虚拟的敌对人类，也可以是可怖的怪物，玩家需要通过不断打怪练级来完成自己角色的等级增长以获得更多权力。“杀人”这个动作包含“生/死”的二元对立关系。在游戏里，如果你杀不死对手或者怪物就无法升级，甚至会给对手“秒杀”你的机会。实际上，战斗提供了一个更为简易有效的竞争模式：通过短时间的“杀人”，就必然能实现能力、地位、财富的明显增长，并且“只要努力，就能成功”。游戏世界对“高手”的评判主要基于其战斗技能的高低，比如能够在多快的时间内使BOSS掉多少血（生命值）、PK掉多少个玩家等。要成为高手就是不断地提高技术、装备来夺取战斗胜利，而谁的战斗技术好，自然也会在游戏中获得更多的尊崇与话语权。鲍昌在其网络游戏研究著作《网游：狂欢与蛊惑》中，将“杀人”这一游戏世界的生存方式视为网游吸引年轻人的重要因素之一。“网游以‘杀人’为主题制造了一个蛮力、简单、高潮迭起的虚拟世界，这一世界与文明、复杂、平淡的现实世界形成强烈对比。”① 换言之，我们可以这样理解：游戏世界的战斗不仅激起玩家们追逐名利的欲望，也提供了比现实世界更易操作、更“简单公平”的竞争路径。通过不懈作战，玩家们，尤其是青少年玩家能够轻易获取在现实复杂而残酷的竞争环境中难以获得的成就感。但是，以建筑在他人失败基础上的胜利为标志的成功，却恰恰是现代社会冷酷而功利的竞争伦理的倒影。

网游小说中常常会出现游戏中几个玩家协同作战的场景，即几个玩家攻击同一个BOSS。但一些玩家为了在战斗中获取更多的利益，在作战中使计谋、耍手段，故意挂掉队友，这些场景与现实职场斗争情景颇为相似。面对利益，不管在哪个时代，人类的竞争关系都存在着。网络小说的一大价值则是展示了玩家作为现代人在游戏行为中的竞争互动关系。在不断战斗中，或团队协作或尔虞我诈，“没有永远的朋友，只有永恒的利益”。而这些动态的心理过程掩映着微妙的竞争色彩，并且是我们难以在电脑屏幕呈现的游戏画面中窥见的。不断进行大大小小的“战斗”是玩家们在虚拟世界生存的基本方式，战斗的目的是提高等级、增加技能、获取装备等。在主流RPG游戏中，等级是衡量人物发展状况最重要的属性，通过一定量的战斗达到升级所需的相应战斗经验值，角色才能提高一个等级，而只有

① 鲍昌：《网游：狂欢与蛊惑》，苏州：苏州大学出版社2012年版。

达到一定程度的等级的玩家才能加入优秀团队、高级城邦，取得进入游戏副本的资格。反之，等级不达标的“菜鸟”，如想要加入某一团队，往往会遭受歧视及拒绝。简而言之，等级高的可以欺负等级低的，能力强的可以蔑视能力弱的。可见，与现实生活相同，游戏世界同样遵循着强者为王、优胜劣汰的丛林法则，但这些情景只有坐在屏幕面前的游戏玩家才能体会，网游小说则将游戏世界的生存情状通过文字的方式予以展现。

丛林法则是自然界里生物学方面的物竞天择、适者生存、优胜劣汰、弱肉强食的规律法则。它包含自然属性和社会属性两方面。其中社会属性是人能够通过自我意志改变自己的生存及生活发展状况、条件、环境等因素。简言之，丛林法则意味着在社会中优胜劣汰的竞争秩序。在游戏中，玩家在线上拼技术、拼装备，而线上竞争结果的成败也与玩家在现实中，即线下生活发生关联。网游小说的“线下叙事”从另一角度展示了玩家们线下的生存竞争。

何为线下叙事？按照叙事结构，网游小说文本可分为单线（线上）叙事和双线（线上、线下）叙事两种类型。单线叙事的网游小说，其叙事时空只局限于游戏世界，一切角色、场景、人物皆围绕游戏世界进行；双线叙事则包含“游戏世界—现实世界”的双重结构，即小说文本一方面描写玩家在线上（游戏虚拟世界中）的成长发展，另一方面也展示玩家在线下（现实生活中）的生活经历。

线下竞争叙事展示了玩家在游戏之外的现实生活，同时也展现了游戏与玩家现实生活的紧密联系。在游戏中成为“大神”，不仅能在虚拟世界获得尊荣，在产业化的网游世界，高超的游戏操控技能已经转变为现实利益。对于职业玩家而言，游戏技术的高低已然不仅仅关乎在虚拟世界中的生活，也是玩家在现实中的谋生之技，直接关乎玩家作为现代人的生存境况。蝴蝶兰的《全职高手》被视为网游小说中游戏生涯类别的代表之作。小说讲述了网游《荣耀》的顶尖玩家叶修由于其带领的战队成绩下滑而被人排挤离开，被迫到一家网吧做了网管，而后从零开始重返事业生涯巅峰的故事。小说情节勾勒出这样一层关系：个人技术—战队成绩—现实利益。在这层关系中，玩家在线上的战斗竞争的结果已然超越了虚拟世界，而变成了现实中所在职业游戏俱乐部的利益，也是个人生存的依凭。主角叶修生性朴实，在《荣耀》联盟的商业化过程中，作为顶尖高手却拒绝任何广告和代言，与俱乐部利益产生激烈冲突。线上的竞争失败也会使职业玩家在线下竞争中处于劣势。叶修因为近几年状态不佳使战队成绩下滑，而新一代天才玩家孙翔则成为俱乐部的新宠。叶修苦苦维系十年的战队就此交由他人，而他也不得不去一家网吧做工再另觅出路。小说揭示了职业玩家群体线上与线下由于商业利益和复杂斗争而发生的紧密纠缠，展示了网游行业的残酷竞争的职业生态。

虚拟型网游小说近年来日渐成为网游小说界的主流题材。作为小说叙事时空的游戏世界完全是通过玩家的想象而构建出来的，其中不乏对“未来游戏”的畅想。在文本所呈现的“未来游戏”中，玩家“设想了虚拟现实技术的高度发展、网游虚拟财产的合法化以及电子商务与网游的紧密结合，还描绘了网游虚拟社会的生存体验和人际互动”[①]。虚拟型网游小说是玩家对“未来游戏”的一种畅想，“未来游戏”的最大特质即游戏与现实在科技主导下实现高度重合，现实和游戏的边界高度模糊。热门小说《重生之贼行天下》和《梦幻魔界王》都以作者虚设的未来游戏为背景。未来游戏以生物电脑为媒介，在彼时，人们对现实世界的诸多要求已经转入虚拟世界去获取，正如一位玩家所言：“当代人类是同时生存在两个平行空间的，无论哪个空间取得成功，其意义都几乎是完全相同的。”[②] 但尽管社会面貌是“未来”的，整个社会的价值系统却仍是当下社会生存伦理秩序的映射。人物的斗争依然残酷（非生则死），由能力、财富、等级为尺度的价值坐标依然主宰着虚拟社会。同时，科学本身就是现代性的标志之一，自然科学促使了现代经济的腾飞。因此，科技化越高的游戏，越是渗透着简单冷漠的竞争秩序。质言之，计算机和网络只是游戏运行的媒介，游戏的规则仍然是生活在现代竞争秩序中的现代人所制定的。虚拟世界尽管为现代人呈现了一个充满浪漫主义和英雄色彩的快乐天堂，但不管是MMORPG中的等级、财富、地位，还是最前沿的EVE[③] 中的虚拟社会，依然有残酷的现代竞争伦理体系中的符号。

当游戏成为一门以营利为目的的产业，不仅游戏的运营商们，而且玩家们都希望自己的物质投入有所回报，因此，网络游戏也很难再保有传统游戏无功利的娱乐功能。网游小说的双线叙事展示了玩家在现实与游戏中

---

① 葛娟：《亚文学生产与消费》，北京：人民出版社2013年版，第220页。

② 《梦幻魔界王》，http：//www. bxwx. org/b/22/22695/4075956. html。

③ 《星战前夜》（*EVE Online*）是冰岛CCP（Crowd Control Productions）所开发的大型多人线上游戏（Massive Multiplayer Online Game，MMOG）。游戏设定于科幻太空场景中，玩家驾驶自行改造的各式船舰在超过5 000个行星系中穿梭。大多数的行星系通过一个或多个星门（Stargate）相互连接，一个行星系中可包含各种物体，例如行星、卫星、太空站、小行星带等。

的生活切换，更重要的是，它更立体地呈现出玩家在虚拟与真实两者的生存关系互动。

三、逃不出的现实规则

从线上“战争叙事”到线下的“生存叙事”，网游小说的叙事主题始终围绕着现代人的竞争关系而展开。但值得回味的是，作为一种以游戏世界为背景、展示游戏体验的类型小说，网络小说无意识地呈现了现代“游戏”与社会“竞争”间某种看似对立实则紧密的关系。

在人类活动的种类上，“游戏”毫无疑问地属于一项娱乐活动。在汉语中，“游”的本义为“游历”“游玩”；“戏”是“嬉戏”的意思。“游戏”一词在《辞海》中被解释为“以直接获得快感为主要目的，且必须有主体参与互动的活动”。古希腊人认为，生命活动处于紧张的劳动状态时，即可称之为“工作”；处于生命的闲暇状态时就可称之为“游戏”。亚里士多德认为，游戏是劳作后的休息和消遣，是本身不带有任何目的性的一种行为活动。康德也认为游戏的特质是“自由、无外在目的和追求快适”[①]。席勒在《审美教育书简》中则把游戏冲动视为人的审美解放的主要途径。而在弗洛伊德处，游戏的对立面不是真正的工作，而是现实。[②] 荷兰语言学家 Johan Huizinga 在其著作《游戏的人》（*Humo Ludens*）中，将游戏定义为“一种完全有意置身于‘日常’生活之外的、‘不当真’的但同时又强烈吸引游戏者的自由活动。不与任何物质利益相联系，无利可图。按照固定的规则并以某种有序的方式在自己的时空范围内进行”[③]。上述解释都阐明了游戏在人类活动中所提供的娱乐功能、审美功能，呈现了人们对于游戏将人们从现实生活的世俗事务中解放出来的自由潜能。

游戏区别于其他娱乐活动的特质在于规则的制定。剑桥大学游戏研究者 Jesper Juul 博士认为，游戏需要具备六大核心要素：①规则：游戏是基于规则之上的；②多样且可计量的结果：游戏具有多样且可计量的结果；③赋予可能出现的结果以（不同的）价值：不同的潜在游戏结果被分配了不同的价值，有些是积极的，有些是消极的；④玩家花费的精力：玩家需

---

① ［德］康德著，邓晓芒译：《判断力批判》，北京：人民出版社 2002 年版，第 147 页。

② 转引自董虫草：《艺术 & 游戏》，北京：人民出版社 2004 年版。

③ 转引自［英］Jesper Juul：《游戏、玩家、世界：对游戏本质的探讨》，《文化艺术研究》，2009 年第 3 期。

要投入精力以影响结果（即游戏是富有挑战性的）；⑤玩家依赖结果：即如果有积极的结果就会获得成功和快乐，如果有消极的结果就会感到失败并且不快乐；⑥可协商性结果：玩同样的游戏（一套规则）既可以有真实生活的结果也可以没有。[①] 可以看到，规则居于"游戏"概念的首要位置。

任何游戏都包含一套游戏规则。规则的制定是为了确保游戏过程及其结果的公平性。无论是孩提时代玩过的丢手绢、跳房子、跳皮筋，还是如今的网络游戏，竞争机制都是确保游戏公平的核心所在。有趣的是，游戏的此种建构模式似乎存在矛盾："娱乐活动本身是一种无功利的放松，但为什么我们又要受规则的限定?"对此，Jesper Juul 给出了这样的答案：游戏规则通过设定可能性行动和事件的区别增加了意义并使活动成为可能。换言之，只有游戏规则的设立，游戏行为才具备可能性和意义。也就是说，只有在一定游戏规则下，游戏行为才有意义。在丢手绢游戏中，如果没有胜负机制，胜方从游戏中便难以获取快感，负方也无法被激发出获胜的欲望。规则激发了人们参与游戏的动力，赋予了游戏意义，从棋牌运动到电子游戏再到今天如火如荼的网络游戏莫不如此。但关键之处在于，传统游戏的游戏快感不关涉实际利益，而在以付费为参与方式的网络游戏中，游戏快感却与物质基础紧密联系起来。

网络游戏本质上是以营利为目的的产业，进入游戏需要玩家付费。网络游戏主要的付费模式有时间收费（点卡、月卡）和道具收费两种。当前流行的网游《永恒之塔》《魔兽世界》等按照时间计费，《征途》《天龙八部》《剑灵》等则为道具收费。无疑，线下经济实力强大的玩家可以通过大量购买游戏点卡拥有更多在游戏中获得快乐的时间，而购买成为 VIP 玩家还可以获得更多的游戏机会和升级福利，而通过购买道具，这类玩家也可以快速获取强大的装备，瞬间成为高手。装备的好坏也是决定玩家在游戏世界地位的重要因素。高级装备可以通过战斗或者实体货币购买的方式获得，是玩家身份的象征，甚至一些玩家参与游戏的目的就是获取各种高级装备来"炫富"。游戏准入机制的功利化、游戏规则的市场化都是现代市场经济竞争秩序的直观投射。与此同时，不仅进入游戏需要物质门槛，游戏本身甚至也演变为现代人谋取利益的工具（卖装备、职业玩家）。游戏世界纵然能够为玩家提供愉悦，但愉悦的获得也需要以大量金钱为代

---

① ［英］Jesper Juul：《游戏、玩家、世界：对游戏本质的探讨》，《文化艺术研究》，2009 年第 3 期。

价。“屌丝”在游戏中需要白手起家，辛苦打怪以提高自己的技能和装备，对“高富帅”而言，通过金钱，游戏中的高级装备与游戏快感都可以更为轻松地获取，这部分玩家也被形象地称为“人民币玩家”。[①] 拥有财富就能获得更高的成就，游戏中的生存规则难道不是现实中市场经济“游戏规则”的倒影？网游小说的价值就在于，当玩家的身份转换为游戏之外的创作主体时，也就给予了我们一个旁观游戏世界的第三方视角。因而，被游戏的娱乐场景所遮蔽的金钱“规则”，在网游小说中得以赤裸裸地展示。

电子游戏研究倡导者库里奇认为，电子游戏的研究“不仅应该注意到电子游戏文本之中的内容，更应该注意电子游戏意义生产过程也是一个与其所处文化环境的符号交互的过程”[②]。网游小说即以网游世界为背景，那么从玩家的社会身份及其所处的文化环境来观照网游小说的文本，对我们探究网络小说的叙事伦理也有着重要意义。

当代年轻人正面对前所未有的生存压力（学业、就业等），在激烈的竞争中，每个人都渴望获得成就感、存在感，掌握生存的自主权，享受食物链顶端的快乐。网络游戏的一大魅力便在于它在视觉场景制作上的超真实化，人物职业、互动机制日渐精细化、人性化，使其画面呈现出一个生动逼真的新世界。并且，在这个世界里，要取得成功并没有那么难。首先，游戏结果是通过电脑数据进行计算的，丰富多彩的战斗模式、人物成长的各类属性实际上由简单的电脑数值叠加完成。玩家通过不懈地练习作战，打副本、练装备，人物的各类数值就能提升，就能实现发展。同时，网游世界的资源也是无尽的，一种资源的消逝必将伴随新的资源的出现，别人所得到的并不影响你在游戏中继续得到。因此，在网游中，“成功的是大多数，失败的是极少数”[③]。与此同时，相比传统电子游戏，网络媒介的介入使传统电子游戏的人机交互模式实际转换为人与人的交互。而电脑的计算程式相比人在现实生活中所有面临的各类因素交织的复杂环境要简单得多，因此在网络游戏的虚拟空间中，人与人之间的竞争方式被大大简化了。换言之，个体在现实世界中的竞争转移到了虚拟世界之中，并形成一种更为简易轻松的竞争机制。所以，玩家获得竞争快感并不是由于游戏

---

① 鲍昌：《网游：狂欢与蛊惑》，苏州：苏州大学出版社 2012 年版，第 38 页。

② 吴玲玲：《从文学理论到游戏学、艺术哲学：欧美国家电子游戏审美研究历程综述》，《贵州社会科学》，2007 年第 8 期。

③ 鲍昌：《网游：狂欢与蛊惑》，苏州：苏州大学出版社 2012 年版，第 80 页。

帮助其摆脱现实的竞争，而是在于游戏时空提供了一种更为简单公平的竞争方式，让其在另一个世界中更为快速地获得“荣耀”与“成功”。可见，网络游戏世界的游戏规则与现实的游戏规则异曲同工。网游小说的叙事主题常常是展示一个“菜鸟”到“大神”的奋斗过程。这一叙事为读者呈现了游戏世界掩映的一条恒定逻辑：只要努力（杀怪升级），就一定有回报，久而久之就能成为“大神”“高手”。这种“努力即有回报”的意识不正是脱胎于现代社会的价值体系？“有志者，事竟成”“种瓜得瓜，种豆得豆”的道理在网游世界似乎更行得通。网络的迷人之处在于它可以实现“努力就能成功”这一绝对公平的奋斗机制。从“菜鸟”到“高手”，从无到有，只要努力打怪就不断升级，打副本，学技能，赢财富。游戏回避了现实社会中失败与成功所牵涉的复杂关系（出身、背景甚至运气），省去了阻碍个人奋斗的阴暗面，也更易给玩家带来高度的成就感与满足感，因此才有那么多青年人痴迷于网游所提供的虚假成功而恐惧于真实的人生道路。

网络游戏极力想避免成为现实世界的倒影，但除去场景符号，它的游戏规则仍是现代社会的竞争伦理与现代个体的生存法则的投射。一位玩家这样形容“游戏中的现实”：“在游戏里，谁不想拥有顶级的装备，谁不想练成高级别玩家呢？因为每一个玩家都清楚，要想在网络游戏这个虚拟世界获得至高无上的权力，唯一的方法就是比别人拥有更好的装备和更高的级别。我们不断地在游戏里打拼高级装备，然而网游是由网游运营商掌控的，运营商可以为延长游戏寿命再给游戏设置新的更高级的装备，这样的话，我们想要继续玩这款游戏，就只能再为一件件装备奔波打拼。”① 获取高级装备、投入更多的金钱，都只为了享受游戏中更高的名望与地位带来的快感，这何尝不是现实的“游戏规则”？在互联网创造一切的时代，没有哪一种游戏能够像网络游戏那样将虚拟世界做得那样梦幻美好，却又那样贴近现实。

因此，我们在网游小说中感受到那么多玩家在“游戏规则”下的热血、痴迷、挣扎和疲惫。从本质上说，游戏的愉悦性被其内在的竞争伦理所异化，也就是说，游戏并没有给予玩家真正的无功利的轻松。现代人的竞争只是从现实走向虚拟，从严肃走向戏谑，从线下走向线上，改变的始

① 流水静：《我们玩网游目的是什么》，http：//blog. sina. com. cn/s/blog_4eeb853601000d1j. html，2007 年 11 月 13 日。

终只是媒介本身。质言之，在网游小说中，我们可以看到，网游并未从根本上纾解现代人的焦虑和苦闷，因为它所提供的自由和快乐不仅是从与他人的战斗与竞争中得来的，同时也需要依靠玩家在现实竞争中得到的物质财富去获取。在网游小说作者的笔下，玩家不断在游戏与现实中往返，向我们展示着游戏与现实的暧昧重叠：游戏并不能带我们逃离生活，相反，游戏世界的规则就是现实生活本身。

作者简介：郑焕钊，暨南大学文学院文艺学讲师；
沈雨前，暨南大学文艺学专业硕士研究生。

主题设置与价值引领：广东微电影节初探

邹鹏薇

作为一种在网络流传、片长短、草根性强的文艺样式，微电影广受点播和欢迎。微电影节以赛事形式鼓励大众参与微电影制作，通过主题设定引导价值方向，是主流价值与大众文化互动的一种新颖方式。本文以广东地区微电影节为个案来进行初步的观察。

广东省从第一个微电影大赛开赛以来短短的一两年时间内，各种微电影比赛无论是数量还是质量都有着迅猛的发展。截至 2015 年 3 月广东共举办省级以上微电影大赛 8 个，市、区级微电影大赛 30 个左右。这些大赛的组织者和参与者涵盖了社会的各个层面，例如由政府组织的中国国际新媒体短片节、深圳电影节、深圳国际微电影节、广州国际微电影创作大赛、佛山首届微电影大赛等；由部门和社会团体组织的南方微电影大赛、广东省大学生“立志、修身、博学、报国”主题教育活动微电影大赛、广东家庭环保微电影大赛、“创文 · 美城”微文明微电影大赛、“飞 YOUNG 青春”广东大学生微电影大赛等。

在以上的大赛中，举办较早、影响较大的电影节集中在广州与深圳两个城市，参赛者以年轻人为主，还吸引了大量的外国作品参赛，提升了微电影节的影像品位与短片质量。

一、广东微电影节的类型

由中宣部批准，国家新闻出版广电总局和深圳市人民政府主办，深圳市文体旅游局和深圳广播电影电视集团承办的中国国际新媒体短片节，简称“金鹏奖”，是广东地区历时最长、规模最大、奖金最高（最高可达 30 万元）的微电影节。其活动包括金鹏奖竞赛活动、短片展览展映、新媒体产业论坛、Workshop（工作坊）系列活动、国际新媒体短片交易市场五大板块，其宗旨是鼓励国内外优秀新媒体短片创作，激励有理想、有激情、有创造力的影视人才，孵化优质新媒体视频创意项目，促进国际文化交流与合作，创建新媒体短片原创、汇聚、展映、交流、交易和投融资的国际性平台，推动新媒体行业健康可持续发展。作品分为故事短片、纪实短片和动画短片三类，大赛的主竞赛单元将从三类参赛作品中选出最佳短片、最佳创意短片、最佳导演、最佳编剧、最佳剪辑、最佳视觉效果六个大奖。随着新媒体的迅速发展，第五届的参赛作品有了新的要求，分为剧情短片、动画短片、纪实短片、网络系列短片（网络剧）四类，尤其是最佳手机短片奖、最佳网络微电影奖、最佳微电影奖的出现，突显了微电影依托于手机等智能终端的重要性。

首届南方微电影大赛于 2013 年 4 月 13 日正式启动，指导单位是广东省委宣传部，主办方是南方日报社和现象传媒，并于之后的每年 11 月到 12 月举行“南方微电影节”。大赛以 5 分钟左右的微电影作品为主要评奖对象，设有多个竞赛单元，经评选年底决出结果，并于开年后举办颁奖大典。大赛采用奖金累进制，由南方日报社提供 10 万元基础奖金，在比赛全程还不断接纳奖金赞助，到目前奖金总额已经超过 100 万元人民币，是国内奖金最高的微电影大赛。通过巨额奖励的支撑，南方微电影大赛成为中国南部第一大微电影展示交流平台，并因此聚集了大量微电影人才，为更多的微电影爱好者提供创作和展示的机会。大赛组织者通过争取各媒体支持及专业高效的策划执行，使得大赛具有丰富的影视制作经验与相关资源，本身更专业，同时借助广东省全会召开，以“广东建设”为主题，将大赛拔高到政治高度，扩大政治影响力。大赛具有得天独厚的政治、区位优势，在宣传上整合全国各大主流媒体进行全程报道，是宣传覆盖面更广、影响力更大的微电影交流传播平台。

除此之外，由广州广播电视台主办、《直播广州》承办、多家媒体深度合作的微纪录片大赛；由深圳市盐田区人民政府、深圳市文体旅游局与深圳市天艺唯创国际文化传媒有限公司合作举办的深圳微电影节；由共青团广东省委员会、广东省教育厅、广东省文化厅、广东省学生联合会主办的“飞 YOUNG 青春”广东大学生微电影大赛；由国家新闻出版广电总局发展研究中心、广东广播电视台、中国网络传播学会联合主办，中国残疾人事业新闻宣传促进会、广东南方新媒体发展有限公司、中国明阳风电集团、广东网络广播电视台荔枝台、广东南方广视传媒广告有限公司协办的红棉奖公益论坛暨公益视频大赛等，都是目前广东地区颇具影响力与辐射力的微电影节。

二、获奖作品的价值观呈现

表1 广东省、市、区级以上微电影大赛获奖作品分类表

题材	情感	公益	纪录	立志	伦理	科幻	青春	搞笑	悬疑	音乐	合计
数量	109	32	15	39	4	21	51	27	16	2	316

注：表中数据截至2014年2月。

表2 南方微电影大赛、深圳微电影节部分获奖作品分类表

类　型	作　品	导　演	所属电影节
情感类	《1999》	柯森赋	南方微电影大赛
	《青木瓜之夏》	徐浩光	南方微电影大赛
	《变身母女》	向　灼	南方微电影大赛
	《鲸鱼爱丽丝》	徐浩光	南方微电影大赛
	《三年之约》	吴正豪	深圳微电影节
	《田恨恨的世界末日梦》	庄佳龙	南方微电影大赛
幽默类	《深水区》	郑成飞	深圳微电影节
	《真巧》	卢德伟	南方微电影大赛
	《谁是你的菜》	李蔚然、韦正	深圳微电影节
动作类	《鱼石传奇》	吴正豪	深圳微电影节
	《刺客》	易　莉	深圳微电影节
纪录片	《思·海》	陈启勋	深圳微电影节
公益片	《传递圳能量》	李远鹏	深圳微电影节

从表1、表2所列数据可以看出，大赛获奖作品几乎涵盖了微电影的全部类型，以亲情、爱情等情感类的作品居多。这一方面反映了微电影对于人情人性的探讨的可能性与便利性，另一方面也反映了广东微电影拍摄在其初创阶段的不足与缺点。

这些大赛中的微电影作品的主题紧贴社会生活，试图去传达民意、启发民众对社会进行思考，通过对当代人在工作、亲情、爱情等各个方面的描绘激励人们努力奋斗改变环境，传递亲情、友情、爱情方面的社会正能

量，继承中华民族优秀传统，表达的主题都有一定的深度和现实价值。第一，将主流价值观实践并发展为大众价值观。当前中国的主流价值观集中在社会主义核心价值观上。简言之，社会主义核心价值观从三个层面上体现为二十四个字，即倡导国家层面的富强、民主、文明、和谐，制度层面的自由、平等、公正、法治，公民层面的爱国、敬业、诚信、友善。因此，广东微电影节以主题预先明确给定的方式潜移默化地引导年轻人树立正确的大众价值观。例如，南方微电影大赛设定“广东建设”的主题，设置三个子竞赛单元，分别是“幸福细节”“绿道上的故事”“海洋经济微纪录片”，分别在最佳剧情、最佳导演、最佳男主角、最佳女主角、网络人气王等五个方面设有金奖、银奖、铜奖。大赛力图以“幸福”为主题将国家层面上的和谐与公民层面上的个体幸福相结合。以“飞 YOUNG 青春”作为活动主题的广东大学生微电影大赛，参赛者可从“青春励志篇”“青春飞 YOUNG 篇”“校园生活篇”“情感百味篇”中选择一个进行创作，把“中国梦”具体实践为公民梦，甚至青春梦。

第二，增加环保、垃圾分类等公益性微电影节，突显公益价值理念，将制度性缺陷转移到道德价值评判。例如，由广东省妇女联合会联合优酷网举办“‘微’观环保”广东家庭环保微电影创作大赛，旨在通过这一活动，呼吁每个家庭成员关注环保，从身边细微小事着手，将环保细节落实到“家”。在某种程度上，把制度性的环保措施简化为以家庭为单位的公民道德感化，在消解政府行动压力与责任的同时，也唤起了普通人的爱家爱国爱环境爱自然的逻辑情感。

第三，在广东地区举行的微电影大赛还具备岭南地区的地域特色，彰显出拍摄者对于乡土文化的热爱。因此，赛事在选题上较多地使用地域性传统文化元素。例如《青木瓜之夏》拍摄地是广州花都狮岭镇的罗仙村，讲述的是曾孙回村后与太公的一次谈话。该作品给人的感觉是平淡与朴实，正是在平淡之中让人体会到了爷孙交谈过程中的温馨亲情。两人在田间散步，在村内老屋休息，这些自然清新的画面能够唤起儿时的感觉，“排排坐，食果果，你一个，我一个，大家欢乐笑呵呵”，短短九分钟的影片唤起了很多广东人的儿时记忆。

这些微电影作品呈现出向现实生活取材的倾向，将宏大的主流价值话语实践为一个个个体化、私语化的作品，并再度转化为公共空间的公民话题。例如，第二届南方微电影大赛第一单元以“创业梦”为主题，叙述了无论是广州本地人还是外来务工人员的奋斗史，题材真实有力，虽然没有大制作大场景，却与每天的生活紧紧联系在一起。金鹏奖选出来的《妈妈上班去》《巴格达梅西》《酥酒灯》也属于关注人生的现实主义作品，从一个菲佣的家庭问题中揭示教育、养老、阶级的困境，把一个失去双腿的孩子的故事上升到对反战问题的探讨，从一家照相馆的日常工作看到民族融合与时代变迁的公共生活。

三、广东微电影大赛的发展及前景展望

首先，创作上要突出故事内容，进一步提高微电影质量。通过生活化的故事叙述使受众产生强烈共鸣是微电影的优势之一，因而微电影在内容创作上要善于利用这一优势，在创作中不仅要借助社会热点、国内外重大事件等使观众产生共鸣，同时也需要从受众群体的人生经历入手，使之产生有共同情感的深层共鸣。其次，微电影在制作上要有创造性和独特见解。现今是一个文化产品制作日益趋同化的时代，作品内容要想有理想的传播效果和观众认可度必须通过令人耳目一新的体验才能做到。这就要求微电影在故事情节上，要新鲜有趣、贴近生活，并围绕社会热点话题展开，在表现手法上则可以采用悬念、幽默和渲染等方式。现如今，观众审美趣味、欣赏水平均有大幅度提高，所以要重视微电影的思想深度问题，一部失去了思想表达与社会宣传的价值的微电影，只会成为广告宣传的附庸。再次，要进一步拓展和丰富微电影的题材类型。现在微电影的主题集中在梦想现实、青春励志、生活趣闻方面，影片类型以青春爱情片、喜剧片为主，并对原有类型有所突破。实现类型多样化是微电影不断发展的必然要求。最后，作为选手年轻化的微电影大赛，需要合情合理地引导励志型的青年文化价值观，将主流价值观潜移默化于作品之中，融合于年轻人的思想之中。

当然，随着微电影大赛的不断出现，我们急需培养具有专业化水平的微电影制作人才。一般而言，专业化的微电影制作公司在影片制作上经验丰富，对后期传播资源也掌握较多，因此微电影的发展离不开专业化公司的加盟。微电影并不会由于专业化制作团队的加入而影响其开放性及受众的广泛参与，反而会借由专业化公司丰富的制作经验进一步规范微电影行业。微电影行业的快速崛起使得对相关专业人才的需求也持续增长。据调查，现在的微电影从业人员中的大部分是经由传统影视剧转型而来的，新人只占一小部分。随着微电影行业的迅速发展，人才紧缺问题逐渐显现出来，因而微电影人才培养的问题应该得到足够的重视，只有通过微电影大

赛、微电影节等平台不断发掘并培养新人，才能实现微电影事业的可持续发展。

微电影由于其低成本、低门槛、以年轻人接触使用的新媒体为主要传播平台等特点，自产生以来发展便极为迅速。虽然社会普遍认为微电影起源于网上的恶搞视频，但事实上微电影已经与恶搞视频有着本质的区别。微电影的不断发展催生了各种微电影大赛，这些比赛进一步促进了微电影事业的健康快速发展。一个高水准的大赛及其获奖作品能反映出该地域内微电影的发展状况，甚至该地域内年轻人的思想高度与精神追求。

大赛可以通过设置主题的方式来引导价值观，但这种引导应该与微电影的专业化、叙事技巧和拍摄技术的专业化相结合，否则在内容层出不穷的互联网时代，主题先行的微电影终将无人问津。同时，大赛还要在主题设置与真实表达之间取得平衡，让大众通过微电影表达真正的价值取向。古人曰“诗可以观”，不断提高大众微电影的专业化水平，既可以实现价值观引导，又能成为观察大众价值观的晴雨表，而这才是微电影赛事的发展方向。

作者简介：邹鹃薇，广州大学新闻与传播学院副教授。

当代中国大众文化与日本大众文化价值观的比较研究——以当代中日动画电影长片为焦点的考察

冯学勤

动漫文化是当代大众文化的重要组成部分。就全世界首屈一指的动漫产业大国日本而言，这点毫无疑问，动漫文化是日本大众文化最为重要的组成部分和最为鲜明的表征。就我国本土而言，21 世纪以来动漫产业的飞速崛起（生产能力和产量甚至已经超过日本），也使动漫文化成为当代中国大众文化发展最为迅速的部分和最为耀眼的标志。正因此，将动漫文化作为一个基本对象来考察中日大众文化价值观的差异性是十分合适的。当然，“动漫文化”本身的范围极其广泛，首先它包括了动画和漫画这两种不同的媒介/艺术形式，还包括了这些形式所内含、所衍生的社会心理、审美趣味、价值理念、生活形态等内容；就动漫受众而言，包括以市场价值为驱动的商业动漫和以创作竞技为驱动的艺术动漫；仅就动画媒介而言，又包括影院动画、电视动画、网络动画、手机动画等等；就动画时长而言，又包括动画长片和动画短片。由于这种复杂性，在确定基本考察对象之后，我们就必须找到一个更具体、更具代表性的分析焦点。我们认为，就制作技艺的高要求、资本投入的风险度、商业运作的复杂性以及传播媒介的覆盖面等综合因素而言，动画电影长片（即影院动画）处在了整个动漫产业发展链条的最高端，同时也是分析和阐释动漫文化地域性特征的焦点，进而能够反映或折射当代大众文化的价值观。由此，我们对中日当代大众文化价值观的比较研究聚焦于对当代中日动画电影长片的考察。

一、中日动画电影长片文化代表性的比较分析

在开展考察之前，我们必须首先明确一个事实。尽管近年来中国动画电视年产量在时长上已经超过日本，然而在动画电影的产量和质量方面仍远远不能够和日本相比：2000—2015 年来，中国动画电影总上映数不过百

部，然而日本动画电影年上映量即达40部。不仅如此，更大的差距体现在21世纪以来绝大多数日本动画电影长片都具有全龄化特征，适合所有年龄段人群观看，而大多数中国当代动画电影长片的目标人群是14岁以下，仅适合心智远未成熟的少年儿童观看。何以如此？

任何关于当代中国动漫产业发展的研究都逃不过两份重要文件，这两份重要文件不仅决定了原先远在整个国家文化事业发展之边缘位置的动漫进入到中心地带，而且也决定了在随后的一系列配套的文化及经济政策上加速了中国动漫产业的跃进式发展。2004年3月《中共中央国务院关于进一步加强和改进未成年人思想道德建设的若干意见》的文件第一次从党政最高层发出“积极扶持”国产动画片的信号，而且明确指出国产动画要“适合未成年人特点”。两年之后国家广电总局发布了《关于发展我国影视动画产业的若干意见》，作为对“一号文件”的具体贯彻，指出影视动画是“满足人民群众特别是广大少年儿童日益增长的精神文化需求的重要途径”，还要求“有针对性地开发制作适合不同年龄观众的动画片”。这两份文件首先是一个提示，即中国动漫产业是受到国家意识形态主导性制约的，其起航是在原有的动画生产能力和生产水平不足以承担“未成年人思想道德建设”的因素下发生的；同时，中国动画的受众是以“未成年人”即“广大少年儿童”为核心的，在此基础上才兼及“不同年龄观众”即“人民群众”中的成人部分的“精神文化需求”。

需要指出的是，这两份文件都没有区分性地对待动画电影（长片）和动画电视的受众群体，然而两者就国内当下语境而言是有很大区别的：在尚未出现《辛普森一家》《南方公园》或《摩登原始人》这种适合成年人趣味的电视动画片之前，国产电视动画片的唯一受众群体就是“未成年人”（自从针对境外动画的黄金时段限播令得到愈来愈严格的执行后，“未成年人”中的高年龄段受众大量流失）；然而由中国电影家协会理论评论工作委员会发布的《2011年中国电影艺术报告》则显示，2010年中国上映的动画电影83%的观众都是18岁以上的成年人。正如该报告的主要负责人盘剑在比照好莱坞同类产片后指出的那样，“电视动画片的消费主体是孩子，但电影动画片的消费主体一定是成年人”[①]。显然，国家意识形态主导部门以及相关文化管理机关这种笼而统之、未加区别的态度，对中国

① 详见《国产动画电影很低幼，要加入成年人喜欢的元素》一文，http://www.ccdy.cn/chanyeshichang/content/2011－04/06/content_858603.htm。

动画电影的发展是不利的。

我们在中国当代百余部动画电影长片中也发现，绝大多数影片都存在目标受众年龄定位偏低的现象。[①] 除了为数不多的几部具有“全龄化”特征或更适合成人观看的影片外，绝大多数影片一开始就将目标人群锁定在了14岁以下。这些电影往往因为老掉牙的故事、直白的说教或闹哄哄的打斗使成人观众（包括14岁以上的青少年）毫无兴趣，最多的是因为不希望“亲子观影”的年轻父母们太过无聊而在人物关系或对白中加入一些时尚元素或流行话题。在这种情况下，绝大多数成人观众——甚至那些童年及少年时代在电视动画陪伴下长大、在动画生产断代期[②]接受过日本动画的趣味培育并养成动画欣赏习惯的70/80/90后观众——都无法对国产动画电影长片产生整体性的代际文化认同，而能够成为他们代际身份标识、产生代际文化认同，形成相应亚文化圈子的主要资源只能是来自境外的影视动画（主要通过盗版DVD或网络下载等方式）——其中以日本影视动画为主。于是在诸如“正太”“萝莉”“御宅”“耽美”“秋叶系”“茧居族”等相应关键词下所隐藏的不同价值观念以流行文化的方式悄无声息地影响着中国都市青年，借此他们构筑起抵御本土现实或拒绝长大的亚文化隔离墙。久而久之，受日本动画及其裹挟的审美趣味、艺术风格的潜移默化，反过来更使得这批原本应当成为国产动画电影长片的最佳受众乃至忠实粉丝的观众短期内难以接受国产影院动画。笔者曾就口碑十分不错的国产动画电影《魁拔》与凭《勇闯天下》获“中国动画学会新人奖”的傅燕导演交流，她甚至猜测像《魁拔》这样优秀的作品之所以满是哈日风，或是因为青青树公司意欲通过这种明显讨骂的方式将趣味已经日本化的国内哈日粉丝（这些哈日粉丝构成了中国动漫文化受众当中的核心层）以抽丝剥茧的方式抽离出来，又或是哪个日本动画公司想借青青树这个国产动画的

---

① 需要补充的是，在中国社会长期以来对动画艺术的偏见的影响下，现行绝大多数的本土影视制作公司在前期策划时都不敢将观影人群直接定位在18岁以上，否则会面临极大的市场风险。

② 所谓本土动画生产的断代期，即指20世纪80年代末直至21世纪初（2004年动画产业启航期）这段中国动画从计划经济走向市场经济的转型期。在这个时间段中，中国动画业被毫无保护地抛弃至市场经济大潮之中，一方面“中国学派”黄金期积累起来的生产力量为美日动画代加工，另一方面则是本土的动画生产量极低，远远不能满足本土观众的需要。于是，美日动画大量涌入本土。

壳子进入中国的市场。① 不管硬币的哪一面被她猜对，结果都反证着当代中国动画电影长片的可悲之处。

相对未成年受众而言，本土的成年受众还是十分幸运的，因为他们拥有独立的判断能力和自由选择的权力——至少他们可以不选择大银幕或假装不选择本土现实。然而，在当前电影分级制度迟迟不被相关管理机关采纳的前提下，那些打着“老少咸宜”或“亲子观影”的旗号同时却充满暴力、粗口和性暗示的电影通过高度清晰的影音设备轰击懵懵懂懂的未成年人，一向以为动画是儿童的专属自然适合儿童的家长也会毫无提防地将孩子带进播放诸如《风云决》的电影院。当未成年人听到热情洋溢的国骂、看到漫天飞舞的断手断脚、感到男女之事甚为有趣的时候，国产动画电影的可悲立即转化成为孩子的可悲。与电视动画在理论上随时可以因家长的反对意见而停播不同，21 世纪以来的剧场动画丝毫没有建立起一道安全的防线，没有一道防线可以保证孩子得到快乐以及在附带教育的同时能够抵御成人世界过早的伤害；同时也没有建立起一道清晰的分界线，② 一条允许动画艺术在成人世界中得到更大的自由发展空间，同时能使成人在娱乐的同时得到更深入的反思契机的分界线。事实上，“适合未成年人特点”在某种程度上已成为中国动画电影长片整体趋向肤浅（就现实关涉而言）幼稚（就智识而言）的天然保护伞。

与中国动画产业自上而下的发展驱动完全不同，日本动漫产业的发展从一开始就是市场趣味和个体创作（个体化的影像作家）双重驱动的产物。尽管日本同样也在经济和文化战略的层面上重视动漫产业的发展，然而政府主要起到的功能是文化推广和产业指导性质的，如提供保护资金、保护知识产权、进行企业发展辅导、建立产业信息平台等，而非具有一种来自最高权力层的意识形态主导性，以及对内容层面的部门监管性。这一点十分有趣地构成一种代际意义上的隐喻——亦即国家权力部门与动画产业之间的关系是一种平等关系，而非如同本土那般类似于成人之于儿童的

---

① 尽管傅燕后来否定了这一可能（青青树一开始就将市场聚焦于海外而非国内，并通过海外发行收回了投资），但还是提示笔者注意像《银发的阿基多》这样打着“中日合拍”旗号“暗度陈仓”的案例。

② 非常奇怪的是，当 2010 年 8 月 19 日广电总局副局长赵实回答《好莱坞电影报》记者“是否引进电影分级制度”的问题时，其答案是该制度在理论上虽然有效，在实践中却“难以抵御青少年观众进入影院”。然而，就算国内永远不可能接受 R 级以上电影，但至少当家长看到电影信息中标有 NC17 的时候，不会带着自己上小学三年级的孩子进影院。

控制性。因此，日本动漫产业的发展完全是市场（受众）导向的。这就决定了日本动漫的定位从一开始就非常清晰地瞄准不同年龄层次的人群，并注意区分不同媒介形式的主要受众群体。不仅如此，与美国影视一样，日本影视动画也根据受众的不同年龄建立了比较系统的分级制度，这就保证了不同受众定位的作品能够在各自边界之内得到自由而充分的发展。因此，就日本动画电影长片而言，绝大多数的产品都具有全龄化特征，其主要受众是成人观众，甚至还出现了像《起风了》这种在审美趣味和思想内容方面完全排除未成年受众，同时取得了极高票房成绩的电影。

上述事实不仅折射出中国动画电影乃至动画产业发展与日本存在的巨大差距，同时也为我们在具体文本的选择方面造成一定困难。我们的解决方案是，在当代日本动画电影中，选取其票房总成绩最高（等同于观影人群最广）的前十部（Top-Ten）电影加以分析，这些影片包括《千与千寻》（304 亿日元）、《哈尔的移动城堡》（196 亿日元）、《幽灵公主》（193 亿日元）、《悬崖上的金鱼姬》（155 亿日元）、《起风了》（120 亿日元）、《借物小人阿莉埃蒂》（93 亿日元）、《地海战记》（77 亿日元）、《宠物小精灵剧场版：超梦的逆袭》（76 亿日元）、《海贼王剧场版：Z》（67 亿日元）、《猫的报恩》（64 亿日元）；相反，在当代中国动画电影中，结合票房成绩，选取较具全龄化特征或更适合成人观看的电影加以分析，以此解决多数中国动画电影的低幼化倾向问题，进而解决中日动画电影因发展水平上的差异性现状而导致的大众文化价值观的代表性问题。

二、中日动画电影中女性形象及其女性意识的比较分析

一个十分有趣的现象是，在中国上海美术电影制片厂 1986 年推出的动画电影系列短片《葫芦兄弟》（2008 年动画电影长片《葫芦兄弟》则是对 1986 年系列短片的精编）中，其反面人物形象即蛇精 + 蝎子精的组合，到了 21 世纪以来继续在诸如《麋鹿王》（蛇精 + 乌鸦精国师）、《精灵女孩小卓玛》（蜘蛛精 + 蝎子精）等片中延续，从而构成国产动画电影长片中相对稳定的反派性别组合。然而，具有明显差异的是，《葫芦兄弟》中的蛇精与蝎子精在夫妻关系上基本平等，而在他们所领导的、由大小妖怪组成的黑社会组织遭遇危机或面临重大决策时，蛇精作为“邪恶智慧”的表征拥有毫无疑问的主导权；但在《麋鹿王》《精灵女孩小卓玛》等影片中，无论是蛇精还是蜘蛛精都屈从于拥有更大法力或更大力量的男性领导者，表现为明显的主仆关系。虽然我们不能立即得出中国女性主义运动的退结

论，但也使我们将当代中国动画电影长片视作折射相关议题的棱镜，毕竟这一变化颇富戏剧意味。

这种意味在于，尽管1986年版中蛇精这一形象完全靠对其女性气质的强化和丑化，即柔韧、精明和阴毒来成为反派领导者，然而在组织权力的层面上她却与男性平等甚至超过她的男性伙伴；而21世纪以来那些反派女性虽然依旧因同样的原因而被丑化，却在组织权力上完全屈从于她们的男性领导者。1986年版蛇精不由得让我们想起新中国成立以后影视剧中几乎所有的“国民党女特务”形象，恰恰是这些女妖精、女特务们比其对立面——即新中国成立后进入“花木兰式境遇”（克里斯蒂瓦《关于中国女性》）、丧失女性社会性别（Gender）差异表述可能的铁姑娘们——更为立体且更具“女人味”。然而完全走出“花木兰式境遇”后，即21世纪以来，在这种相对稳定的角色组合上发生的权力变化恰如戴锦华所言：“当代中国女性之历史遭遇呈现为一个悖论：她们因获得解放而隐没于历史的视域之外；那么，另一个历史的悖论与怪圈则是，她们在一次历史的倒退过程中重新浮出历史的地平线。”[①] 简而言之，这一变化的实质是女性性别差异的再度被发现要以女性在两性权力方面的牺牲为代价，“进步”与“倒退”出现悖论式并存。

我们从棱镜中发现的倒退并不止于两性权力方面——事实上，当代中国动画电影长片不仅参与建构女性社会性别，而且在总体上还强化了关于女性社会性别的刻板印象。第一，以女性或雌性动物为一号角色的动画电影少之又少，仅有《梁山伯与祝英台》《精灵女孩小卓玛》《麋鹿王》《马兰花》《犹太女孩在上海》五部，而绝大多数影片的一号角色为男性或雄性动物，几乎所有女性或雌性形象都仅为相对次要角色；第二，在包括主要角色和次要角色、正面角色和反面角色的所有女性形象当中，与迪士尼传统影片一样（好姑娘+坏巫婆式的女性角色模式），简单的两极分化现象极为严重，要么是纯洁无瑕如天使一般的女孩儿，要么就是阴毒、丑陋、凶残的成熟女性（如蜘蛛精及蛇精）及老年妇女（如《马兰花》中的藤妖）——她们总是因为追逐年轻、充满欲望或试图拥有更大的控制力而作恶或作为恶的表征；第三，绝大多数的正面女性形象虽然可用“天使”来笼统概括，然而这些甚至拥有特殊神力或特殊品质（道德品质直接

① 戴锦华：《当代中国电影中的女性与女性的电影》，中国艺术批评网，http://www.zgyspp.com/Article/y5/y54/200809/12177.html。

转化为物质能量）的“天使”却几乎无一例外都是花瓶，她们虽然拥有“很萌很萝莉”的外表，但普遍智商低下，既然爱心总是泛滥那么表演自然矫情，因为弱不禁风所以必须召唤男性英雄前来拯救。

另外，不但绝大多数的作品中女性形象处于被支配的地位以及以被事先指派好的刻板模式出现，而且在极少数勉强适合成年观众观看（而且这些观影的成年观众必须在一定程度上是动漫迷）的动画电影长片中，女性角色既可以因人物关系的需要被分配给那些多少显得孤独的男性英雄，同时也可以因剧情发展的需要而随时被牺牲——哪怕这种牺牲或分配意图明显或无厘头。比如，在内地票房三千多万元的香港电影《风云决》中，由四男四女配对组团、四邪四正搭配出现的八个主要人物如下：聂风＋第二梦、步惊云＋紫凝构成的正面形象与傲决＋残姬、断浪＋冰影构成的反面形象。其中第二梦和紫凝至少在这部动画电影中毫不加以掩饰地被分配给两位绝世英雄，而且只是挂在他们肌肉发达的胸前、奖励他们英勇无畏的男性气质的两个勋章——甚至在某种程度上还起到了提示他们注意自身男性性别边界、防止兄弟之情转变为耽美之爱的附带作用；而两位男性反派的勋章——残姬和冰影从一开始就注定要随邪恶恋人的毁灭而毁灭，只是残姬的毁灭为傲决蓄积愤怒的同时还能建构其孤傲性格，从而多少还有些价值，但冰影的毁灭在匆忙完结的情节叙事、糟糕的动作定时（Timing）、莫名其妙的对白下显得极无厘头。

然而，在日本当代动画电影 Top-Ten 中，我们发现了完全相反的情况。

首先，《千与千寻》《借物小人阿莉埃蒂》《哈尔的移动城堡》《猫的报恩》的主角毫无疑问是女性，除去《宠物小精灵剧场版：超梦的逆袭》这一部以非性别化的“口袋妖怪”为主角的电影，以及《悬崖上的金鱼姬》《幽灵公主》这两部很难区分第一主角的电影，Top-Ten 中分别以男、女性为电影主角的比例为 3∶4，以女性为主要角色的电影数量超过了以男性为主角的电影——若计算票房则比例甚至达到 7∶3，以女性为主要角色的电影其票房远远压倒以男性为主要角色的电影。

其次，日本动画电影长片中的女性形象在类型上十分丰富。《千与千寻》中的主角千寻、《猫的报恩》中的主角小春，刻画的是十二三岁的普通女孩形象，她们都有一些“被宠坏了”的小毛病；《借物小人阿莉埃蒂》中的主角阿莉埃蒂、《幽灵公主》中的女主角珊、《哈尔的移动城堡》中的主角苏菲、《地海战记》中的女主角瑟鲁等都是普通的青年女性形象；《起风了》中的里见菜穗子、《地海战记》中的恬娜都是普通的家庭妇女，着重突出的是善解人意、温柔的一面；与绝大多数没有“魔法”的普通女性形象相对的是少数女巫形象，如《地海战记》中的女巫蜘蛛，《千与千寻》中的女巫汤婆婆、钱婆婆等。

再次，这些女性形象无论主角还是配角，在性格刻画方面都十分立体、丰满，各具差异性，且能够充分展示其成长和变化的历程。同样是少女形象，性格软弱的千寻被着重刻画的是在魔法世界历练过程中逐渐收获坚毅、忍耐的成熟品格，小春则被重点描写其爱幻想、求安逸、不守时的特点，并在幻想世界中逐渐正视弱点并得到成长；同样是青年女性，阿莉埃蒂被着重刻画的是独立、勇敢的品格，苏菲则突出其善良、坚韧不拔的性格特点，瑟鲁是一个受伤害、受虐待而对陌生人充满敌意和恐惧的形象，珊则是一个充满野性力量、因不信任人类而具有高度攻击性特征的“狼女”；同样是女巫，除了蜘蛛类似中国动画电影中刻板的邪恶表征外，无论是钱婆婆还是《幽灵公主》中的部落女巫，都是十分善良的女性，而汤婆婆这个反派形象也有着极为立体的性格特征，尽管她会十分残忍地将有轻微道德过错的人类变成动物，同时具有极强的控制欲和金钱欲，然而她却十分疼爱甚至溺爱她的独子，也认真遵守魔法世界中的规则，具有高度的性格复杂性和形象立体感。

最后，日本当代动画电影长片中的女性形象虽然具有高度的差异性，却集中凸显了现代性的、普世性的女性价值理想，尤其推崇女性自身的独立性和尊严感——且不论阿莉埃蒂那种高度的代表性，即绝不轻易接受男性友人的施予与帮助，最终接受来自男性伙伴的礼物仅代表友谊被承认的一个象征，就算像《地海战记》中的恬娜那种次要的家庭妇女角色，也在其爱人——拥有强大魔法力量的男性法师雀鹰面前时刻表现出独立、自尊的优秀品质。而《起风了》中的女主角里见菜穗子虽然是一个比较传统的日本家庭女性形象，然而该片却是 Top-Ten 中唯一一部现实题材动画（这在世界动画电影史中亦极为罕见），是对日本战前传统女性美德的历史反映，因此，患有严重肺结核的她允许丈夫——零式战斗机设计者掘越二郎在卧室中抽烟的那种“爱的顺从”，属于特殊历史年代的现实个案。当然，该现实个案的存在恰恰能够使其余所有幻想题材电影中的女性形象的价值导向性高度凸显出来，亦即其余所有正面女性形象才是真正被推崇的。

比照日本动画，在当代百余部中国动画电影长片中，表征女性地位的一个突出反例是被许多资深动漫粉丝骂为“脑残”但同时又在票房上遥遥领先于其他国产动画的《喜羊羊与灰太狼》系列（总票房近 7 亿人民币），其中的红太狼尽管不是主要角色，但随时砸向灰太狼的“平底锅”却时刻提醒着她在家庭中的霸权地位，而灰太狼也成为国内千千万万待嫁女性或已嫁女性理想丈夫的欲望投影，同时构成吸引最广泛的人群前往影院观看这部 Flash 动画的重要理由之一。然而，这颗在成千上万中国女性心中在家庭模式方面显得如此完美的宝石，仍然折射出这样一道昏暗幽昧的光线：“嫁人要嫁灰太狼”的另一种表述是，女性就应该心安理得地躲在男性打造的家庭堡垒中，花更多的时间关心自己的容貌，反正美丽和生育已经足以抵偿男性的所有艰辛付出。

三、中日动画电影中动物形象及生态观的比较分析

也许没有任何一种艺术形式像动画那样“热爱动物”，这不仅表现在我们所熟悉的那些诸如米老鼠和唐老鸭、汤姆和杰瑞、一只耳和黑猫警长、孙悟空和猪八戒、喜羊羊与灰太狼等著名形象身上，也表现在几乎难以在一部影视动画当中找不到动物形象上，更表现在当今动画作品当中流行宏大的环境保护及动物保护主题上。然而硬币的反面却是，没有任何一种艺术形式比动画更充斥着将人类自身的道德标准、价值理念和喜恶趣味强加于动物身上，使其分化为善与恶的刻板阵营、成为传达国族冲突的愚蠢表征、变成人类身边宠物式的小跟班乃至构成验证动画技艺的不死牺牲品。

因此，在动画研究中引入物种主义视角就显得十分必要。鉴于物种主义（Speciesism，又译为物种歧视主义）并不为本土的动画批评所常见，此处有必要简单回顾一下其历史及内涵：该词首先出现在英国作家莱德（Richard D. Ryder）的《科学的受害者：科学研究中的动物使用》（*Victims of Science*：*The Use of Animals in Research*，1975）一书中，在他看来，这是继殖民主义、种族主义和女性主义之后下一个阶段的批判逻辑扩展。该词在西方语境中真正被广泛应用则是得力于英国哲学家兼环保主义者辛格（Peter Singer）的推广，他在《动物解放》（*Animal Liberation*，1975）一书中写道：“物种主义是因为某一物种的成员因自身的利益需要而将不公正和偏见态度强加于其他物种的成员之上。”① 在辛格之后，反物种主义不仅常常与反人类中心主义、环境保护主义、生态伦理学及社会生物学联系起来，作为反对因人类自身的利益而肆意破坏自然、滥捕滥杀动物的批判理

① Peter Singer. *Animal Liberation*. New York：Harper Collins，1975，p. 6.

论资源，而且在西方也开始向包括文学、影视、动画在内的文化及艺术批评扩展，解码人类那些有意识或无意识地包含物种歧视态度的文化符码。如塔德·鲁特尼克（Tadd Ruetenk）对美国黑人女作家托尼·莫里森小说《宠儿》的物种歧视主义的批评，认为她错把剥削动物视作奴隶解放的条件①；又如约翰·多威（John Dower）、托马斯·拉马利（Thomas Lamarre）等人对“二战”时美日动画的研究发现当时美日流行动画大量采取了将种族矛盾转换成物种矛盾的创作策略，如美国将日本敌人描画为令人恶心的爬行动物、面目可憎的昆虫或恐怖残忍的大猩猩，日本战时流行动画《桃太郎的海鹫》中的桃太郎则带着一群正义动物攻打长着犀牛角的“西方殖民者”。②

与多威及拉马利研究的情况极为相似的是，在《功夫熊猫1》这部作为“好莱坞写给中国观众的第一封情书”的影片当中，梦工厂工作室就以较不起眼的方式将中日两国积累已久的国族矛盾塞进动物形象当中，希望中国观众能在欣赏代表中国的阿宝最终打败代表日本的雪豹太郎（TAI LANG）过程中获得额外的被取悦感。当然，TAI LANG这一投机取巧的中文音译肯定不会激起日本观众的不满或英语世界文化批评者的警觉，毕竟日文“太郎”的罗马拼音写法是“TARO”。然而，“功夫熊猫”系列在中国的大卖激起了国内动画人在荣誉和票房上的双重不满，从而以孙立军为首的本土动画精英创作团队在故事题材基本相似、技艺水准相差不多的《兔侠传奇》中将反派一号角色设置为“伪装成熊猫的大白熊”。这只将自己眼圈涂黑的大白熊外形魁梧而内心残忍迷信暴力，试图通过巧取豪夺的不正义手段取得武林盟主的最高宝座，但最后仍然被一只与“功夫熊猫”相比身材同样肥胖、心智同样简单、运气同样不错的本土大白兔打败。这种角色设置虽然寄予着国产动画人的战术性考虑，即借“打伪装成中国熊猫的美国大白熊”的舆论造势来激起国人对本国动画的关注和信心，但试图将民族主义情绪通过动物形象编码进动画却并不值得鼓励。

除了这种在国产动画中并不十分常见的编码方式外，在大量以动物形象为主要角色或次要角色的21世纪动画电影长片中，最为常见也最为刻板

① Tadd Ruetenk. Animal Liberation or Human Redemption: Racism and Speciesism in Toni Morrison's Beloved. 《外国文学研究》，2007年第1期，第40页。

② Thomas Lamarre. Speciesism Part Ⅰ: Translate Race into Animals in Wartime Animation. *Mechademia*, 2008, Vol. 3, p. 75.

的手段是以与人类亲近的关系或是否对人类具有攻击性、危害性为标准，将动物编码为善与恶的不同阵营。一般而言，食草动物、非肉食性鸟类或猫狗等已被人宠物化及家畜化的动物往往与人类一起站在善的一边，而食肉动物、猛禽、两栖动物及昆虫则经常成为恶的表征。在人类的道德理解中，具有潜在攻击性并以其他动物为食物的动物自然是恶的，反之吃草的动物则是善的。这就将早在一百多年前就被尼采批判过的人类最为庸俗的价值观强加到动物和自然之上，将人类的偏见态度和厌恶情绪通过动画形象继续错误地流传。周作人则早在20世纪二三十年代就对中国古代那些毫无科学之真却有卫道之志的格物学说（如“螟蛉有子”或“恶枭食母”）进行了批判，然而今天的动画电影长片中的动物形象却依然采用人类的价值判断标准，仍旧缺乏具有一定程度的科学真实性并对野生动物表示敬意的角色设定。即便诸如《麋鹿王》《梦回金沙城》《虎王归来》《藏羚王》《马兰花》《精灵女孩小卓玛》等以环境及动物保护为主题的电影当中，除了让动物开口说话、让动物拥有神力等十分低端的拟人策略外，从未给予动物以建立在物种差异性基础上的应有尊重和必要距离。

固然，动画对动物角色的偏爱出于拟人手法的惯常使用，让动物像人那样说话、行动和生活至少对儿童而言是具有吸引力的，然而这并不意味着拟人就必须以一种低端和幼稚的方式实现——并不是只要在人身上嫁接一个动物的头就是拟人，也并非将人类中心转换为动物中心就是对动物的尊重。反观西方优秀的动画电影，更为高明的拟人方式是在尽最大可能地了解人与动物以及不同动物间的差异性基础上实现的①：如《料理鼠王》中不仅让使人类感到恶心的老鼠成为主角，而且这只老鼠恰恰是因为自身的喜好（做美食）而脱离了种群的差异性才与人类为友，人类与鼠类种群之间的紧张关系直到最后才以理想的隔离方式消除；再如《了不起的狐狸爸爸》，尽管其社区化的生活方式乃至行动方式与人类几乎无二，但不仅人与动物之间的激烈冲突成为该片的主题，而且还使得这群在人类周边生活的狐狸通过对一头野狼（表征为野性的呼唤）的怅惘表达了自身的种群身份（Wild Animal）认同。相反，我们的动画电影中充满的不是具有张力

---

① 当然，就动作表现这一动画本体论层次而言，在拟人与保持原先物种差异性之间寻找平衡点是需要逼真技术效果、极高艺术水准和大量资金投入的，这对在该层次上极其粗糙的21世纪中国动画电影长片而言意味着巨大的差距——无论是横向比较（好莱坞动画）还是纵向比较（“中国学派”时期）。

的差异性，而是几乎毫无差别的“和谐”，人类与他们所喜欢的动物总是像朋友，更确切地说是像和自家的宠物那样走在一起叽叽喳喳。

除了在拟人层次上的低端外，一种相对高端的舶来技艺①也在“夸张”的表现方式下逐渐将出现在中国动画电影中的动物塑造成永难被伤害（Invulnerable，请参拉马利的研究）的形象——当然“永难被伤害”的前提是为了屡屡被伤害，从而成为验证“画出来的运动”之动画本性的不死牺牲品。中国动画在“中国学派”时期所秉持的“会动的画”即美术片品质进入到产业化时期后被渐渐放弃，于是突出动作表现（“画出来的运动”）而非展示美术水准成为新的追求目标。然而，当中国动画似乎渐渐“回归”到动画艺术的美学本体之后，对运动的崇拜（Kinetophilia）势必导致“热爱动物”的动画在动态形象塑造当中将动物视作各种内外力形式作用下的试验品，它们在包括摩擦力、引力、重力等力学条件下因被挤压、被摔打、被拉伸、被扭曲而变形——同时却又能在遵循或不遵循力学逻辑合理性的前提下不受任何伤害。必须承认的是，迪士尼及好莱坞影视动画中常常出现诸如汤姆猫被从高空掉落的电熨斗砸成熨斗脸或迈克老狼遇到美女时掉落的下巴和突出的眼睛，这在纯粹的变形技法层次上是值得中国动画艳羡的，他们至少还遵循力学逻辑或其他一般物理学逻辑，从而可以躲在“艺术真实”的美学碉堡中；然而面对诸如《喜羊羊与灰太狼》《虹猫蓝兔火凤凰》《虎王归来》中经常遭受暴力的正反动物形象之时我们就会感到双重悲哀：一方面是因为影片为了表现出运动的夸张效果从而让动物时不时会被炸飞上天或重摔在地，另一方面则是这些不死的动物往往因简单省钱的 Flash 形式（拙于在轮廓上体现出自然细腻的变形）或无能于遵守力学逻辑的原因而没有表现出其作为“技艺试验品”的“应有价值”。

与中国动画电影长片中普遍出现的技艺问题不同，日本动画电影中对动物形象的刻画首先并非基于美式动画那种重变形、求夸张的动作表现形式。日本动画主要采用的是“有限动画”（Limited Animation）形式，即拙

① 这种舶来技艺最早要追溯到第一部国产动画电影长片，即万氏兄弟创作于 20 世纪三四十年代的《铁扇公主》，该部电影作为中国动画电影的最初萌芽对迪士尼动画技法的依赖性是非常明显的：这不仅表现在人设方面孙悟空与米老鼠如出一辙、狐狸精类似于贝蒂小姐等，还表现在对迪士尼动画之塑性力学（Plasmaticity）和弹性力学（Elasticity）的动作技法借鉴上，比如沙和尚的脸被门撞平或猪八戒的身体被大石头压扁等。正是后者意图将动物塑造成永不会死或永难被伤害的形象，然而当中国动画自 20 世纪 50 年代中后期进入到“中国学派”的黄金时代后，因对传统美术形式的倚重而抛弃了这种好莱坞的变形技法，却又在 21 世纪产业化时期再度出现。

于表现人眼自然捕捉到的连续运动过程，这种连续运动过程建立在1秒播放24帧画面的基础之上。日式的有限动画常常采用1秒12帧甚至频率更低的画帧，因此不可能出现流畅自然的表现运动/变形的过程。这种技艺层面上的劣势反倒使日本动画电影中涉及动物的运动影像往往以比较写实而非夸张的形式呈现，因此由于夸张、变形而导致的上述涉及物种主义的问题在日本动画电影中很少出现。

技艺形式只是一个方面，更加值得本土动画人及公众深加反思的是日本动画电影中动物形象所传递的尊重物种差异性的大众价值理念，以及比中国动画那种一厢情愿式的“人与自然之和谐”远为深刻的大众生态观念。

首先，日本当代动画电影对动物形象的刻画早已摆脱战时动画那种种族主义式的编码形式，也不是简单依据食草/食肉或与人类亲疏远近的关系套上善恶的道德框框，而是首先拥有基于自然法则的高度独立性，无论是《幽灵公主》中的十分凶猛的白狼、野猪、猩猩，还是《悬崖上的金鱼姬》《地海战记》中的弱小而温柔的动物，皆强化与人性存在高度差异性的自然性特征并没有因为人类的好恶而被加以简单化的道德编码。

其次，正因为这种尊重自然生物的独立性，日本动画电影长片在表现人与动物进行交流之时，往往不是采用简单的“让动物开口说话”这样的方式，动物与人类的交流往往在魔法的作用下被描绘为一个值得万分珍惜的奇迹。

再次，同样出于这种独立性，日本动画电影中动物形象的刻画本身也十分丰富和立体，充分表现出人与动物之间存在的各种关系。在《幽灵公主》这部以生态保护为核心主题的电影中，人与动物之间的关系主要是对立关系，这种对立关系以凶猛的白狼、野猪等动物与人类的战争为表征——除了对立关系之外，麒麟神兽则在某种程度上表征着人与动物之间共同的自然性维度；在《地海战记》《千与千寻》等影片中，巫师通过魔法召唤、控制动物则表征为人类与自然之间的利用关系；在《宠物小精灵剧场版：超梦的逆袭》《海贼王》等影片中，人与动物的关系则在魔法的作用下表现为伙伴、朋友关系。

最后，日本动画电影通过独立的动物形象及人与动物的对立关系所揭示出来的生态理念是十分深刻的。这点充分反映在以生态保护为主题的《幽灵公主》之中。这部电影在理念表现上十分简单，讲述了一个部落少年阿席达卡为了调查野猪变成凶魔神而离开部落远游，遇到一个被白狼养大的少女——幽灵公主珊，在她的帮助下少年最终发现是因为人类砍伐森林而激起了野猪、白狼等生物以最凶残的方式、最恐怖的形象即变成凶魔神来对抗人类。当然，以幻姬为代表的人类砍伐森林的原因并没有被简单归结为人类的贪欲（片中人类的贪欲表现在希望猎捕麒麟神兽以获取利益）；相反，砍伐森林、破坏生态的原因被归结于一个人道主义因素，即幻姬收容了一群在战乱年代中无处安身的穷苦农民，以平等的态度对待他们并建立了一个其乐融融的社群，为了尽最大的可能保护他们免受其他势力的伤害，幻姬率领他们砍伐森林、开采矿物、冶炼金属，以制造保卫家园的枪支弹药，在这一过程中无可避免地与依赖自然、守卫森林的动物发生冲突。这一矛盾不是在“人与自然的和谐”的理念下被自然消除，恰恰相反，“人与自然的和谐”本身在矛盾的激化过程中呈现为一个极为奢侈的理想——人类与自然的冲突在这部影片中始终未能调和，这点充分表现在两个少年的爱情最终难以获得归宿上——阿席达卡与珊彼此相恋，然而珊最终却因不能原谅人类（尽管她也是人类）而与阿席达卡分离。

四、中日动画电影中民族文化价值观的比较分析

在虽有代差但却基本平行的中美动画电影长片史上，有两部电影真正刺痛了中国电影人、文化批评者乃至一些中国电影观众的神经，并引起他们试图保卫中国文化免受外来文化“殖民”乃至“侵略”的行动，这些行动不仅仅只是在学术刊物、报纸杂志乃至网络博客上发表反思性或呼吁性的文章，最近一次的保卫战甚至演变为一场商业气味十足、难脱炒作暧昧的阵地攻坚战。一部是迪士尼 1998 年推出的《花木兰》（*Mulan*），一部是梦工厂 2008 年推出的《功夫熊猫》（*Kung Fu Panda*），后者的续集刚刚伴随着“熊猫‘艺术家’”赵半狄、北大教授孔庆东、北影动画学院院长孙立军以及一个“好莱坞叛徒”提姆·赖斯（Tim Lies）的联合唱衰声下线。这两部电影所刺痛的神经是好莱坞如何自信自如地运用“中国元素”① 并以此创造出“富有中国文化底蕴、承载中华优秀传统文化的动漫产品”②。

① 当今对“中国元素”的寻求表现出本土动画艺术发展史上的断层：计划经济时期的“中国学派”对“中国元素”的纯熟运用建立在无须计较成本的基础上，因此产量极低且不能适应产业化大规模发展；进入市场经济之后国内大量的动画艺术生产者随之沦为美日动画的外包，再加上播映市场上美日等现代动漫文化的涌入导致观众趣味的变异，从而影响到国产影视动画越来越丧失本国风格。

② 摘自国务委员陈至立于 2006 年 11 月 9 日在扶持动漫产业发展部际联席会议全体会议上的讲话。

当国人发现好莱坞如此轻松自如、毫不客气地运用中国文化符号生产自己的文化产品并在全世界赚得盆满钵满之时，“后殖民阴谋”及与“文明冲突论”捆绑在一起的“文化侵略论”就成为最便宜、最冠冕堂皇同时也最骇人听闻的理论武器了。

国内在关于这两部动画的研究中，最常见的批评套路就是运用后殖民理论并持文化侵略论调细察好莱坞如何以“中国元素”为幌子在主题、叙事、语言、人设、动作等不同技术层次偷偷塞入“西方价值观”。“它（指花木兰）正如 ABC（American Born Chinese）被戏称为‘香蕉人’一样，是‘黄皮白心’的。由于影片是用西方的话语、西方的视角，并用西方的价值观来规定和观照其所叙述的中国故事，因此无论它在制作中采用了多少中国的元素，其所折射出来的意识形态还是西方的价值理念。”① 在《花木兰》中，“西方价值观”的体现是用“女权主义”“人人平等”和“自我意识”来偷换本土文化传统中的“忠孝”主题，“因为美国在世界媒介文化中占据主导地位，美国在全球化的进程中实际上扮演着主角，这使《花木兰》迪士尼全球化在实质上成为美国化，只不过美式的女权主义和个人主义在西方世界、在现代社会具有很强的普适性而已”②。而在《功夫熊猫》中则强调“好莱坞这个美国文化部、美国中宣部”（孔庆东语）用“个人英雄主义”以及“美国梦”的价值差异性来赚中国人的钱、洗中国人的脑。“《功夫熊猫2》是一部挪用中国元素，以热爱中国文化的名义戏弄中国人的电影，好莱坞所谓‘给中国的情书’‘保护中国文化’，全部都是谎言，正如一位前好莱坞工作者所说：一切都是以赚钱和洗脑为目的！”③

无论这些论说出于何种良善动机，当后殖民批评者或文化侵略论者不恰当地将女性主义、自我意识、个体价值等视作本土文化的他者之时，所拒绝的不仅是西方文化对本土文化的影响，同时也是本土文化进一步现代化的契机以及文化启蒙的继续推进。陶东风教授在《告别花拳绣腿，立足

---

① 李婉：《穿比基尼的花木兰——从叙事学角度看迪士尼影片〈木兰〉对中国〈木兰诗〉的改编》，《重庆交通大学学报》，2007 年第 4 期，第 65 页。

② 秦志希、翟晶：《从迪士尼〈花木兰〉看全球化语境下的跨文化传播》，《现代传播》，2002 年第 2 期，第 25 页。

③ 《“六一”去看大自然，不看〈功夫熊猫 2〉——致家长和孩子们的一封信》（该信由赵半狄、孙立军、孔庆东等人在北京电影学院联合发出，并得到前好莱坞工作者提姆·赖斯的响应），摘自赵半狄新浪博客，http：//blog. sina. com. cn/u/1226712162。

中国现实》一文中指出："后殖民主义把现代性转化为空间上的强/弱文化关系，而不是原来理解的时间上的先/后关系，但是却不能解释为什么强的即是坏的、不道德的。不管是强势文化还是弱势文化，都仍然存在是非问题。关键的问题还是：我们必须在我/他族、强/弱的标准之外与之上，建立一个普世的标准。"① 自由平等理念及自我意识的张扬、个体价值的实现等所谓的"西方价值理念"即便是异于中国传统文化的，作为一种普世性的现代价值观也并非是站在我们当下对立面的"他者"。事实上，如果这些"西方价值观"成为包括动画在内的本土文艺创作必须绕过的障碍（在实际情况中根本绕不过），那么本土文艺作品中所显露出来的价值空洞就清晰可见了。

因此，反观21世纪以来的中国动画电影长片，即便充斥着海量的"中国元素"，也绝无任何一部作品清晰表达了"民族文化价值观"。受国家文化管理机关以及产业发展政策的鼓励，以及诸如《花木兰》《功夫熊猫》等"盗用"中国文化符号的外国电影的刺激，"中国元素"早已铺天盖地，其运用也渐趋成熟，而至今都没有一部真正能给人留下深刻印象、吸引最广大观影人群、激起非炒作的自发性热议乃至可作为中国动画电影发展史之新标杆的作品。据笔者的统计，从1999年上海美术电影制片厂的《宝莲灯》这部试水产业化运作的动画电影开始计算，十余年来中国动画电影长片的院线放映总量至今已达百部。② 在这些影片中，除了像《魔比斯环》等极少数几部因题材或合拍等因素而较为明显地不具备"中国元素"的片子，绝大多数的动画电影不仅在题材、场景、人设、动作、音乐、色彩等制作技艺层面或多或少地突显出"中国元素"，甚至在后期商业推介层面突出"中国元素"也成为十分常见的一种宣传手段。这种宣传手段主要面向国家相关文化管理机关，作为取得官方认可、官方资源乃至各类奖项的依据；同时也部分面向普通观影人群，希望凭借镜像效应使本土观众获得日常生活的熟悉趣味乃至国族身份认同。

然而，正是因为在价值理念层面缺乏有力支撑和艺术统一，包括题材

---

① 陶东风：《告别花拳绣腿，立足中国现实》，《文艺争鸣》，2007年第13期。

② 当然，这也包括许多只是"院线一日游"的片子，即那些虽然公映，但却因市场吸引力太弱而很快下线的片子；另外，笔者的统计不包括诸如《宝葫芦的秘密》《铠甲勇士之帝皇侠》等真人+动画类型的电影。随着数字技术的广泛应用，真人电影中出现的3D特效及动画形象越来越多，动画电影与真人电影之界限越来越模糊，其所造成的文化及美学问题的复杂性并不在本文的讨论范围之中。

上的传统故事、人设上的民族造型、动作上的中国功夫、场景上的中国风、音乐上的民族器乐等，中国元素无法形成一种相互应和、相互融合的关系，最终这些元素只能作为点缀或装饰，流于精致的外表下常见的轻浮。在百余部动画长片中，创自中国传统民俗、民间故事、历史故事、神话传说、四大名著的至少有《马兰花》《梦回金沙城》《麋鹿王》《西岳奇童（下）》《虎王归来》《红孩儿大话火焰山》《梁山伯与祝英台》《神弓传奇》等二十多部（其余多为原创），然而这些本该最具有“中国元素”特征的产品却没有任何一部票房超过1 000万元（甚至许多作品票房仅以数十万元计）——与动画电影长片动辄投入数千万乃至上亿元资金相比，结论似乎十分讽刺地说明“中国元素”简直成为打垮中国动画电影长片的票房毒药。唯一的反例则是没有在大陆公映的《麦兜故事》（而非上海文广的《麦兜响当当》），这部制作技艺简单、投资相对低廉却票房大卖且收获国际动画最高奖项——安锡奖的香港动画电影，其中一点都不精致的“香港元素”得到了正经历着亚洲金融危机的“草根”的有力支撑。

与中国动画苦苦寻求“中国元素”或“中国风格”不同，日本当代动画从来不具有表现“民族文化价值观”的焦虑感。恰恰相反，其民族性内涵与国际化视野高度融合在一起，既具本土性又具开放性，而没有表现出中国本土常见的对立感。

首先，从题材上看。在日本动画电影Top-Ten当中，有三部作品直接改编自西方文学名著。《哈尔的移动城堡》改编自英国的儿童小说家黛安娜·W. 琼斯的《魔法师哈威尔与火之恶魔》，《地海战记》改编自美国小说家娥苏拉·L. 瑰恩的《地海传说》，《借物小人阿莉埃蒂》改编自英国作家玛丽·诺顿的奇幻小说《地板下的小人》；而高度突出日本特色的影片也有三部，即《千与千寻》（当代日本）、《起风了》（现代日本）、《幽灵公主》（古代日本）。本土动画电影长片一方面至今未见直接改编西方题材，缺乏日本动画电影选题方面的国际性视野和拿来主义精神，另一方面本土动画电影表现“本民族”或“本国”时似乎只能从古代文化中寻求资源，很少有表现现代、当代题材的作品。

其次，从表现形式上看。尽管日本动画多以“有限动画”的形式呈现具有一定缺憾意味的运动影像，然而这并不意味着日本动画的动作表现缺乏韵味。事实上，对于动画艺术而言，能够被人一眼就认出的本土性特征，绝不仅仅局限在场景、服饰、道具等显性的、静帧表现的视觉符号层面。恰恰相反，动画艺术所体现出来的真正的本土性，是由运动影像——

肢体语言所传递的。因此，日本"有限动画"正可以恰如其分地表现出日本人机械、拘谨甚至略显僵化的肢体语言特征，而这种肢体语言特征与日本民族性格又紧密结合在一起。从而，无论日本动画中的人物形象是金发碧眼（西方改编）还是黑发黑眼（本国故事），人们都能够一眼就认出其中强烈的日本意味。

最后，从影片所传递的价值理念上看。日本动画电影长片能够清晰地表现出本民族的基本价值观，这种价值观既是当代的，同时又反映出本国的民族文化价值和对特殊历史的认识。比如《起风了》这部高度写实性的动画电影，描写的是"二战"时世界著名战斗机——零式战斗机设计师掘越二郎的故事，虽然零式战斗机因日本军国主义而恶名昭彰，然而设计者本人却是一个比较纯粹的创造者——即致力于创造出最优秀的飞行器。影片中他也曾表现出对日本军国主义和战争的厌恶，以及对飞行器安装武器并成为战争机器的不快，但对个体梦想的坚持并没有使他放弃设计。影片着重刻画的是掘越二郎的个体价值理想，并未深入反思战争本身的正义和邪恶。这点恰恰是该片招致诸多非议的地方：日本右翼自然不满导演的和平主义诉求，然而相反的舆论则指责影片主角分享了"平庸的恶"。这种矛盾恰恰是绝大多数日本国民特殊历史认识的真实反映。相似的矛盾还出现在《海贼王剧场版：Z》这部影片中，其中主角 Z 毁灭整个"新世界"所有生灵的行为虽被阻止，然而影片却未在任何地方加以道德反思，相反还为其安排了一个"有尊严"的武士道葬礼。

比照日本动画，并非如同许多国内动画评论者所认为的那样，从传统文化的故纸堆中拨拉出一些东西就能开发出"中国风格"和"中国形象"，也并非将"中国元素"拼凑在一起就能够组装出"深层的民族文化价值观"。任何价值观的形成都必须立足于当下，无论其资源诉求面向的是传统还是西方。缺乏现实关涉是根本原因——诚然，动画电影长片因其自身拥有有别于真人电影的艺术特长，所以势必要求通过天马行空的想象制造神奇的时空幻境，从而特别偏爱童话神话、魔幻科幻等题材，但这并不意味着这些神奇的幻境可以脱离当下社会语境的现实土壤。虽然今天对"中国元素"的诉求之声超过中国动画电影长片史上的任何一个时期，然而在时代精神和现实关涉上却远远不如没有电脑、没有动作捕捉器、没有数字化的从前——尽管数字化已经成为复制现实取代真人电影从而拓宽创作题材的最有效手段。

事实上，如果我们回顾一下已经"孵化"出"经典"的前两个时期，我们就会更加清楚地意识到“民族文化价值观”是如何产生的：以《铁扇公主》（1941）为代表的中国动画电影长片初创期（20世纪30—40年代）同时也是中华民族进行民族解放战争的时期，在“孤岛”上海那种极端恶劣的被占领环境下，万氏兄弟将抗日主题偷偷编码进入传统故事并创造出亚洲第一部、世界第四部动画电影长片，集中表现了中华民族团结御侮的时代价值观（该片中的孙悟空甚至还是个穿着虎皮裙的米老鼠）；“中国学派”的成熟期（20世纪60—80年代）则以《大闹天宫》（1964）、《哪吒闹海》（1979）等为代表，这些作品同样能够轻易结合“文革”结束、反抗迫害的时代历史语境，从而拥有更为沉重的价值压舱石。这两个时期也许并不像今天那样在打造“文化品牌”（即将钱长长远远地赚进自家口袋）的资本焦虑和产业轻浮中将“中国元素”的幌子举得老高，但却因其历史的凝重而永远属于中华民族。①

总而言之，就当代在资本热力蒸腾下的中国动画电影长片而言，我们无法找到任何一部将根系深扎于现实土壤中、深扎于最广大的人群之普遍诉求之中的作品，从而深层的“民族文化价值观”也根本无处找寻。《魁拔》与《兔侠传奇》这两部在制作上十分杰出的作品也许能够提供某种进一步的启示，尽管它们也并未能够承担起表征“民族文化价值观”的重任。青青树制作的《魁拔》代表了技艺层次上的日系走向，虽然该片的哈日风格令人讨厌（青青树为日本动画做了多年的外包工作），但故事中蛮吉代表的底层妖侠与贵族妖侠之间的冲突以及底层妖侠受蛮吉鼓舞共鸣发出谐脉阵成为该剧最富张力、最具亮点同时也最为煽情的剧情设置，底层民众百折不挠、不畏权贵、力争平等的“草根”价值理念得到了集中彰显。北影学院制作的《兔侠传奇》在技艺层次上几乎达到了其对手《功夫熊猫》的水准，都是美式3D全动画的技法，都是正义战胜邪恶的传统主题，都是底层小人物变成大人物的故事，都是中国功夫的尽情展示，甚至在功夫招式的动作设定上比《功夫熊猫》还要清晰、复杂和正宗——然而，即便这部电影可以与《魁拔》一起使2011年成为中国动画电影长片发展史上的重大转折点，但其为了强调与《功夫熊猫》在价值观上的差异

① 事实上，如果我们对中国动画电影长片史上的这三部当之无愧的经典作品进行反思，我们就会发现它们的主题都相当一致地凸显了反抗性：《铁扇公主》的反抗性针对的是凶残的日本侵略者，《大闹天宫》《哪吒闹海》的反抗性则针对的是所有高高在上、欺压百姓的统治阶级。然而孙悟空或哪吒等此类民众反抗在21世纪动画电影长片中却难得一见——光这点就值得人们深思。

性而突出“路见不平、拔刀相助”的“传统文化精神”却是相当乏力的：兔二与熊猫阿宝的不同在于，后者通过自身的艰辛努力以及团队帮助最终完成自我认同从而成为金龙勇士，而前者之所以能登上武林盟主的宝座（尽管最后放弃）却从根本上依赖于临死前的老猴子将毕生“功力”传授给自己——如果我们能够沿着“功力”想得更远一点的话。这两部离笔者写作时间最近的电影给予中国动画两点启示：其一，不管用的是中国元素、日本元素还是美国元素，只要是真正具有现实关涉意义、表达本民族普遍价值诉求的作品都不是外族作品；其二，与其从一开始就从普世价值理念中切分出“我的”和“他的”，并小心翼翼地绕过“他的”且苦心孤诣地拼凑“我的”，不如将“山寨精神”发挥到底——谁叫我们无论在科技还是文化领域都如此精通逆向工程学呢？

作者简介：冯学勤，文学博士，杭州师范大学艺术教育研究院副研究员，从事中西美学及动画艺术研究。

20世纪90年代以来国产动画片的价值观问题

杜晓杰

在20世纪90年代之前，动画片与主流价值观的关系并不构成一个问题。新中国成立后的相当一段时间内，动画片的任务都被规定为“为少年儿童服务”，“用社会主义思想教育他们”。[1] 这种严格而略带政治敏感性的定位使得当时的国产动画片在某种程度上成为主流价值观的忠实传声筒。在国家体制的安排和保护下，这种主流价值观的传达以具有浓厚民族风格的形式展现，并不曾引起受众的审美反弹。而这一时期诞生的“中国学派”动画片，如《骄傲的将军》《神笔马良》《没头脑和不高兴》等，更是成为中国动画片艺术性和教育性俱佳的代表作。

而进入20世纪90年代之后，一方面动画片的制作、生产开始脱离国家体制，向市场化转轨；另一方面，以日美动画为主流的进口动画片因为熟悉市场规律，制作更为成熟，对国产动画片造成了极大的冲击。在内外交困中，国产动画片陷入了急功近利的创作怪圈。在这种背景下，动画片与主流价值观的关系问题日益突显。

探讨国产动画片与主流价值观的关系，一方面是对当下动画片的价值表述进行规范，另一方面则是以日美动画片的成功经验为参照，探索中国国产动画片传达或承载主流价值观更好的、更具中国风范的途径。

一、“小道可观”：主流价值观宣教体系中的国产动画片

当动画片成为动画产业乃至整个文化产业中重要的组成部分的时候，这一长期被视为儿童专属娱乐品的“小道”便具有了不同以往的价值。

文化产业的影响力不仅在于其对经济社会的推动作用，更在于它以产业化的形式承担着文化涵育、价值（尤其是主流价值观）宣导的意识形态

① 孙立军：《中国动画史研究》，北京：商务印书馆2011年版，第50页。

职能。而随着大众文化的迅速崛起，文化产业的这种意识形态职能就显得更为重要。动画片作为文化产业的重要组成部分，由于其自身的特殊性，又在这重要性中占据了特别的位置。

首先，受众的敏感性决定了动画片在主流价值观宣教体系中的重要作用。时至今日，国产动画片仍以少年儿童为主要的受众。根据我们的统计，64.29%的国产动画连续剧明确将16岁以下的少儿定位为目标受众。而动画片也确实正成为当今少年儿童文化生活的最重要内容。“当前，我国孩子的娱乐内容也从早年的弄堂游戏转为观看电视或玩电脑游戏，孩子在学校里谈论的话题也以动画内容和卡通人物为主，如果哪个同学对正在流行的动画片一无所知，他就有可能因此失去话语权以及与同伴玩耍的机会。”①

动画片成为少儿的日常必需品，其承载的价值内容必然会在耳濡目染中对少儿价值观的形成产生重要的影响。根据拉康的镜像理论，一个孩子在长大成人的过程中，会持续不断地对其他客体产生类似的想象性认同，而“自我”也就是在这一过程中被逐步建构出来的。对于拉康而言，自我的产生只不过是一个自恋的过程——我们通过在外部世界中的其他客体身上寻找认同感来建构一个想象性与整体性的自我。② 而动画片正是儿童建构自我身份的重要参照物。

主流价值观的宣教固然要面对已经社会化的成人，但是相较于因为社会化而产生价值固着的成人来说，面向正处于三观形成期的少年儿童的价值引导任务更显得任重道远。作为未来社会的崭新力量，少年儿童的价值观念关涉的不仅是一己的成才与否问题，更涉及民族国家的未来发展方向。我们今天正着力建构、宣扬的主流价值观若不能深入到少年儿童的教育工作中，也会成为一场空谈。

其次，作为大众文艺的重要组成部分，动画片所能发挥的主流价值观宣教作用也是不容小觑的。出于历史原因，消费时代的大众对于主流话语宣扬的价值内容总抱持着一定的抵触心理。在这种语境中，寓教于乐的“乐”就显得尤为重要，即将主流价值观以当今大众所能接受、所喜闻乐见的形式传达出去，使之成为大众文化生活中的日常品。正如陶东风先生

---

① 肖路：《国产动画电影传统美学特征及其文化探源》，上海：上海人民出版社2008年版，第199页。

② ［英］约翰·斯道雷著，常江译：《文化理论与大众文化导论》，北京：北京大学出版社2010年版，第124页。

指出的："落实和践行核心价值观的关键，是让它从官方文化转化为主流文化或主导文化，进而赢得葛兰西意义上的文化领导权，而这种转化，如果离开了大众文化的积极配合和支持，是不可能达到的。"① 而在主流价值观从神坛走向生活的过程中，动画片所能发挥的作用是可以相当大的。日本前首相麻生太郎曾高度赞扬动漫产业的工作者："你们的出色工作已经抓住了包括中国在内的许多国家年轻人的心，这是我们外务省永远也做不到的事情。"这种评价从一个侧面反映了动画片在价值宣教方面的巨大作用。

在当今的大众文艺市场，动画片已经成为一股不容忽视的力量。2013年上半年引进的美国动画片《疯狂原始人》，在短时间内便创造了3.9475亿人民币的票房，可见如今的动画片已经不是"小儿科"的儿童娱乐品。而且，动画片所营造的文化空间并不止于几十或一百分钟的影片，更催生了一大批动画衍生品，这些衍生品所发挥的文化熏陶作用是其他艺术形式所难以达到的。动漫手办以及 Cosplay 活动在青少年群体中有着相当高的吸引力。如果能正确发挥动画片在主流价值观宣教工作中的积极意义，将主流价值观融入国产动画片的价值表述中，这对于主流价值观的宣教工作将是极大的助益。

最后，当今国产动画片价值表述方面存在的诸多问题，也是不得不引起主流价值观宣教工作重视的。在上文关于国产动画片的数据分析中，我们可以看出，虽然国产动画片在数量上占据了我国流行动画片市场的鳌头，但是市场评价非常低，平均分仅有6.11分，不仅观众不爱看，学界也连连批评。一些宣传主流价值观的动画片，如《西柏坡》等，因为做工粗糙或内容陈旧而得不到观众的肯定。另外，部分动画片确实存在价值观导向错误的问题，比如《喜羊羊与灰太狼》《熊出没》等热播动画片中的暴力倾向。还有一味模仿，欧化、日化极为严重的国产动画片，如《围棋少年》模仿日本的《棋魂》，《高铁侠》模仿日本的《铁胆火车侠》，《猴王传》抄袭美国的《狮子王》，新近热播的《魁拔》系列动画电影存在的严重的"去民族化"倾向等。从形式到内容一味模仿的国产动画片就如同没有灵魂、没有骨头的人，立不起来。在这样的状况下，更应该高度重视国产动画片的价值建构，以更好地发挥其主流价值的宣教功能。

正是出于上述三方面的原因，国产动画片在主流价值观宣教工作中有着特殊的重要意义，虽然是"小道"，却影响深远，牵涉众多。

---

① 陶东风：《核心价值体系与大众文化的有机融合》，《文艺研究》，2012年第4期。

二、贴近与背离：国产动画片对主流价值观的承载

国产动画片尽管承担了价值宣教的功能，但就其本质而言，依然没有逃离大众文化的范畴，具有娱乐性、消费性、商业性和通俗性的特征。在“媒介即权力”的当今社会，大众文化既参与商业活动，又具有强烈的意识形态性。国产动画片就这样游离于资本交易与权力话语的争夺之中，对主流价值观的承载也呈现出贴近与背离的双重景象。国产动画片一方面宣扬了主流价值，为青少年创造了有利于他们人格品格及良好道德品质养成的拟态环境，另一方面又存在片面说教和过多呈现负面价值的误区。由于动画片文本的复杂性，同一部动画片对主流价值的承载可能呈现贴近与背离的双重表现，我们对国产动画片的褒贬评价不能走向片面化和极端化，应怀着包容的心态期待国产动画片的成长与进步。

（一）国产动画片贴近主流价值观的表现

国产动画片与主流价值观的贴近主要体现在塑造、完善青少年的个人品格和社会性格两个方面。个人品格主要体现在如何树立人生理想和实现人生价值上，社会性格则主要体现在如何做好家庭中的人和社会中的人两个方面。

首先，一些优秀的国产动画片中体现的自由、拼搏、奋斗、创新的精神为青少年提供了养分。《猪猪侠之幸福救援队》的主题曲的歌词“一切掌握手中，让世界更美好，坚持就一定成功”充满坚持梦想、相信美好和爱的力量。第50集《法令！源源不断的痛苦》中，遇到劲敌时，鼓舞他们继续前进的动力就是各自拥有的梦想。猪猪侠的两位小伙伴回忆自己的梦想时说：“如果赚到的钱只是用来满足自己的欲望，那么对这个世界来说，我的价值就会很小。所以，我的愿望是要用金币帮助很多很多人，做一个价值很大的人。”另外一位的梦想是“打扫干净整座城市，让每个人都有好心情”。最终他们一起为梦想努力，打败了“痛苦小怪”，拯救了童话世界。另外，经典国产动画片《海尔兄弟》也讲述了一对由智慧老人所创造的海尔兄弟和他们的朋友为解决人类面临的灾难和解开无尽的自然之谜而环游世界的故事。伴随海尔兄弟旅程的是对未知世界的探究和对一系列难题的科学解决，这种勇于探索、敢于面对、科学理性的精神蕴含着极强的“正能量”，对于青少年具有极大的鼓舞作用。

其次，人是社会中的人，存在于一定的社会关系之中，而家庭就是最

基础的社会组织，孩子的教育也从家庭开始。国产动画片中的一批以家庭生活为表现对象的作品很好地传达了温馨家庭的主题。“大头儿子小头爸爸，一对好朋友快乐父子俩。”《大头儿子小头爸爸》中展现的是由活泼可爱的大头儿子、可亲又有耐心的小头爸爸以及和蔼又时常抓狂的围裙妈妈组成的三口之家的家庭生活，是当代中国核心家庭的典型缩影。该剧的成功之处在于，能通过平淡日常的家庭叙事巧妙地开展对下一代的人生教育。比如，小头爸爸教育大头儿子不要学爸爸戴眼镜的表象，而是“要学爸爸动脑筋、爱运动、爱帮助人”；他还和大头儿子一起保护树木，爱护大自然，告诉大头儿子懂礼貌等。与该剧相同，2004 年热播的《大耳朵图图》也是一部家庭教育主题的国产动画片。《大耳朵图图》的特点在于，每一集的结尾都附上“胡图道理”，明白地告诉小朋友一些易懂但又非常有意义的道理。这些家庭教育动画片不仅能对少年儿童的健康成长起到教育作用，帮助他们形成正确的人生观、价值观，而且能为当今中国的家庭教育提供经验借鉴，同时也是父母的教科书，对于温馨家庭的构建也有极大的助益。

最后，国产动画片还在教育青少年如何与他人相处的方面起到了积极的作用，宣扬了文明、和谐、诚信、友善的主流价值观。《魔法阿妈》的结尾，恶魔被赶走之后，豆豆被告知：“无论是多坏的人和事都是从小地方开始的，莫因善小而不为，莫因恶小而为之啊。”“防微杜渐”“与人为善”的道德要求来源于中国传统文化体系，对于和谐人际关系的形成有重要的作用。在当今构建和谐社会、美丽中国的进程中，这种价值观也可以发挥积极的导向作用，帮助青少年形成正确的道德体系。而经典的国产动画片《三个和尚》，根据“一个和尚挑水吃，两个和尚抬水吃，三个和尚没水吃”的古谚改编而来。动画片通过生动的叙事，表达了对于自私自利行为的批评和对于团队合作精神的褒扬，既是对“众人拾柴火焰高”这一传统价值叙事的演绎，也是对契约社会合作意识的文艺图解，具有极强的感染性。尤其是在当下独生子女成为年轻一代生存语境的社会，如何使这些在溺爱中有可能走向自私、自闭性格缺陷的青少年学会与人相处，更是一个严峻而急迫的社会问题。《魔法阿妈》《三个和尚》这样的动画片可谓是对症下药，恰切地满足了当下的时代要求。

（二）国产动画片背离主流价值观的表现

国产动画片是一把双刃剑。近年来，在经济利益的驱动和日本、美国动画片影响下，国产动画片在语言、情节和内容上都出现了暴力倾向、低俗化和价值评价标准单一化的问题。这些暴力、低俗的情节导致了一些孩子的模仿，给社会造成了不良的影响。如果这些问题不加以解决，任由其发展的话，“娱乐至死”的时代就离我们不远了。

台词是表现一部动画片思想的最直接方式。许多国产动画片的台词中大量出现暴力、低俗的词汇。有网友总结了动画片《虹猫蓝兔七侠传》中的特色语言：“扑克、骰子、牌九可是样样精通”“啊？谋杀亲夫啊”“蓝兔，我的美人儿，娘子！美人儿，你的夫君来了！”“哼，老娘才不会上当呢！”热播动画片《熊出没》也是暴力语言频出。《开心宝贝之开心超人大作战》的台词中竟然还出现了“兼职代写小学生作业”等类似言语。这些暴力、情色、粗口的台词很容易被青少年学习，形成不良的社会风气。

部分国产动画片的情节也充满了暴力、低俗的色彩。国产3D动画片《我叫MT》根据网络游戏《魔兽世界》改编而成，故事由打斗场景推进情节发展，强调用报仇等以暴制暴的方式解决问题。《开心宝贝之开心超人大作战》中出现从楼上砸下铁桶的情节，以及“小小怪”捡到书不是想到还给失主，而是占为己有的情节；《熊出没》中乱砍滥伐的情节；《大英雄狄青4》中有下毒药、逛妓院的情节；还有《喜羊羊与灰太狼》中烤羊肉的情节等。如果孩子们长期接触这些暴力、血腥、低俗的情节，我们真的要痛惜孩子纯真童年的消逝。

在动画暴力干扰青少年健康成长方面，日本已经有惨痛的前车之鉴。与我国不同，日本动画面对的受众较为广泛，所以其主题也涉及情色、犯罪等，因此造成部分青少年受到动画作品的影响而走上恶性犯罪道路。虽然国产动画片在表现犯罪等恶性暴力问题方面有严格的限制，但是由于受到动画中这些语言暴力和肢体暴力的影响，青少年的语言纯洁性受到极大威胁，很多成人化的不良语汇过早地进入青少年的日常生活；而肢体暴力的过度展示则使青少年在性格上易走极端，此类新闻已经屡屡见诸媒体。

国产动画片出现以上问题的原因是多方面的，一方面是受到利益的驱使，为了博得观众的眼球，利用孩子的好奇心获得较高的收视率；另一方面主要是受到日本动画片的影响，特别是日本热血动画片中存有大量打斗情节。还有一个原因是目前我国管理动画片制作、播放的法律、法规不够健全。虽然我们指出日本动画片在内容上存在的诸多暴力问题，但是日本影视产品有一个相对完善的分级体系，针对不同的受众制作相应的动画产品。国内动画厂商只看到日本动画片中的情色、暴力桥段所带来的高收视率和回报率，却忽视了这些动画产品在日本面向的是具有相对稳定道德价值体系的成年人，而非青少年。虽然《中华人民共和国预防未成年人犯罪法》规定，广播、电影、电视、戏剧节目如传播暴力、色情、赌博、恐怖活动等危害未成年人身心健康的内容，将要负法律责任，但是没有具体规定禁止的标准和惩罚方式，责任人也不清晰。解决这些问题固然要依靠动画产品制作单位提高要求，摆正价值观，但法律制度的完善和影视分级制度的构建也是迫在眉睫、不得不为的。

三、民族化与时代化：国产动画片价值的表述策略转型

早在1954年，由钱家骏导演的中国动画片《乌鸦为什么是黑的》就在威尼斯国际电影节上获了奖，但却被评委认为是一部苏联的作品。这给当时的中国动画电影工作者很大的刺激。据当时担任上海电影制片厂动画组组长的特伟回忆说："这件事一方面说明当时我们的动画片已经达到了相当的水平，说明我们模仿别人已经是模仿到家了。但是，你再会学，学得再逼真，人家还是认为是别人的东西。只从这点上说，也应该考虑创作我们自己的民族动画片了。"① 半个世纪过去了，我国的民族动画片确实取得了巨大的进步，但依然在技术、情节、内容等多个方面表露出模仿欧美、日本的痕迹，国产动画片的民族化依然任重而道远。国产动画片需要将民族文化和时代精神结合起来，既能回溯"中国学派"动画片的民族风格，又能结合时代发展，让主流价值观的宣教喜闻乐见，而不是让人厌倦。在此，我们主要从内容、思想价值观和表现形式三个方面探讨国产动画片的民族化和时代化价值表述策略转型，促进主流价值观与国产动画片的结合。

（一）民族化

目前全球动画价值表述的两种途径是民族化与普世化，前者以日本动画为代表，后者以美国动画为代表。就目前看，美国动画在全球文化市场占据上风，因为全球化本身就是去民族化、去地域化的进程，以地域文化身份的消弭而赢得尽可能多的受众，而美国因为没有丰富的历史资源而恰巧选择了这样一种普世化的表述路径。但是对于历史悠久的国家来说，民族化的价值叙事仍然是在全球化进程中维系自身文化身份、建构文化归属感的重要路径，日本动画的成功例子就是明证。

---

① 金天逸：《中国动画学派的发轫、成型和成熟》，《电影艺术》，2004年第1期。

民族化包括动画内容的民族化、思想价值观的民族化和表现形式的民族化。

1. 内容的民族化

挖掘传统文化资源，如神话故事、民间传说、文学经典等。我国五千年的文明积累了大量的优质文化资源，而有些文化资源却被其他国家进行改编创造，做出了优秀的动画片。《白蛇传》《西游记》《三国演义》等中国故事被做成了日本动画片，熊猫、花木兰也成了“美国熊猫”“美国木兰”。这些故事内容改编不仅是资源的流失，更是价值主导权的丧失，以上内容被日本化和美国化，导致人们的文化认知出现偏差，如中国的忠孝花木兰在美国语境中被改编为追求个人成长和价值实现的女性叙事，《三国演义》甚至在日本的情色文化中遭到恶俗化呈现，这些都不利于民族文化身份和文化认同的建构。而上述改编在今天取得市场成功，说明传统文化资源仍能够与当下的生活发生联系，因此就有必要充分挖掘，借助传统文化资源进行主流价值观宣教。而且，传统文化资源中也保有很多与主流价值观一致的内容，比如忠孝节义、仁爱宽容等，不仅是传统文化念兹在兹的价值标准，也同样是当今构建和谐社会、美丽中国所需要大力弘扬的优秀道德。

国产动画片《大闹天宫》从内容到形式上都洋溢着浓郁的民族特色，是国产动画片的一面旗帜。这部动画片的民族性不仅体现在以传统文化经典《西游记》作为剧本内容的母体，更体现在人物形象、场景设计、配乐等细节方面大量吸收中国传统绘画、戏剧等艺术资源，呈现出典型的“中国性”。原著中因不满官职小而大闹天宫的孙悟空被改造为反抗强权的英雄人物，被赋予坚韧不屈的民族精神，在文化表述上更为现代化。国产动画片《中华勤学故事》也以历代名人勤奋好学的故事为题材，选取了如《华佗学医》《鲁班学艺》《王羲之吃墨》等内容，不光在知识和思想上具有教育意义，还有一定的趣味性，能够吸引孩子持续观看，真正做到了寓教于乐。

2. 思想价值观的民族化

弘扬中国传统文化精神，守住价值观的底线，避免欧化和日化。中国优秀传统文化的核心是关于人生意义、人生价值、人生理想的基本观点，可以称为人本观点，中国几千年来文化传统的基本精神的主要内涵是四项基本观念，即天人合一、以人为本、刚健有为、以和为贵。[①] 国产动画片

---

① 张岱年：《文化与价值》，北京：新华出版社2004年版，第212页。

只有实实在在地体现出中国传统文化精神的精髓，才能保持独立的民族品格。只有民族化的东西才能够与民族化的主流价值观相匹配。

被誉为中国动画片“破冰之作”、具有“里程碑意义”的《魁拔》，其引发的热议和惨淡的票房无疑为这部国产动画片平添了一份悲壮。但是，从文化特质上讲，这部被学界奉为佳作的动画片，从情节到价值观念都在模仿日本的热血动漫。在情节方面，异次元的世界设置模式似曾相识，因为这正是日本同类动画作品在20世纪已经多次使用过的架空手段；主人公的“不良”出身与所从事的救苦救难的正义事业也与日本动画片《七龙珠》中的孙悟空如出一辙。而在价值观念方面，对成为高级妖侠的执着渴望、对于徽饰代表的家族荣耀的高度重视、对于名誉的极度保护（在不知道对手姓名的情况下，蛮吉宁愿承受对手的攻击而不还手，只是一味地要求对方报出姓名，因为妖侠不会袭击一个陌生人），都表现出日本武士道的精神气质，这不仅使这部动画片失去了民族精神和民族特色，甚至可以说是一部赤裸裸的“去民族化”的作品。

相较而言，《秦时明月》这部以楚汉相争为背景表现诸子百家价值观念的动画片则洋溢着浓厚的民族气息。这部根据同名小说改编的作品描述了少年荆天明与侠客张剑行走江湖的过程，重点表现了荆天明从无知少年成长为绝世英雄的心路历程。《秦时明月》融入了典型的中国武侠精神，将武侠、玄幻与中国历史和传统文化融为一体，生动描绘了一个英雄辈出的时代。更为难能可贵的是，故事以秦始皇统一六国到项羽攻占咸阳城、秦朝灭亡的历史为背景，以“侠义”精神阐释诸子百家的文化内涵，诠释了正义、勇敢、友善的民族精神，塑造了张良、荀卿、公孙玲珑等一批具有鲜明文化个性的诸子百家代表人物，使观众得以在侠义叙事中充分领略百家文化的精髓。

3. 表现形式的民族化

呈现民族文化符号，回归“中国学派”传统。目前很多国产动画片一味追求三维技术，抛弃中国历史悠久的民族艺术传统，导致动画片风格的雷同，如《果宝特攻》《岚侠》《神兽金刚》等动画片在形式风格上几乎毫无差异。这种对技术主义的过分沉湎，导致国产动画片的叙事其实陷入了欧美动画的套路，毫无特色可言。而日本动画时至今日仍然推崇以手绘为代表的平面风格，彰显出鲜明的民族特色，并因此在国际动画市场取得了立足之地。因此，国产动画片应该更多地汲取“中国学派”的艺术传统，从民族艺术中挖掘形式资源，更何况民族艺术本身就是主流价值观所倡导的，其中也蕴含着丰富的价值。

动画短片《入学考试》用短短七分钟的时长讲述小白鼠、中灰鼠、大胖鼠想拜太极鼠为师，但必须通过严格的入学考试的故事。在整个故事中，从道具、造型到背景音乐都融入了大量中国元素。小老鼠们一出场，画面就呈现了中国传统的灶台、玉米串、辣椒串，连算盘也登场了，让观众倍感亲切。小老鼠们在入学考试中的动作和武器都是中国武侠的经典元素，如点穴、飞镖等。还有多次呈现的太极图是已经深入人心的中国传统文化符号。另外，《入学考试》在情节的设置上也不乏幽默，不失乐趣，还用民族乐器唢呐奏响了欢乐的背景音乐。动画不仅呈现了中国元素，还传达了主流价值观念，如秤砣上写的“公平交易”四个字体现了“诚信”“敬业”的主流价值观。

（二）时代化

国产动漫不仅要走民族化的道路，还要结合时代发展，顺应时代潮流，从内容到形式上走时代化的道路。如果只片面强调民族化，不和当代社会发展相结合，就会走入固守传统的误区，不利于中国动画产业的发展。时代化也包括动画内容的时代化、思想价值观的时代化和表现形式的时代化。

1. 内容的时代化

创新和改造民族文化题材，顺应大众文化的发展潮流。如3D动画《济公》《小兵张嘎》《中华小子》等这些作品在原有的题材上进行了许多改编，更加符合动画片的艺术特点，让大众更易接受。根据小说《三毛流浪记》改编的《三毛》系列动画片也是如此。《三毛从军记》《三毛奇遇记》《三毛历险记》《三毛旅行记》不仅沿袭了原有的题材，还在这一民族文化题材上进行创新和改造，延伸了叙事链条、开阔了叙事空间，使得这一发生在旧中国的故事能与当今的社会生活发生联系，吸引当代青少年的观赏兴趣。

2. 思想价值观的时代化

弘扬传统价值的进步内容，改正和消除其落后内容。张岱年先生曾在《文化与价值》一书中说道：“新时代的价值观必然以对于个人与社会、物质生活与精神生活的关系的正确理解为基础。价值观的更新，在对于真、善、美的更深切的理解，而不在于对真、善、美的违离。我们应该力求达到实现真、善、美的更高境界。”①

国产动画片应该对民族文化进行“去文化”与“再文化”的加工与塑造。在对民族文化的表述上“去其糟粕，取其精华”地进行渲染。在这一方面，国产动画片可以借鉴迪士尼动漫对外民族题材改编的经验。影片《花木兰》虽然讲述了中国古代诗歌《木兰辞》中的花木兰替父从军的故事，但已完全摆脱了“唧唧复唧唧”的悲情形象。木兰替父出征，仅有小部分原因是出于对父亲的孝心，但更重要的原因是木兰不甘于女子顺从、任人摆布的命运，不甘于“父母之命，媒妁之言”的包办婚姻。她要去实现自我价值，争取个人自由。动画中运用了大量的篇幅描绘原著中所没有提及的相亲场面，用夸张热闹、幽默反讽的手法表现出木兰对女性命运被安排的不满。《木兰辞》中被强调、颂扬的“孝道”在动画片中被淡化直至彻底消失，取而代之的是美国和西方的自由、独立的“女性主义”思想。中国的古老故事被赋予了新的文化价值。

3. 表现形式的时代化

合理利用现代科技，避免技术主义。3D动画制作的精髓在于能运用技术更加细腻地表现动画人物的细节表情、动作表现、人物感情等，而不应该本末倒置地唯技术是从，反而使故事显得僵硬，这是许多3D国产电影应该避免的。

在相关政策的扶持下，国产动画片虽然在国内动画市场占据了不小的份额，但是由于技术和理念的落后，并未赢得良好的口碑，不仅在与美日等国动画片的文化价值宣教的较量中，而且在我国主流价值观的宣教体系中，都处于不利的地位。我国悠久的历史文化资源积淀为国产动画片的创造提供了源源不断的素材和思想价值资源。一方面，国产动画片只有合理利用这个丰富的素材库，与时代精神相结合，在精神气质上保持独立的民族个性，才能真正逃离欧化和日化的怪圈，避免暴力倾向和低俗化，探求到中国特色的主流价值观宣教之路和国产动画片的发展之路。另一方面，国产动画片生产企业应该戒骄戒躁，充分意识到动画片在文化教育和国家形象建构方面的重要意义，以谨慎、严肃的态度对待动画片的生产制造，而不是急功近利，以短视的经济眼光审视这一长远的文化事业。

作者简介：杜晓杰，广西艺术学院公共课教学部讲师。

---

① 张岱年：《文化与价值》，北京：新华出版社2004年版，第30页。